本书受教育部人文社会科学研究专项任务项目
（中国特色社会主义理论体系研究）
"新时代正确认识和处理政府和市场关系研究"
（20JD710034）资助

社科 VIEW

闫娟 / 著

上海社会科学院出版社
SHANGHAI ACADEMY OF SOCIAL SCIENCES PRESS

新时代中国政府与市场关系研究

Research on the Relationship between Government and Market in China in the New Era

前　言

　　政府与市场关系是一个经常被探讨而又常谈常新的问题，其实它不只是一个经济问题，更是一个政治问题，对这对关系的考察与研究既需要历史的视野，也需要哲学的思维。

　　基于对中西及苏东等经济史和经济思想史中有关政府与市场关系的回顾可知，围绕政府与市场关系始终存在着不同的看法和主张；且不同发展阶段、不同性质的国家对政府与市场关系的选择会呈现不同的组合模式，并由此带来不同的结果，也趋向不同的发展方向。但按照马克思主义的观点，必须以人类社会为立足点，从生产方式这一基础和前提出发，才能对政府与市场关系有清晰的认识。

　　具体到中国而言，政府与市场关系，作为经济体制改革的核心，始终伴随且深刻影响着当代中国经济社会的发展实践，始终是在马克思主义指导下、在中国共产党的领导下，基于人民立场与实践原则，围绕着中国如何建成社会主义现代化强国而不断调整与演进的，取得了重大创新与突破，也形成了中国特色与优势，政府与市场"双作用"的共同发挥及协同效应都在逐渐增强；但同时，政府作用与市场作用又都还不够好，依然存在着诸多问题没有完全理顺、亟待解决，资本的文明化与野蛮化、市场的利与弊、政府干预的过度与不足及由此导致的经济社会发展不平衡、不充分等系列问题还较为明显，旨在充分发挥社会主义制度优越性的有效市场和有为政府辩证统一的崭新格局亟待形成。

党的十八大以来，中国特色社会主义进入新时代。站在新的历史方位，基于实践的发展与认识的深化，我们党创新性地提出"使市场在资源配置中起决定性作用和更好发挥政府作用，推动有效市场和有为政府更好结合"。新时代中国所取得的历史性成就、发生的历史性变革及面临的问题与挑战，背后也正深深内蕴着这条独特的政府与市场关系的中国处理之道。伟大时代和伟大实践为思想理论的创新发展提供了前所未有且极为宝贵的历史机遇、研究空间和丰富素材，更提出了新的时代使命和要求。由此，理论界对政府与市场关系的研究又达到了一个新高潮，展开了大量学术研究和学术争鸣，有时争论还较为激烈。放眼全球，当今资本主义国家经济、社会、政治等多重危机相互交错，"资本逻辑"借助全球化与"逆全球化"所导致的世界范围内的两极分化及剥削与压迫，既暴露出市场本身固有的弱点和缺陷，也是资本主义自身难以克服的内在矛盾所致，正因如此，西方学者在对资本主义进行反思和批判的同时，也在寻求政府与市场关系新的替代方案，并开始把目光转向社会主义市场经济深化改革和经济突飞猛进发展的中国。

在此背景下，对新时代中国政府与市场关系进行研究就显得格外重要，我们不仅要知其然，更要知其所以然，也即要系统而深入地探寻其内在的逻辑和规律。但究竟如何定位、阐释和建构才更为科学合理并符合中国实际，目前并未形成共识，有时分歧和争论还较大，其中有些分歧和争论还直接关涉我国社会主义市场经济改革方向，且以"马克思主义"为主体框架的总结、分析与建构还不够，对新时代中国政府与市场关系的思想基础、逻辑、规律、特色、经验及基于此所产生的创新性、所具有的优势和所彰显的世界意义进行系统化、学理化的阐释鲜少，亟待加强与深化。再进一步分析，其实这是一个关于"如何真正理解社会主义、真正理解中国、真正理解新时代、真正理解社会主义市场经济的深刻理论内涵及本质规定"的重大理论与实践问题，我们仍要从马克思主义思想资源、中国特色社会主义及人类社会发展史实中去看清本质、找寻规律。

基于这种考虑，本书遵循马克思主义的立场、观点和方法，沿着史论实结合的理路，按照"思想基础—历史逻辑—理论逻辑—实践逻辑—内在规律—中国特色、基本经验与世界意义—未来展望"的研究路线展开研究。

由于拙著的篇幅较长，这里先扼要地对全书的逻辑结构及特点进行介绍，以方便读者阅读。全书共分七章，第一章导论部分阐述了研究综述、研究价值及本书的框架思路、研究方法与结构安排；第二章基于对马克思主义关于政府与市场关系思想资源的挖掘与梳理，系统阐释了新时代中国政府与市场关系的思想基础；第三、四、五章分别阐释了新时代中国政府与市场关系的历史逻辑、理论逻辑和实践逻辑；第六章基于前述梳理与分析对新时代中国政府与市场关系的中国特色、基本经验与世界意义进行了总结与阐释，并内蕴着新时代中国政府与市场关系的创新性和所具有的优势；第七章基于前述总的分析对新时代中国政府与市场关系的未来进行了展望，尤其提出要顺应历史大势，回应时代之需，开辟新范式和新视域，形成新认识和新实践。

笔者关注与研究政府与市场关系已有相当长一段时间了，曾在核心期刊及主流党报发表系列学术论文，本书也是基于笔者博士学位论文及主持并已获优秀结项的教育部人文社会科学研究专项项目研究的进一步延伸性研究。本书力求站在该论题已有研究成果的前沿和现实所需，以马克思主义的立场、观点和方法，围绕新时代中国政府与市场关系构建一个较为完整的认识框架，增强研究的系统性和规律性。本书也注重以下方面的特色体现：

其一，提高站位。从"伟大时代和实践的强烈呼唤""增强理论认同的必然要求"及"使命和责任的驱使与推动"三方面阐述为什么要研究新时代中国政府与市场关系。

其二，增强思想性。注重对马克思主义经典文本的研读及马克思主义关于政府与市场关系思想的挖掘、阐释及建构，为科学分析新时代中国政府与市场关系奠定学理基础。并提出，按照马克思主义的观点，必须以人类社会为立足点，从生产方式这一基础和前提出发，才能对政府与市场关系有清晰的认识。

其三，增强逻辑性。系统阐释新时代中国政府与市场关系的历史逻辑、理论逻辑和实践逻辑，进而再对新时代中国政府与市场关系的中国特色、基本经验与世界意义进行有价值的研究。展望未来时，提出要遵循马克思主义辩证逻辑的分析理路。

其四，注重对规律的提炼。本书认为市场作用和政府作用"双作用"的辩证统一、协同发挥是社会化大生产规律使然。新时代中国政府与市场关系以社会化大生产规律为总规律，遵循市场经济规律、经济社会总体发展规律和国民经济按比例发展规律等具体规律,遵循一般与特殊"双规律"的辩证统一。

其五,开阔视野。本书在对政府与市场关系的考察与研究中渗透了政治、经济、历史和哲学等多重思维,并力求实现理论与实践、历史与现实、中国与世界、评析与建构等多方面结合,开阔大历史视野、国际视野及多学科知识视野。

在该主题的长期研究过程中,笔者得到了河南财经政法大学杨承训教授的关心与点拨,得到了我的导师杨卫老师的倾心倾力指导,得到了上海社会科学院的方松华老师、曹泳鑫老师、黄凯锋老师、段钢老师、刘社建老师、轩传树老师、冯莉老师和复旦大学张新宁老师等众多老师的指点和帮助。在此深表诚挚谢意,唯以奋进报师恩!感谢评审专家们给予中肯而宝贵的意见、建议及启发!感谢我的母校上海社会科学院对我的培养!感谢上海社会科学院出版社的大力支持和帮助,尤其是感谢董汉玲老师为本书的出版倾注了大量心血!

由于笔者水平和经验有限,本书难免有不足之处,诚恳期待专家学者、各界人士和读者批评指正。

政府与市场关系是一个很重要,也很有挑战性的问题。习近平总书记称之为一道"经济学上的世界性难题"。面对这一问题,我国理论界展开了大量学术研究和学术争鸣,做出了重要理论贡献。西方学者在为政府与市场之争"两难困境"寻求药方的时候,也很关注中国政府与市场关系的处理之道。新征程上,我们依然要重视对政府与市场关系的深化研究,尤其要提升规律性认识,把实践经验上升为系统化的经济学说,以深刻把握历史发展规律和大势。

目　录

前　言 ··· 1

第一章　导论 ··· 1

第一节　为什么要研究新时代中国政府与市场关系 ··········· 1
　　一、伟大时代和实践的强烈呼唤 ······························ 1
　　二、增强理论认同的必然要求 ·································· 8
　　三、使命和责任的驱使与推动 ································· 12

第二节　研究综述及争鸣 ··· 17
　　一、国内研究的学术史梳理及研究动态 ···················· 17
　　二、国外研究的学术史梳理及研究动态 ···················· 41

第三节　本书的框架思路、研究方法与结构安排 ············ 49
　　一、框架思路 ··· 49
　　二、研究方法 ··· 50
　　三、结构安排 ··· 51

第四节　本书的特色、创新及核心观点 ······················· 55
　　一、本书的特色与创新 ··· 55
　　二、本书的核心观点 ·· 56

第二章　新时代中国政府与市场关系的思想基础 …………… 58
第一节　马克思、恩格斯关于政府与市场关系的论述 …… 59
一、基于唯物史观的分析 …………………………………… 59
二、基于马克思主义政治经济学的分析 …………………… 61
三、基于科学社会主义的分析 ……………………………… 67
四、本节小结 ………………………………………………… 71
第二节　列宁、斯大林关于政府与市场关系的论述 ……… 81
一、列宁关于政府与市场关系的论述 ……………………… 81
二、斯大林关于政府与市场关系的论述 …………………… 86
三、本节小结 ………………………………………………… 90
第三节　毛泽东关于政府与市场关系的论述 ……………… 90
一、适合中国国情、具有中国特点 ………………………… 91
二、利用商品生产、商品交换和价值法则为社会主义
　　服务 ……………………………………………………… 92
三、运用唯物史观和唯物辩证法来研究 …………………… 93
四、社会主义经济是为人民服务的经济 …………………… 94
五、重视发挥党和政府的积极作用，注重综合平衡 ……… 94
第四节　改革开放和社会主义现代化建设新时期中国特色
　　　　　社会主义关于政府与市场关系的阐述 …………… 96
一、邓小平关于计划与市场关系的论述 …………………… 96
二、江泽民关于计划（政府）与市场关系的论述 ………… 100
三、胡锦涛关于政府与市场关系的论述 …………………… 103

第五节　新时代习近平关于政府与市场关系的重要论述…… 105
　　一、要讲辩证法、两点论，使市场在资源配置中起决定性作用和更好发挥政府作用 …………… 105
　　二、新时代新征程上，推动有效市场和有为政府更好结合 ……………………………………………… 108
第六节　本章小结 ………………………………………… 110

第三章　新时代中国政府与市场关系的历史逻辑………… 117
第一节　探索与过渡期（1978—1992年）…………… 120
　　一、计划经济为主、市场调节为辅 ……………… 121
　　二、计划与市场都是经济手段，内在统一 ……… 131
　　三、本节小结 ……………………………………… 137
第二节　建立与发展期（1992—2012年）…………… 139
　　一、使市场在社会主义国家宏观调控下对资源配置起基础性作用 ………………………………… 139
　　二、市场基础性作用不断强化，政府职能不断完善 ………………………………………………… 145
　　三、本节小结 ……………………………………… 153
第三节　深化与完善期（2013年—　）………………… 155
　　一、使市场在资源配置中起决定性作用 ………… 159
　　二、更好发挥政府作用 …………………………… 164
　　三、本节小结 ……………………………………… 176

第四章 新时代中国政府与市场关系的理论逻辑 …………… 187
第一节 "双作用"的辩证统一是社会化大生产的内在要求 …………… 187
一、基于历史变迁中的学理分析 …………… 187
二、社会主义国家能更好发挥市场作用和政府作用 …………… 193
三、"双作用"的科学定位与"两只手"的最佳功能组合 …………… 196

第二节 新时代中国政府与市场关系的内在规律 …………… 201
一、总体规律：社会化大生产规律 …………… 201
二、具体规律 …………… 203
三、一般规律与特殊规律的辩证统一 …………… 207

第三节 个案分析：深化资本市场监管的人民性与规律性 …………… 207
一、资本市场乱象：类别、表现及危害 …………… 208
二、人民性的内涵及资本市场的本质与规律 …………… 211
三、深化资本市场监管的人民性与规律性：理念和制度 …………… 213

第五章 新时代中国政府与市场关系的实践逻辑 …………… 217
第一节 新时代中国政府与市场关系取得的非凡成就 …………… 217
一、市场在资源配置中的决定性作用不断增强 ……… 218

二、政府作用的更好发挥不断体现 …………………… 226
　第二节　新时代中国政府与市场关系面临的现实问题与
　　　　　挑战 ……………………………………………… 242
　　一、市场决定性作用发挥中的现实问题与挑战 ……… 242
　　二、更好发挥政府作用中的现实问题与挑战 ………… 259

第六章　新时代中国政府与市场关系的中国特色、基本经验与
　　　　世界意义 …………………………………………… 279
　第一节　中国特色：遵循社会化大生产规律的"双作用"
　　　　　辩证统一 ………………………………………… 279
　第二节　基本经验 ………………………………………… 284
　　一、坚持马克思主义指导 ………………………………… 284
　　二、坚持党的全面领导 …………………………………… 287
　　三、坚持社会主义本质 …………………………………… 288
　　四、基于人民立场与实践原则不断向更高层次推进
　　　　 ………………………………………………………… 292
　　五、基于中国与世界双重向度和改革与开放双重思维
　　　　顺应历史大势 ………………………………………… 294
　第三节　世界意义 ………………………………………… 298
　　一、为世界社会主义发展提振了信心，贡献了经验和
　　　　智慧 …………………………………………………… 298
　　二、拓展了发展中国家走向现代化的途径，提供了全新

　　　　　选择和成功经验 …………………………………… 299
　　　三、可为西方发达资本主义国家突破政府与市场
　　　　　之争的"两难困境"提供借鉴与启示 …………… 301
　　　四、顺应历史大势，为解决人类共同面临的发展问题
　　　　　贡献了中国智慧和中国方案 ……………………… 302

第七章　未来展望 ………………………………………………… 304
第一节　引言：更高层次上的展开 …………………………… 304
　　　一、遵循马克思主义辩证逻辑的分析理路——开辟
　　　　　新范式和新视域 …………………………………… 304
　　　二、立于新时代，回应时代之需——形成新认识和
　　　　　新实践 ……………………………………………… 306
第二节　批判与借鉴：对西方经济学关于政府与市场关系
　　　　　认识的辩证分析 …………………………………… 307
　　　一、利与扬：可以借鉴之处 …………………………… 308
　　　二、弊与弃：应该摒弃之处 …………………………… 311
第三节　与社会主义基本经济制度高度关联 ………………… 313
　　　一、进一步增强市场主体活力和实力，为高质量发展
　　　　　提供主体支撑 ……………………………………… 315
　　　二、进一步完善收入分配制度，促进人的自由全面
　　　　　发展和实现共同富裕 ……………………………… 317
　　　三、进一步遵循社会化大生产规律，科学把握高水平

　　　　社会主义市场经济体制的内在规定性……………318
　第四节　发挥好"两只手"的积极功能，推动有效市场和
　　　　有为政府更好结合……………………………319
　　一、发挥好市场的积极功能………………………………319
　　二、发挥好政府的积极功能………………………………322
　第五节　系统构建具体制度体系，发挥制度的显著优势
　　　　………………………………………………326
　　一、促进市场决定性作用充分发挥的具体制度体系
　　　　………………………………………………326
　　二、促进政府作用更好发挥的具体制度体系
　　　　………………………………………………329

结语……………………………………………………333

参考文献………………………………………………337

第一章 导 论

第一节 为什么要研究新时代中国政府与市场关系

一、伟大时代和实践的强烈呼唤

首先,对"新时代"作一界定。本书所指的新时代,就是中国特色社会主义新时代,党的十八大以来中国发展新的历史方位。"经过长期努力,中国特色社会主义进入了新时代,这是我国发展新的历史方位。"[①] 2017年10月18日,习近平总书记在党的十九大报告中做出这一重大判断。[②]

视野更宽广一些、眼光更长远一些,人类历史也是一部思维的发展和创造史。"一切划时代的体系的真正的内容都是由于产生这些体系的那个时期的需要而形成起来的。"[③] 时代是思想之母,实践是理论之源。当今世界正处于新一轮大发展大变革大调整时期,当代中国也正进行着人类历史上最为宏大、独特且必将影响深远的

[①]《习近平著作选读》(第2卷),人民出版社2023年版,第8—9页。
[②]《中国特色社会主义进入新时代(辉煌历程)》,http://politics.people.com.cn/n1/2021/0416/c1001-32079295.html,2021-04-16。
[③]《马克思恩格斯全集》(第3卷),人民出版社1995年版,第544页。

实践创新和社会变革。作为我国经济体制改革的核心,政府与市场关系始终伴随且深刻影响着当代中国经济社会发展实践,尤其是改革开放以后特别是党的十八大以来,取得了重大创新与突破,也形成了中国特色与优势,伟大时代和伟大实践为思想理论的创新发展提供了前所未有且极为宝贵的历史机遇、研究空间和丰富素材,更提出了新的时代使命和要求,强烈呼唤新时代中国特色、中国风格、中国气派的政府与市场关系建构。

1. 顺应伟大历史时代的发展要求

政府与市场关系,就中华人民共和国成立尤其是改革开放以后的历史来说,始终是在党的领导下,围绕着中国如何建成社会主义现代化强国而不断调整与演变的,我们对于这个问题的认识也是随着历史与逻辑的演进而不断深化的。随着党的十一届三中全会以来改革开放和社会主义现代化建设的逐步推进,基于对计划经济体制弊端的反思,1982年党的十二大提出"以计划为主、市场为辅",[①]重视价值规律的作用,承认市场在资源配置中的作用;1984年党的十二届三中全会提出"商品经济是社会主义经济发展不可逾越的阶段,社会主义经济是在公有制基础上的有计划的商品经济";[②] 1987年党的十三大提出"建立计划与市场内在统一的体制";[③] 1992年党的十四大提出"我国经济体制改革的目标是建立社会主义市场经

[①] 中共中央文献研究室:《改革开放三十年重要文献选编》(上册),中央文献出版社2008年版,第271—272页。
[②] 同上书,第350页。
[③] 同上书,第484页。

济体制，使市场在社会主义国家宏观调控下对资源配置起基础性作用"，[①] 实现了社会主义制度与市场经济有机结合。这些前期探索为新时代中国政府与市场关系的创新发展奠定了坚实基础、创造了有利条件。党的十八大以来，中国特色社会主义进入新时代，这是一个伟大的历史时代。站在新的历史方位，基于实践的发展与认识的深化，党再次创新性地提出"使市场在资源配置中起决定性作用和更好发挥政府作用，推动有效市场和有为政府更好结合"，[②] 又是一次有关政府与市场关系的重大理论突破和创新，为新时代中国政府与市场关系处理做出了方向性的指引。基于马克思主义辩证逻辑的分析理路，不同的历史情境、不同的生成方式、不同的制度要求、不同的发展阶段，势必会使中国的政府与市场关系呈现出不一样的图景。新时代中国政府与市场关系将在新的更高的层次上展开，将愈加显现出中国特色、中国风格和中国气派，将愈加发挥出我国社会主义制度的优越性，这是社会主义市场经济发展进入新阶段的理论与实践诉求，是历史大势，亟须我们以更加强烈的历史主动和理论自觉进行科学把握、深入分析与正确建构，尤其要进一步深入研究其内在逻辑和规律及发展趋势。正如习近平总书记在2016年哲学社会科学工作座谈会"5·17"讲话中指出的："这是一个需要理论而且一定能够产生理论的时代，这是一个需要思想而且一

[①] 中共中央文献研究室：《改革开放三十年重要文献选编》（上册），中央文献出版社2008年版，第659页。
[②]《中华人民共和国国民经济和社会发展第十四个五年规划和2035年远景目标纲要》，http://www.xinhuanet.com/2021-03/13/c_1127205564.htm，2021-03-13。

定能够产生思想的时代。我们不能辜负了这个时代。"①

2. 回应伟大历史实践的现实所需

中华人民共和国成立以来尤其是改革开放以来,特别是历经党的十八大以来新时代的突破性发展,党和国家事业取得历史性成就、发生历史性变革。改革开放特别是党的十八大以来,我国坚持全面深化改革,经济活力被大幅度释放,社会生产力水平明显提高,发展质量显著提升,人民生活显著改善,取得了举世瞩目的成功实践和伟大成就,创造了世所罕见的经济快速发展奇迹,② 走出了一条不同于西方主流发达国家的发展道路——中国特色社会主义道路,且越走越宽广,社会主义市场经济体制得以建立并加快完善,并使市场经济这种古老的人类文明成果在社会主义制度下焕发了更加旺盛的生机和活力。我国改革发展伟大实践所取得的伟大成就,"为实现中华民族伟大复兴中国梦奠定了坚实基础,也为世界经济发展与人类社会制度文明进步做出了重大贡献,彰显了中国特色社会主义制度的巨大优势"。③ 而且,市场在资源配置中的作用不断强化,政府职能也加快转变、不断完善,政府与市场"双作用"的共同发挥及协同效应都在逐渐增强,不断"推动政府与市场的关系走向良性轨道";④ 且在"双作用"的整体把握上,愈加超越资本主义市场经济的局限,体现出社会主义市场经济的优越性。

---

① 习近平:《在哲学社会科学工作座谈会上的讲话》,《人民日报》2016 年 5 月 19 日。
② 《中共中央、国务院关于新时代加快完善社会主义市场经济体制的意见》,http://www.gov.cn/zhengce/2020-05/18/content_5512696.htm,2020 - 05 - 18。
③ 逄锦聚:《破解政府和市场关系的世界性难题》,《红旗文稿》2019 年第 18 期。
④ 李稻葵:《经济学者应进一步深化研究政府与市场关系》,《经济参考报》2019 年 5 月 29 日。

应当看到，与此同时也存在着诸多问题与矛盾，发展中存在的不平衡、不协调、不可持续问题依然突出，发展质量和效益还不够高；改革中存在着现代市场体系还不健全、市场发育还不充分、体制机制弊端及对经济发展的掣肘问题，市场作用和政府作用都还不够好，依然存在着诸多问题没有完全理顺、亟待解决；[1]"资本逻辑"借助"市场化工具"无序扩张，乱象丛生，资本的文明化与野蛮化、市场的利与弊、政府干预的过度与不足都表现得较为明显，而我国社会主义制度的优越性尚未充分发挥；社会收入分配差距较大、寻租与腐败高发、利益铁藩篱、公平正义缺失与不足等问题凸显，经济社会发展不平衡。正如邓小平曾预见的，"发展起来以后的问题不比没发展时少"。[2] 而且，随着科学技术的飞速发展，社会化大生产的特点也日益凸显，如生产力发展过程中的社会分工日益细化，国民经济各部门之间、不同生产要素之间、不同生产者之间的相互联系、相互依赖、相互配合与协调日益紧密，生产关系中生产组织形式也日益多样化，这就从系统、整体、长远角度客观要求发挥市场机制与政府调节的双重作用，以促使国民经济按比例及健康持续发展。当前我国可谓既处于发展的黄金机遇期，也处于发展的风险高发期。问题倒逼改革，发展中的问题还必须由进一步发展来解决。而究其核心，还是要重塑政府与市场关系，再来一场深刻的变革。这是思考和解决当前我国经济社会一切问题和矛盾的

---

[1] 《中共中央、国务院关于新时代加快完善社会主义市场经济体制的意见》，http://www.gov.cn/zhengce/2020-05/18/content_5512696.htm，2020-05-18。
[2] 中共中央文献研究室编：《邓小平年谱（1975—1997）》（下册），中央文献出版社2004年版，第1364页。

出发点和关键点,更是化解新时代我国社会主要矛盾的必然选择,对于新时代建构高水平社会主义市场经济体制、推动高质量发展及社会主义现代化强国建设具有重要意义。

于是,立足新时代中国改革与发展实践中的新形势、新问题、新要求,2013年11月,党的十八届三中全会提出"发挥经济体制改革牵引作用,推动生产关系同生产力、上层建筑同经济基础相适应,推动经济社会持续健康协调发展。经济体制改革是全面深化改革的重点,核心问题是处理好政府和市场的关系,使市场在资源配置中起决定性作用和更好发挥政府作用",并强调全面深化改革"要坚持社会主义市场经济改革方向……坚决破除各方面体制机制弊端"。[①] 2020年5月,《中共中央、国务院关于新时代加快完善社会主义市场经济体制的意见》就"在更高起点、更高层次、更高目标上推进经济体制改革及其他各方面体制改革,构建更加系统完备、更加成熟定型的高水平社会主义市场经济体制"做出了全面部署,并将"坚持正确处理政府和市场关系"作为一项基本原则。[②] 2021年3月,《中华人民共和国国民经济和社会发展第十四个五年规划和2035年远景目标纲要》进一步提出"推动有效市场和有为政府更好结合"。[③] 新时代条件下,我国政府与市场关系取得了重大突破和创新发展,亟须我们基于改革发展伟大实践进行系统总结

[①] 中共中央文献研究室编:《十八大以来重要文献选编》(上册),中央文献出版社2014年版,第512—513页。
[②] 《中共中央、国务院关于新时代加快完善社会主义市场经济体制的意见》,http://www.gov.cn/zhengce/2020-05/18/content_ 5512696.htm,2020-05-18。
[③] 《中华人民共和国国民经济和社会发展第十四个五年规划和2035年远景目标纲要》,http://www.xinhuanet.com/2021-03/13/c_ 1127205564.htm,2021-03-13。

与阐释；同时，我国政府与市场关系也面临着全新的考验，遵循社会化大生产规律客观要求、基于社会主义本质要求的"政府和市场关系"要有新定位，并以此形成新时代中国特色社会主义政治经济学的理论增长点，这也是社会主义市场经济发展进入新阶段的理论诉求。我国政府与市场关系处理得正确与否，既事关整个中国改革与发展的方向和全局，也关涉中国特色社会主义的未来。

放眼世界，一方面，全球化作为一种不可扭转的必然趋势，已经成为当今世界经济发展的重要特征，将各个国家和地区纳入世界性生产体系之中，促使各种不同发展水平和不同制度的社会形成了一个日益敏感的共振系统，并也将成为世界经济政治新秩序调整与重建的重要推动力量。中国已深度融入全球化浪潮中，要应对全球化这把双刃剑，就要形成政府与市场的"双强双效"格局，充分调动和利用国内、国际两种资源和两个市场，不断增强国家竞争力，并在努力发展自身的同时，以社会主义独特的优势克服、摆脱"资本逻辑"借助全球化与"逆全球化"所导致的世界范围内的两极分化及剥削与压迫，力促世界一体化朝着社会主义的方向发展。[①]另一方面，从 2008 年国际金融危机到 2020 年新冠疫情暴发，世界资本主义国家多重危机相互交错，且爆发的频率越来越高，影响也越来越深广，资本主义社会的两极分化、不平等也在加剧，这既暴露出市场本身固有的弱点和缺陷，也是资本主义自身难以克服的内在矛盾所致，从根本上说是资本主义的制度危机。世人对资本主义的问题、征候和危机的历史记忆又被重新激活，反抗资本主义的社

---

① 闫娟：《中国特色社会主义彰显世界历史意义》，《社会科学报》2019 年 4 月 18 日。

会运动如火如荼、方兴未艾，诸多西方学者在对资本主义进行反思和批判的同时，也在寻求新的替代方案，围绕政府与市场关系不断思考"到底不平等的根源是什么、如何看待发展、什么才是真正现代化的社会和世界、政府与市场究竟如何有机结合"等（如萨米尔·阿明的《当代资本主义体系的内爆》"马克思主义与资本主义危机"，大卫·哈维的《世界的逻辑》《资本社会的17个矛盾》《马克思与〈资本论〉》，托马斯·皮凯蒂的《21世纪资本论》，阿马蒂亚·森的《以自由看待发展》《再论不平等》，保罗·萨缪尔森的《效率、公平与混合经济》、约瑟夫·斯蒂格利茨的《不平等的代价》《政府为什么干预经济》，格泽高滋·W. 科勒德克：《全球化时代的市场与政府》，让-雅克·朗班：《走向社会主义市场经济》等），并开始把目光转向马克思主义、转向社会主义市场经济改革和经济突飞猛进发展的中国。当今，既具有完备的市场机制和市场体系，又具有适度干预和科学计划指导的现代市场经济，已是历史发展的大趋势和绝大多数国家的共同选择，也日益成为政府与市场关系研究的未来趋势。而且，全世界发展中经济体绝大多数长期陷于低收入陷阱、中等收入陷阱，原因最主要的就是没有处理好政府和市场的关系。[①]

二、增强理论认同的必然要求

在此背景和要求下，对新时代中国政府和市场关系的内在逻辑、规律、特色、经验及基于此所产生的创新性和所具有的显著优

[①] 林毅夫：《经济转型离不开"有为政府"》，《人民日报》2013年11月26日。

势进行系统总结与提炼,对未来政府与市场关系进行科学把握,深入分析与正确建构显得格外重要且紧迫。的确,近年来,理论界对政府与市场关系的研究达到了一个新高潮,尤其是围绕如何理解"使市场在资源配置中起决定性作用和更好发挥政府作用"以及"有效市场和有为政府的结合"问题进行了热烈而广泛的研究和讨论,取得了许多有益成果,涉及基本经济制度、具体经济制度、关系协调及具体实践操作等诸层面;但研究与讨论中争议声不断,分歧也较大。其中有些分歧和争论直接关涉我国社会主义市场经济的改革方向,对于完善我国社会主义市场经济体制关系重大。比如,有些观点"把政府与市场对立起来,认为政府多一点,市场就会少一点,把政府与市场关系简单定位为此消彼长、相互对立甚至是相互排斥的关系";有些观点"认为政府的经济作用仅限于弥补市场失灵";有些观点"只讲'使市场在资源配置中起决定性作用'这一个方面,并将其作为未来改革中政府与市场关系调整的方向,甚或将其与基本经济制度相对立,而无视或错误解读'更好发挥政府作用'";[1] 还有些观点"对市场过度迷信和推崇,不顾中国的历史和社会制度,以西方理论裁决中国现实,基于新自由主义式的极端市场化理念提出我国要参考理想的市场经济体系,遵循'大市场小政府'的市场经济模式,建设自由竞争的市场经济体系,以此谋划我国经济体制深化改革蓝图"[2] 等。此种种认识总体来说还是围

---

[1] 林光彬:《重新理解市场与政府在资源配置中的作用——市场与政府到底是什么关系》,《教学与研究》2017年第3期。
[2] 马钟成:《正确理解"使市场在资源配置中起决定性作用"——马克思主义视野中的"社会主义市场经济"》,《探索》2014年第3期。

于西方经济学尤其是新自由主义的固化思维,对"社会主义及社会主义市场经济的理论内涵及本质规定性到底是什么""'社会主义市场经济'这个定语对政府与市场关系的内在规定性又是什么"等根本理论问题认识不够深刻,不仅难以准确定位、解释和指导西方发达国家的政府与市场作用,也不能准确解释我国政府与市场关系的演进路径、逻辑及经济社会发展绩效,① 更是对"使市场在资源配置中起决定性作用和更好发挥政府作用"的极大误解,没有正确理解社会主义市场经济中政府与市场关系的科学定位与逻辑理路。而且,此类主张与论调具有一定的话语霸权,曾常见于各种纪念改革开放的论坛,也难怪有学者撰文质问"纪念改革开放40年,以什么为主旨与愿景?"②

当然也存在一些基本共识,比如:其一,市场调节和政府调节各有优缺点,要科学确立各自边界;其二,政府与市场关系随着社会主义市场经济的深化发展动态调整;其三,要坚持社会主义市场经济改革方向。但也正是在这些看似共识的观点中却存在着具体认识上的模糊和分歧,且争论较为激烈,主要体现在:一是关于"双作用"的新定位与基本经济制度的相关性。一类观点认为"市场决定"包括决定基本经济制度或在"市场决定"前提下主张"国退民进";另一类观点则认为不能对"市场决定"进行错误的泛化理

---

① 胡乐明:《政府与市场的"互融共荣":经济发展的中国经验》,《马克思主义研究》2018年第5期。
② 卫兴华:《纪念改革开放40年,以什么为主旨与愿景?》,https://www.kunlunce.com/ssjj/guojipinglun/2018-10-21/128706.html,2018-10-21;吴宣恭:《部分人炒作似是而非的"国进民退",意在掩盖经济关系实质,推行私有化主张》,https://www.kunlunce.com/ssjj/guojipinglun/2018-11-11/129171.html,2018-11-11。

解，基本经济制度不能由市场决定，市场的决定性作用必须为巩固和发展基本经济制度服务。二是关于"双作用"的新定位及关系协调。一类观点主张强化市场作用、弱化政府职能，认为政府管制会导致寻租与腐败，政府应是"有限政府"；另一类观点主张市场在资源配置中起决定作用是分层面、分领域的，不能以为"强市场就一定是弱政府"或"强政府就一定导致弱市场"，"双强"的协同正是社会主义市场经济运行的鲜明特征。三是关于"市场的决定性作用"的不同解读。一类观点认为，"市场决定"就意味着"市场为主"，政府作用发挥也取决于"市场决定"；另一类观点主张，市场的决定性作用主要体现在微观领域，宏观层面以及涉及国家社会安全、民生福利等领域的资源配置需要强调党的领导和政府的积极作用。

对此，一方面，我们在理性、开放、包容地积极吸取各类研究成果中有益成分的同时，也要对于一些错误言论给予警惕、批驳，并展开交锋与论战，以免新自由主义等对改革的任意曲解和错误定位而误导改革，把我国的改革引到邪路上去；另一方面，这同时折射出以马克思主义为主体框架的总结与提炼还不够强，对社会主义市场经济中政府与市场关系的理论建构还较薄弱，亟须我们以史论实相结合说清楚社会主义市场经济的理论内涵、本质特征及特殊规律对我国政府与市场关系的内在规定，说清楚新时代中国政府与市场关系的内在逻辑和规律。再进一步深入分析与思考，其实这是一个关于"如何真正理解社会主义、真正理解中国、真正理解新时代、真正理解社会主义市场经济深刻理论内涵及本质规定"的重大理论与实践问题，从根本上说，还是需要我们从马克思主义思想资源、中国特色社会主义及人类社会发展史实中去看清本质、找寻规律。唯此,方可能有效解决纷争、增进共识。

当前理论界关于我国政府与市场关系的研究虽已较为丰硕,但对新时代中国政府与市场关系进行系统化、学理化的整体总结、分析与建构还不够。具体表现在:其一,基于马克思主义经典理论溯源的系统化深度挖掘、阐释与建构还不够;其二,基于历史逻辑、理论逻辑和实践逻辑结合分析的总结与提炼还不够;其三,对新时代中国政府与市场关系内在规律的系统化总结与提炼鲜少;其四,经济全球化与"逆全球化"背景下提升国家竞争力的同时为世界贡献中国智慧和中国方案的研究还不够;其五,从资本逻辑、市场失灵、政府失灵与公平正义结合视角对现实进行深度剖析的研究还不够;其六,对西方经济学关于政府与市场关系认识的辩证分析及中西方处理政府与市场关系之本质区别的系统研究还不够。新时代中国政府与市场关系,是在马克思主义指导下对人类社会更加科学、合理的资源配置方式以及经济社会发展模式的创新性探索,亟须我们将之置于马克思主义视域下基于史论实的结合进行系统而深入的挖掘、阐释及建构,更需要有新的高度和深度。

三、使命和责任的驱使与推动

1. 探寻中国特色政府与市场关系内在逻辑和规律的使命驱使

"一门科学提出的每一种新见解,都包含着这门科学的术语的革命。"[1] 改革开放尤其是党的十八大以来,中国特色社会主义经

---

[1]《马克思恩格斯全集》(第23卷),人民出版社1972年版,第34页。

济建设取得了举世瞩目的非凡成就，并形成了关于发展社会主义经济的一系列新的重要理论成果，[①] 为全面建成社会主义现代化强国乃至实现中华民族伟大复兴的中国梦奠定了坚实基础。那么，它背后的逻辑和规律是什么？如何科学概括理论和实践发展的这些重要成果，就成了新时代理论界、学术界要思考和研究的一个重大课题。正如习近平总书记所指示的，要"提炼和总结我国经济发展实践的规律性成果，把实践经验上升为系统化的经济学说，不断开拓当代中国马克思主义政治经济学新境界"[②] "不断完善中国特色社会主义政治经济学理论体系"。[③] 而作为中国特色社会主义政治经济学的主题、主线及社会主义市场经济体制改革的核心，政府与市场关系当然应成为提升对我国经济发展实践规律性认识的重中之重问题。

改革开放尤其是党的十八大以来，我国政府与市场关系已经走出了中国特色，取得了重大创新与突破，且在"双作用"的整体把握上愈加超越资本主义市场经济的局限，体现出社会主义制度的优越性；但同时，"双作用"又都还不够好，有待加快完善，资本的文明化与野蛮化、市场的利与弊、政府干预的过度与不足及发展的不平衡、不充分等也较为凸显，旨在充分发挥社会主义制度优越性的"双强双效"格局亟待形成。新时代中国所取得的历史性成就、发生的历史性变革及面临的问题与挑战，背后也正深深内蕴着这条

[①] 张宇：《中国特色社会主义政治经济学》，中国人民大学出版社2016年版，第5页。
[②] 《立足我国国情和我国发展实践，发展当代中国马克思主义政治经济学》，《人民日报》2015年11月25日。
[③] 《习近平主持召开经济形势专家座谈会》，http://www.xinhuanet.com//politics/2016-07/08/c_1119189505.htm?agt=122。

独特的政府与市场关系中国处理之道。因而，我们不仅要知其然，更要知其所以然，也即要系统而深入地探寻其内在的逻辑和规律，以深刻把握历史发展规律和大势。再进一步分析，从总结历史来看，这既是中国成就和中国奇迹话语权建构的主体性问题，也是中国特色政府与市场关系话语权建构的主体性问题；从理论建构来看，这既是形成中国特色、中国风格、中国气派经济学学科体系尤其是中国特色社会主义政治经济学理论体系建设的关键问题，也是中国特色、中国风格、中国气派政府与市场关系建构的关键问题；从实践发展看，这既是关乎我国经济社会现实和未来发展的重大基础理论问题，也是关乎我国政府与市场关系现实和未来发展的重大基础理论问题。因而，历史、理论和实践三重逻辑都指向探寻中国特色政府与市场关系的内在逻辑和规律，是新时代赋予理论工作者尤其是政治经济学者们的使命和任务，是习近平新时代中国特色社会主义思想理论体系尤其是习近平经济思想研究中的重要课题。

2. 贡献政府与市场关系处理中国方案和中国智慧的责任推动

解放全人类，是马克思主义的终极追求，是共产党人的责任。中国是一个负责任的大国，毛泽东期望："中国应当对于人类有较大贡献。"[①] 改革开放尤其是党的十八大以来，中国发展始终内蕴着中国与世界双重向度，且愈加体现"为人类作贡献"的责任担当。邓小平指出："中国把自己的发展看作是对人类贡献的问题。"[②] 习近平提出构建人类命运共同体，强调"要深入研究世界

[①] 王立胜：《新时代中国特色社会主义政治经济学研究》，济南出版社2019年版，第12页。
[②] 邓小平：《中国把自己的发展看作是对人类贡献的问题，是保证世界和平的问题》，http://cpc.people.com.cn/n1/2020/0311/c69113-31627301.html，2020-03-11。

经济和我国经济面临的新情况新问题，为马克思主义政治经济学创新发展贡献中国智慧"。①

纵观世界各国经济史和经济思想史，政府与市场关系始终是贯穿其中的一个重大理论与实践课题，习近平称之为一道"经济学上的世界性难题"。②

就西方发达国家而言，有关政府与市场关系问题，一方面，得益于近代以来西方经济的发展成就，西方主流经济学在这一问题上曾长期独霸话语权，且沿着经济自由主义与政府干预主义两条线路始终存在着不同的选择争论及"升级换代"；但另一方面，随着近些年来世界资本主义国家多重危机相互交错，且爆发的频率越来越高、影响越来越深广，西方主流经济学在政府与市场关系处理上也愈发"不灵"，纵然"诊治药方"不断，但因阶级属性囿于资本主义经济制度框架内而无法从根本上对症下药，从而无法突破政府与市场之争的"两难困境"，"除了重复修复凯恩斯经济学和新自由主义经济学，乏善可陈，提不出任何真正的理论创见"，③ 但又因经济社会发展所困和所需而急于寻求新的替代方案。

就发展中国家而言，第二次世界大战后许多发展中国家曾盲目复制粘贴西方经济自由主义政策，忽视了自身各方面特殊因素的影响，特别是忽视了政府"这只手"的应有调节，虽然短期内出现了经济的高速增长，但却导致了社会贫富两极分化、经济结构畸形发

---

① 张宇：《中国特色社会主义政治经济学研究》，中国人民大学出版社 2016 年版，第 8 页。
②《习近平关于社会主义经济建设论述摘编》，中央文献出版社 2017 年版，第 64 页。
③ 王立胜：《新时代中国特色社会主义政治经济学研究》，济南出版社 2019 年版，第 12—13 页。

展及失业率和通货膨胀率居高不下等严重问题,从而陷入社会动荡、政权更迭局面,出现了"有增长而无发展"甚或长期停滞不前的现象,陷于低收入或中等收入陷阱。而当前,诸多发展中国家却愈加将目光转向中国,尤其关注新时代中国的非凡发展成就。

就世界社会主义发展而言,到了20世纪80年代末90年代初,苏联解体、东欧剧变,世界社会主义运动进入了低潮,这促使中国必须对包括社会主义本质在内的一系列问题进行结合中国实际和时代特征的深入思考,这其中当然也涉及对经济体制改革及其核心问题,即政府与市场关系的深度思考和战略选择。

结果是,历史和现实以无以争辩的事实昭示了,改革开放尤其是党的十八大以来,在马克思主义指导下,立足于我国国情及世界形势的发展变化,基于对社会主义本质的科学把握,基于对我国社会主义胜利和挫折的历史经验总结并借鉴其他国家兴衰成败的历史经验,我国持续探索政府与市场关系这一世界性难题,将马克思主义理论逻辑与中国发展实践逻辑相结合,进行了大胆而独特的创造,开创了社会主义市场经济,也打开了中国特色政府与市场关系的崭新格局。

站在新的历史起点上,新时代中国特色政府与市场关系,作为在马克思主义指导下对人类社会更加科学、合理的资源配置方式及经济社会发展模式的创新性探索,兼具真理性与实践性,体现一般与特殊辩证统一的发展规律,将不断在更高层次上展开,为世界贡献中国智慧和中国方案。因此,它不仅是中国的,也是世界的,是人类文明共同的财富。对其进行总结与提炼,有助于提升对政府与市场关系的规律性认识,有助于建构中国特色政府与市场关系的话语体系,也有助于为世界贡献基于中国发展实践的政府与市场关系"新知"。正如习近平总书记所指出的那样:"越是民族的,越是世界的。解决好民族问题,就有更强的能力解决世界性问题;把中国实践总结好,就有更强的能力为解决世界性问题提供思路和办法。这是由特殊性到普遍性的发展规律。"①

第二节 研究综述及争鸣

一、国内研究的学术史梳理及研究动态

有关政府与市场关系的理论与实践始终是紧密交融的。中华人民共和国成立尤其是改革开放以后,特别是党的十八大以来,随着我国社会主义经济发展实践的不断推进及经济体制改革的不断深化,理论界一直密切配合国家发展战略,就我国政府与市场关系展开了大量学术研究和学术争鸣,做出了重要理论贡献。本研究基于历史与逻辑结合的视角,先就中华人民共和国成立尤其是改革开放以后我国关于政府与市场关系的认识与研究进行粗略的整体回顾,再着重梳理关于新时代中国政府与市场关系的研究现状,以体现出大历史的视野并期望对实践与认识的发展轨迹和特点有全貌的了解。

1. 社会主义革命和建设时期(1949—1978年)

在这个时期,毛泽东提出把马克思列宁主义基本原理同中国具体实际进行"第二次结合",以毛泽东为主要代表的中国共产党人

---

① 习近平:《在哲学社会科学工作座谈会上的讲话》,《人民日报》2016年5月18日。

提出关于社会主义建设的一系列重要思想,形成了一系列独创性理论成果,为新时期开创中国特色社会主义打下了思想理论基础,至今仍有重要指导意义。

就政府与市场关系而言,我国关于政府与市场关系的理论研究和实践探索滥觞于20世纪50年代初,深入开展于改革开放和社会主义现代化建设新时期。其实,在新中国过渡时期和社会主义建设初期,毛泽东就在《论十大关系》中提出,以苏为鉴,探索一条适合中国情况的建设社会主义道路的任务;毛泽东在领导社会主义建设实践时,明确提出要创造中国人自己的政治经济学理论,要像马克思撰写《资本论》、列宁撰写《帝国主义论》一样,写出一本成熟的社会主义、共产主义政治经济学教科书;毛泽东强调价值规律的客观性,指出价值法则是一个伟大的学校,要大力发展社会主义商品经济,其符合中国实际的经济体制的探索为建立社会主义市场经济体制提供了一定理论依据,可谓社会主义市场经济的思想源头。① 总体来说,毛泽东在处理政府与市场的关系问题时,意识到了苏联的错误,也意识到了市场的重要性,但实践中呈现了局限性和不彻底性。刘少奇在指导新民主主义社会的建设实践中坚持既反"左"又防右的路线立场,明确提出反对经济建设工作中的两种错误倾向,即"资本主义的倾向"和"冒险主义的倾向",提出"和平进入社会主义"的构想,形成了一系列具有中国特色的新民主主义经济思想。② 张闻天曾主张"利用"和"限制"资本主义以发展

---

① 《毛泽东文集》(第8卷),人民出版社1999年版,第34页。
② 中共中央文献研究室:《刘少奇论新中国经济建设》,中央文献出版社1993年版,第47—53、148—149、201—218页。

经济,在党内较早提出发展新式资本主义是新民主主义经济的全部方向和内容,也是将来社会主义的前提,并提出多种经济成分并存的社会主义构想,同时指出,这种"新式资本主义"的目的是为将来社会主义做基础,与欧美资本主义有所不同,毛泽东高度重视张闻天具有创新精神的经济思想,后来将"新式资本主义"概括为"新民主主义经济";张闻天在全面建设社会主义时期提出社会主义生产力与生产关系的"平衡论",并指出"中国的经济建设有其特殊性,但普遍规律在我国建设中同样起作用。问题在于要使普遍规律同我们的实际相结合,使马列主义得到发展",[①]其对社会主义经济建设规律可贵的理论探索与党的十一届三中全会后建立的一整套具有中国特色的社会主义经济理论也十分契合,其经济理论与实践探索意义重大。陈云始终坚持辩证唯物主义方法论对社会主义经济建设思想进行了艰辛探索,1956年陈云在党的八大上提出了"三个主体、三个补充"的经济体制构想,从正面肯定了市场的概念、功能和机制,具有相当高的前瞻性。在此,陈云打开了走向中国特色社会主义经济体制之路的大门。[②]但新中国的社会主义事业后来慢慢滑向"左"的轨道,在经济领域,由于囿于从制度层面上认识和看待市场和计划的传统思想观念,传统的高度集中的计划经济体制得到了逐步强化并成为那个时期的主导,较少涉及引入市场的体制改革。"在传统的计划经济体制下,计划与市场的关系问题实际上是不容争论的,只能实行全面的、无所不包的计划经济。"[③]

[①] 参见程伟礼、戴雪梅等:《中国特色社会主义思想史》,学林出版社2009年版。
[②] 傅殿才、颜鹏飞:《自由经营还是国家干预》,经济科学出版社1995年版,第1页。
[③]《邓小平文选》(第2卷),人民出版社1994年版,第236页。

不过，在这一时期，也有一些学者开始从体制上探讨社会主义低效率的原因，主张发展社会主义商品经济、尊重价值规律，如我国著名经济学家顾准、孙冶方、董辅礽等，但是，这种声音在当时绝非主流，也受到意识形态的限制。

2. 改革开放和社会主义现代化建设新时期（1978—2012年）

在这个时期，我国政府与市场关系的历史与逻辑演进大致可分为"探索与过渡"和"建立与发展"两个阶段。

（1）探索与过渡期（1978—1992年）关于政府与市场关系的研究与争论

1978年，党的十一届三中全会拉开了我国改革开放的序幕，社会主义现代化建设被确立为党的政治路线。这一时期，市场化成为经济体制改革的基本方向，经济体制改革的核心内容便是对政府（计划）与市场关系做出适应经济发展形势和要求的调整，有关政府（计划）与市场关系的研究也基本源于从体制层面探讨经济低效的原因。

1979年，邓小平谈道："说市场经济只存在资本主义社会，只有资本主义的市场经济，这肯定是不正确的，社会主义为什么不可以搞市场经济，这个不能说是资本主义……社会主义也可以搞市场经济。"[1] 陈云对计划与市场关系的认识具体体现在：其一，社会主义时期必须有两种经济：计划经济和市场调节，要弄清这两者在不同部门应占的不同比例。其二，社会主义经济要有计划按比例，计划经济为主，市场调节为辅。其三，国家建设必须全国一盘棋，按计划办事。其四，"鸟笼经济"思想。而且认为，计划与市场的关

---

[1]《邓小平文选》（第2卷），人民出版社1994年版，第146—147页。

系在经济整体发展中的比例不一定是此消彼长,而很可能是相互的增长和发展。①

基于这么一个官方意识形态,理论界密切配合国家发展战略,真正开启了政府(计划)与市场关系深入而广泛的研究。主要体现在以下两方面:一方面,1982年党的十二大提出"计划经济为主,市场调节为辅"的理论和主张,即所谓"主辅论",突破了完全排斥市场调节的大一统计划经济观念;后来,逐步扩大市场调节的范围,1987年党的十三大提出"建立计划与市场内在统一的体制""国家调节市场,市场引导市场",1989年党的十三届四中全会提出"计划经济与市场调节相结合",实现了从"主辅论"到"结合论"的演进。另一方面,1984年党的十二届三中全会通过的《关于经济体制改革的决定》从根本上扭转了长期以来把商品经济同社会主义的计划经济相对立起来的错误思想观念,承认社会主义与商品经济是内在统一的,确认社会主义经济是公有制基础上的有计划商品经济,是社会主义经济理论上的一大突破。邓小平对此高度评价,认为这个决定"写出了一个政治经济学的初稿,是马克思主义基本原理和中国社会主义实践相结合的政治经济学"。② 后来,著名经济学家薛暮桥、孙冶方等人提出了许多具有深远影响的理论观点,肯定社会主义中市场调节的作用;而至关重要的是,充分肯定必须在经济活动中引入市场机制和竞争机制,扩大市场调节作用,按经济规律办事这一主调。理论界的讨论为市场化改革的启动做出了重要的理论铺垫。其中,学者们也在研究方向的"拨乱反正"和

---

① 《陈云文选》(第3卷),人民出版社1995年版,第244—350页。
② 《邓小平文选》(第3卷),人民出版社1993年版,第83—91页。

重新起航上做了大量批判性反思、研究、宣传和普及工作。后来，理论界的讨论重心又转向对商品经济、市场经济与社会制度之间关系的探讨，这一转变实际上是以党的经济理论创新为前提的，因而基本上是对党的纲领性文献的一种从属性、解释性工作，但同时对社会主义市场经济建设做出了重要理论贡献。① 这是对政府（计划）和市场关系的最初探索，可以看出政界和理论界关于政府（计划）与市场关系的认识有了重大的进步，已开始认识到市场机制的作用，而政府需要针对改革初期市场发育不全的状况发挥扫清阻碍市场发育的限制性因素，为市场成长创造良好条件的积极作用。但整个20世纪80年代关于政府（计划）和市场关系的讨论与研究仍然是坚持计划经济的总体框架不变，以市场为导向的经济体制改革是服务于完善计划经济体制的，理论上存在不彻底性；围绕市场经济的性质以及我国要不要实行市场经济等问题，一直存在意见分歧和理论争论。1992年邓小平南方谈话对争论做出了公开的正面回应，指出"计划经济不等于社会主义，资本主义也有计划；市场经济不等于资本主义，社会主义也有市场。计划和市场都是经济手段"，② 从总体上对社会主义能不能搞市场经济这个长期困扰我们党的重大理论问题做出了透彻、精辟的回答。

（2）建立与发展期（1992—2012年）关于政府与市场关系的研究与争论

1992年党的十四大提出"我国经济体制改革的目标是建立社

---

① 方松华、陈祥勤、姜佑福：《中国马克思主义学术史纲》，学林出版社2011年版，第223—230页。
② 《邓小平文选》（第3卷），人民出版社1993年版，第373页。

会主义市场经济体制，使市场在社会主义国家宏观调控下对资源配置起基础性作用"，使我们在政府（计划）与市场关系问题上的认识有了新的重大突破。随后，1993年党的十四届三中全会全面系统地阐明了建立社会主义市场经济体制的基本框架和战略部署；1995年党的十五大提出要坚持和完善社会主义公有制为主体、多种所有制经济共同发展的基本经济制度；2002年党的十六大提出"在更大程度上发挥市场在资源配置中的基础性作用"，2003年党的十六届三中全会提出了进一步完善社会主义市场经济体制的七大任务。

对建立和完善社会主义市场经济体制的要求，给当代中国政府与市场关系的研究带来了繁荣发展的新契机。这一时期，理论界围绕着"政府与市场关系"展开的研究主要涉及以下三个方面：

其一，社会主义与市场经济的关系、社会主义经济与资本主义经济的本质区别、公有制与市场经济的结合及社会主义市场经济的基本概念和理论内涵。代表性成果如刘国光的《关于社会主义市场经济理论的几个问题》[1]、胡培兆的《市场经济与社会主义》[2]、董辅礽的《对社会主义市场经济还需进一步研究》[3]、薛暮桥的《关于社会主义市场经济问题》[4]、苏星的《社会主义市场经济与公有制为主体》，[5] 以及中国社会科学院经济学科片课题组的《建立社会主义市场经济体制的理论思考与政策选择》。[6]

---

[1] 刘国光：《关于社会主义市场经济理论的几个问题》，《经济研究》1992年第10期。
[2] 胡培兆：《市场经济与社会主义》，《经济研究》1992年第11期。
[3] 董辅礽：《对社会主义市场经济还需进一步研究》，《经济研究》1998年第11期。
[4] 薛暮桥：《关于社会主义市场经济问题》，《经济研究》1992年第10期。
[5] 苏星：《社会主义市场经济与公有制为主体》，《中国社会科学》1997年第6期。
[6] 中国社会科学院经济学科片课题组：《建立社会主义市场经济体制的理论思考与政策选择》，《经济研究》1993年第8期。

其二，经济体制改革的具体方式、制度基础、政府与市场结合的模式选择及政府职能定位。代表性成果中，首先要提及的是虽产生于20世纪80年代末但对党的十四大之后的改革起到较大影响的一批理论成果，如吴树青、胡乃武主编的《模式·运行·调控》，雍文远主编的《双重运行机制论》和《社会必要产品论》，卫兴华、洪银兴、魏杰著的《经济运行机制概论》，刘国光主编的《中国经济体制改革的模式研究》，以及吴敬琏、刘吉瑞著的《论竞争性市场体制》（1992年）等。① 其中，吴敬琏和刘吉瑞以"对话体"的形式在《论竞争性市场体制》中提出的核心观点是"市场经济，就是资源配置以市场为导向的经济（market-oriental economy）"，社会主义国家一切真正的经济改革，都是"市场取向的改革（market-oriental reform）"。② 这基本上体现了当时经济体制改革的基本论调，即市场经济体制的确立，就是要发挥市场配置资源的基础性作用，改变政府配置资源的方式，也即政府要逐步把一些资源配置领域让给市场，政府职能范围只能在市场失灵的领域，以改变传统计划经济体制下长期经济低效率运行的局面。但也时常可以听到政府与市场之间的选择争论，这在潜龙的《政府与市场：干预更多还是更少？》③ 一文中得到了充分体现。主张更多的政府干预的学者的核心观点是"市场机制是有效的经济基础，但作用有限，政府应该

---

① 方松华、陈祥勤、姜佑福：《中国马克思主义学术史纲》，学林出版社2011年版，第233页。
② 吴敬琏、刘吉瑞：《论竞争性市场体制》，中国大百科全书出版社2009年版，第48—49页。
③ 潜龙：《政府与市场：干预更多还是更少？》，《公共论丛（第4卷）·自由与社群》，生活·读书·新知三联书店1998年版，第163—189页。

起积极作用",代表人物如王绍光和胡鞍钢等;主张更少的政府干预的学者的核心观点是"市场失灵需要政府去弥补,但政府也可能失灵,现实中政府的失灵更需要市场去弥补,要更多地采用市场方法去解决问题",代表人物如张曙光、茅于轼、汪丁丁、盛洪、樊纲等。同时,也有学者从政府与市场结合模式、制度基础及政府职能定位等视角对政府与市场关系进一步展开研究,如郭正林、毛寿龙、方福前等。

其三,国外借鉴与反思。代表性成果如,陈振明、忻林等学者都认为,公共选择理论的创始人詹姆斯·布坎南提出的政府失败理论,对于我们处理好社会主义市场经济条件下政府与市场的关系具有启发意义;但同时认为公共选择理论及其政府与市场关系论具有明显的局限性,公共选择理论维护自由放任反对国家干预的观点也不完全正确,对此,陈振明指出"它掩盖了当代资本主义国家(政府)的阶级实质,没有把西方政府干预行为的局限性以及政府失败与资本主义的生产关系以及资本主义社会的基本矛盾联系起来考察"。[1] 忻林指出"自由放任的市场机制的弊端早已为历次经济危机所证实,政府对经济的干预确实也在一定程度上弥补了市场的缺陷。所以问题的关键不在于要不要国家(或政府)的干预,而在于如何干预"。[2] 刘文革、段颖立提出"政府在市场化经济转轨中保

---

[1] 陈振明:《市场失灵与政府失败——公共选择理论对政府与市场关系的思考及其启示》,《厦门大学学报(哲学社会科学版)》1996年第2期。
[2] 忻林:《布坎南的政府失败理论及其对我国政府改革的启示》,《政治学研究》2000年第3期。

持一定时期和一定范围的控制更是符合经济运行规律的"。① 吴国平在总结拉美国家经济改革的经验教训时指出，处理好政府与市场关系对"拉动经济增长、增加就业和避免在政府职能转变的过程中因利益再分配造成的收入分配不公现象的加剧，减少经济改革对社会的冲击，保持一国政治、经济和社会的稳定"至关重要。②

3. 中国特色社会主义新时代（2012— ）

党的十八大制定了我国今后全面深化改革的总体战略部署，明确提出"必须更加尊重市场规律，更好发挥政府作用"。这实际上预示着我们在全面深化改革中，要基于新的改革与发展实践重新认识和定位政府与市场关系，探索如何实现两者的有机统一。与此相应，理论界对政府与市场关系的研究又得到了进一步推进。笔者以"政府与市场"为主题检索"中文期刊全文数据库"CSSCI 类别论文，显示 2013 年的学术论文较之前陡增至 85 篇（2013 年之前基本位于年均 50 篇以下）。其中，代表性观点如，杨承训认为，"不能简单地将政府和市场理解为彼消此长的加减关系，而是正确处理各自的积极作用，抑制消极作用并形成合力的有机结合"，而且，协调政府与市场关系问题还特别需要研究干扰、破坏这"两只手"正确结合的"第三只手"。③ 顾钰民认为，"处理好政府和市场的关

---

① 刘文革、段颖立：《西方转轨经济理论述评》，《经济理论与经济管理》2002 年第 2 期。
② 吴国平：《拉美国家经济改革的经验教训》，《拉丁美洲研究》2003 年第 6 期。
③ 杨承训：《协同"两只手"必须刹制"第三只手"——处理好政府与市场关系的一个重要问题》，《毛泽东邓小平理论研究》2013 年第 2 期。

系，目标是使政府和市场这两种调节经济活动的基本力量共同作用于经济社会发展"。① 张宇认为，应该在综合考虑市场经济的一般规律、我国的国情和发展阶段的基础上，从"市场交易和市场竞争的维度"与"国际竞争和完善社会主义制度的维度"理解政府与市场的关系。② 胡钧认为，理论界一些人由于对社会主义市场经济体制的内涵缺乏理论认识……把政府与市场的地位和作用弄颠倒了，这非常不利于完善社会主义市场经济体制，必须把颠倒了的关系颠倒过来。③ 党的十八大之后、十八届三中全会之前的这段时期对"政府与市场关系"的研究其实也是在为十八届三中全会对"政府与市场关系"的定调起到预热和铺垫作用，党的十八大和十八届三中全会对"政府与市场关系"的新提法是相承续的。

2013年11月12日，党的十八届三中全会明确提出"使市场在资源配置中起决定作用和更好发挥政府作用"，这个新定位是我国社会主义市场经济体制改革中一大突破性提法，事关整个中国经济改革与发展的方向和全局，其核心关切也即市场作用和政府作用这个"双作用"之辩证统一关系在社会主义市场经济中如何定位。随后，党又根据新形势新要求不断加以强调及展开，以"推动有效市场和有为政府更好结合"。④ 为此，就如"一石激起千层浪"，理论界对政府与市场关系的研究又达到了一个新高潮，广泛而深入，且

---

① 顾钰民：《对经济体制改革核心问题的深化认识》，《经济纵横》2013年第2期。
② 张宇：《科学认识政府和市场关系——社会主义市场经济的视角》，《光明日报》2013年6月7日。
③ 胡钧：《政府与市场关系论》，《当代经济研究》2013年第8期。
④ 《中华人民共和国国民经济和社会发展第十四个五年规划和2035年远景目标纲要》，http://www.xinhuanet.com/2021-03/13/c_1127205564.htm，2021-03-13。

争论异常激烈。笔者以"政府与市场"为主题检索"中文期刊全文数据库"CSSCI类别论,结果显示2013年以来研究数量较之前明显增多,基本每年100篇左右。概括起来,研究与争论主要从以下四个方面展开:

其一,关于"双作用"的新定位与基本经济制度的相关性。

一类观点认为,"市场决定"包括决定基本经济制度或在"市场决定"名义下主张"国退民进",认为公益属性是国有资本的本质特征。例如,杨伟民提出"市场起决定性作用,就是改革的突破口和路线图,基本经济制度、市场体系、政府职能和宏观调控等方面的改革,都要以此为标尺";[①] 迟福林提出"国有资本的本质特征是公益属性";[②] 周为民提出"国有企业不是一般的市场主体"。[③]

另一类观点则认为,基本经济制度不能由市场决定,不能对"市场的决定性作用"进行错误的泛化理解,必须坚持基本经济制度才能为市场的决定性作用奠定均衡导向的经济基础,市场的决定性作用也必须为巩固和发展基本经济制度服务。如卫兴华认为,不能"将市场的决定性作用泛化到整个经济社会、生态文明等不同领域,甚至泛化到由市场决定基本经济制度",[④] 反对实行新自由主义改革方案。[⑤] 程恩富提出,必须坚持中国当前基本经济制度才能

[①] 杨伟民:《党的十八届三中全会的五大亮点》,《理论导报》2013年第11期。
[②] 迟福林:《市场决定十八届三中全会后的改革大考》,中国经济出版社2014年版,第112页。
[③] 周为民:《让市场决定资源配置》,《中国党政干部论坛》2013年第12期。
[④] 卫兴华、本刊记者:《更加尊重市场规律,更好发挥政府作用——访著名经济学家、中国人民大学经济学院卫兴华教授》,《思想理论教育导刊》2014年第1期。
[⑤] 卫兴华:《推动中国特色社会主义制度自我完善和发展的纲领》,《中国社会科学报》2013年11月29日。

为市场决定作用"奠定均衡导向的经济基础",[1] 并把它作为"中国特色社会主义'市场决定作用论'"主要特征之一。[2] 周新城提出,发挥市场决定性作用反过来必须为巩固和发展中国基本经济制度服务。[3] 杨承训指出,"国有经济应起主导作用。如果不区分'老大''老二',就没有主体和非主体之分。讲平等关系是指在市场竞争中处于平等地位;讲主体和非主体的关系是指它们对社会主义制度的不同地位和作用,如果取消国有经济的主导作用,就会改变'基本经济制度'的性质"。[4] 刘凤义指出,"国家性质、所有制性质决定了政府和市场关系的本质特征"。[5] 何自力指出,"资本主义市场经济是资本主义私有制与市场调节的结合体……严重扭曲了政府与市场关系,资源配置效率低下,并不像西方经济学教科书里描述的那般美妙"。[6]

其二,关于"双作用"的新定位及关系协调。

市场调节和政府调节两种资源配置方式各有优缺点,要科学确立各自边界,政府与市场关系是动态调整的。对此,理论界有普遍共识。但在这看似共识的观点中却存在着具体认识上的分歧甚或

---

[1] 程恩富、高建昆:《论市场在资源配置中的决定性作用——兼论中国特色社会主义的双重调节论》,《中国特色社会主义研究》2014年第1期。
[2] 程恩富:《要分清两种市场决定性作用论》,《环球时报》2013年12月10日。
[3] 周新城:《怎样理解"使市场在资源配置中起决定性作用"》,《思想理论教育导刊》2014年第1期。
[4] 杨承训、张新宁:《〈决定〉是清扫新自由主义的强大武器——评新自由主义者的"三根稻草"》,《中华魂》2014年第7期。
[5] 刘凤义:《论社会主义市场经济中政府和市场的关系》,《马克思主义研究》2020年第2期。
[6] 何自力:《科学认识和正确处理政府与市场关系》,《世界社会主义研究》2017年第1期。

模糊。

一种观点主张强化市场的作用,弱化政府的职能,认为政府管制会导致寻租与腐败的产生,政府应是限于掌握与公共物品提供有关资源的"有限政府",甚至将强化政府职能作"国家资本主义"理解。如张维迎提出"政府管制越多腐败越深"的观点,认为政府管制会导致寻租行为的产生,从而产生腐败,并主张取消以规范市场名义但实际上是计划经济的"审批制",审批的权利由政府转移给老百姓,"把大量的本来就该属于个人的权利归还给个人"。[1] 吴敬琏认为,"要对政府和市场关系进行重新定位,正确的方向应该是沿着完善社会主义市场经济体制的改革道路前行,而不能沿着强化政府权力的道路前行",[2] 政府改革的目标应该是建立"有限政府"和"有效政府",[3] 认为"国家资本主义往往会变成权贵资本主义,是非常危险的道路"。[4]

另一种观点主张在强调充分发挥市场作用的同时还要强化政府的功效,且要分层面、分领域,不能以为"强市场就一定是弱政府"或"强政府就一定导致弱市场",两者是相辅相成、辩证统一的有机整体,强政府和强市场的协同正是社会主义市场经济运行的特征。如卫兴华提出了"两个层面说","在资源配置层面,是由市场而不是由政府起决定作用,市场能做到的和能做好的都交给市场……不过,国防军事工业、战略性新兴产业、基本公共服务体系

---

[1] 张维迎:《管制越多腐败越深》,《资本市场》2014年第4期。
[2] 吴敬琏:《坚持政府和市场关系的准确定位》,《北京日报》2013年11月25日。
[3] 吴敬琏:《如何构筑2.0版的市场经济体制》,《投资时报》2013年11月11日。
[4] 吴敬琏:《经济改革亟须全面深化》,《财经界》2014年第8期。

建设等特定领域的资源配置应主要由政府决定；在社会主义发展与改革事业层面，整个经济、社会、文化、生态文明等建设方面的作用，政府应该做的事情是要确保我国社会主义发展与改革的顺利进行，应该坚持党的领导和政府的主导作用，这个层面不能都由市场决定"。① 洪银兴认为，"在分清政府与市场作用的边界时，不能以为强市场就一定是弱政府。只要两者不是作用于同一资源配置领域、同一层面，政府和市场就不会冲突，不会有强政府和强市场此消彼长的对立""政府和市场都要充分有效"。②③ 逄锦聚提出"需要讨论的不应该是政府的作用应不应该发挥的问题，而是政府的作用应该如何发挥的问题"。④ 袁恩桢批判了"将市场和政府对立起来、认为两者是此消彼长关系"的观点，指出"中国不能走西方'弱政府、强市场'的道路，而必须实现'强市场和强政府'的双强道路"。⑤ 刘国光、程恩富等认为，应基于市场和政府各自的优势及缺陷或失灵方面，应发挥好政府和市场的"双重调节和互补作用"。⑥ 张宇主张"强政府、强市场"相辅相成，提出政府的强弱

---

① 卫兴华：《更加尊重市场规律，更好发挥政府作用》，《光明日报》2013年12月13日；卫兴华：《把握新一轮深化经济体制改革的理论指导和战略部署》，《党政干部学刊》2014年第1期。
② 洪银兴：《关于市场决定资源配置和更好发挥政府作用的理论说明》，《经济理论与经济管理》2014年第10期。
③ 洪银兴：《市场化导向的政府和市场关系改革40年》，《政治经济学评论》2018年第9期。
④ 逄锦聚：《进一步处理好政府和市场的关系》，《光明日报》2013年12月6日。
⑤ 袁恩桢：《政府与市场的"双强模式"是社会主义市场经济的重要特点》，《毛泽东邓小平理论研究》2013年第8期。
⑥ 刘国光、程恩富：《全面准确理解市场与政府的关系》，《毛泽东邓小平理论研究》2014年第2期。

已成为决定一个国家国际地位和国际竞争力的决定性因素。①

还有一种观点认为"不是强政府,也不是强市场",而是"有效市场"与"有为政府"相结合,如林毅夫。他基于对全世界发展中经济体绝大多数长期陷于低收入陷阱、中等收入陷阱的原因及第二次世界大战以来少数经济体取得成功的共同特点分析,认为"必然是以市场经济为基础,再加上一个有为的政府",②由此提出"经济转型离不开'有为政府'"的鲜明观点,认为有效的市场、政府也积极有为,是突破中等收入陷阱国家共同的经验。③

有学者从社会主义市场经济的内在要求出发阐述政府和市场的关系,如秋石提出"使市场在资源配置中起决定性作用,更好发挥政府作用,这是党的十八大以来我们对社会主义市场经济规律认识的一个新突破",并分析了如何正确处理政府和市场关系;④刘凤义认为"探索社会主义制度和市场经济两方面优势有机结合,构成了社会主义市场经济中政府和市场关系的显著特征"。⑤有学者对新中国70年尤其是改革开放40年我国政府与市场关系变迁的历程、成就、经验及前景展望进行研究,如逄锦聚、⑥李冉、⑦时家

---

① 张宇:《党政有为是社会主义市场经济的本质要求》,《经济导刊》2014年第5期。
② 林毅夫:《政府与市场的关系》,《中国高校社会科学》2014年第1期。
③ 林毅夫:《经济转型离不开"有为政府"》,《人民日报》2013年11月26日。
④ 秋石:《论正确处理政府和市场关系》,《求是》2018年第2期。
⑤ 刘凤义:《论社会主义市场经济中政府和市场的关系》,《马克思主义研究》2020年第2期。
⑥ 逄锦聚:《破解政府和市场关系的世界性难题》,《红旗文稿》2019年第18期。
⑦ 李冉、江可可:《新中国成立以来我国政府与市场关系的建构历程与前景展望》,《复旦学报(社会科学版)》2019年第5期。

贤、[1] 黄寿峰[2]等。还有学者从产业政策的视角阐释中国式政府—市场关系，如宋磊[3]等。另有一些学者从中外比较视角辩证地分析政府与市场关系，并寄望于新兴市场经济国家的"第三条道路"或中国新方案。如胡乐明基于经济史实的证明提出，新兴市场经济国家绝非只有两种选择，而是必须且能够开拓出"第三条道路"。[4] 邱海平认为，"资本主义和社会主义两种不同制度下的政府与市场的关系既具有共同的一面，又具有本质的差别"。[5] 沈开艳提出"中国特殊国情下的政府与市场关系具有不同于西方的多元性和复杂性，呈现出经济、社会、文化以及宏观与微观、生产力与生产关系等多种维度"。[6] 杨瑞龙基于我国是"发展中大国、转型中的国家、实行社会主义基本经济制度的国家"，提出不能用西方主流经济学解读我国政府与市场之间的关系。[7]

还有学者认为，中国经济学者应进一步深化研究政府与市场关系，如李稻葵认为"中国之所以能够处理好政府与市场的关系，是

---

[1] 时家贤、袁玥：《改革开放40年政府与市场关系的变迁：历程、成就和经验》，《马克思主义与现实》2019年第1期。
[2] 黄寿峰：《新中国70年政府与市场关系变迁》，《国家治理》2019年第25期。
[3] 宋磊、谢予昭：《中国式政府——市场关系的演进过程与理论意义：产业政策的视角》2019年第1期。
[4] 胡乐明：《政府与市场的"互融共荣"：经济发展的中国经验》，《马克思主义研究》2018年第5期。
[5] 邱海平：《使市场在资源配置中起决定性作用和更好发挥政府作用——中国特色社会主义经济学的新发展》，《理论学刊》2015年第9期。
[6] 沈开艳：《关于中国特色社会主义政治经济学几个特征的思考》，《毛泽东邓小平理论研究》2018年第5期。
[7] 杨瑞龙：《中国特色社会主义政治经济学逻辑下政府与市场之间的关系》，《政治经济学评论》2016年第4期。

因为政府厘清了自己所扮演的角色，推动政府与市场的关系走向良性轨道。政府与市场关系这一问题，理应成为中国经济学者用力最深、贡献最大的研究领域，而目前国内经济学界对改革开放的经验总结和理论升华还是远远不够的。①

其三，关于"市场在资源配置中的决定性作用"的不同解读。

关于如何理解"市场的决定性作用"，可谓是政府与市场关系之争中分歧最大之处，争议的焦点是关于"市场决定"的范围。总体来说，主要呈现出以下两种观点：

一种观点认为，"市场在资源配置中起决定作用"是市场经济的最一般规律，意味着市场作用的强化和政府作用的弱化，意味着"市场为主"，甚至认为政府发挥何种作用也取决于"市场决定"，仅限于为"市场决定"服务、弥补市场失灵。如高尚全认为，党的十八届三中全会将市场在资源配置中的"基础性作用"提升为"决定性作用"就表明经济发展的主体是市场，就意味着要求政府进一步退出资源配置领域。② 吴敬琏认为，"市场起决定性作用就否定了强化政府权力的前行道路""经济改革必须全面放开市场，打破政府在资源配置中起主导作用的这个最大的体制障碍"。③ 迟

---

① 李稻葵：《经济学者应进一步深化研究政府与市场关系》，《经济参考报》2019年5月29日。
② 高尚全：《社会主义市场经济完善的新进程》，《北京日报》2013年11月25日；高尚全：《从"基础性"到"决定性"——社会主义市场经济完善的新进程》，《北京日报》2013年11月25日；高尚全：《市场决定资源配置是市场经济一般规律》，《北京日报》2014年3月10日。
③ 吴敬琏：《坚持政府和市场关系的准确定位》，《北京日报》2013年11月25日；吴敬琏：《经济改革必须打破体制障碍》，《IT时代周刊》2014年第11期；张雁、周晓菲：《如何处理好政府和市场的关系——专家解读"使市场起决定性作用和更好发挥政府作用"》，《光明日报》2013年12月2日。

福林认为,"不仅市场决定增长、市场决定经济转型、市场决定经济活力、市场决定资源配置,'有为政府'也是由市场决定的"。①

另一种观点认为,市场在资源配置中起决定作用是分层面、分领域的,市场的决定性作用主要体现在微观领域,宏观层面以及涉及国家社会安全、民生福利等领域的资源配置需要强调党的领导和政府的积极作用,不能由市场自发决定,社会主义国家的政府是经济发展的领导者、组织者。如卫兴华上述的"两个层面说"。洪银兴认为市场不能决定公共资源配置,因为"市场配置资源遵循效率原则,而公共资源配置则要遵循公平原则",且明确主张"市场对资源配置的决定性作用不能放大到不要政府作用,更不能像新自由主义认为的那样不要政府"。② 胡钧认为,"要在发挥市场对资源配置起决定作用的同时,不断提高政府驾驭市场的能力。这是社会主义市场经济不同于资本主义市场经济的一个根本性特征"。③ 刘国光认为,"市场的决定作用应限于微观层次,宏观层次的资源配置以及涉及国家社会安全、民生福利(住房、教育、医疗)等领域的资源配置,则需要政府加强计划调控和管理,不能由市场自发决定"。④ 张卓元认为,市场决定资源配置的范围主要适用于经济领

---

① 迟福林:《市场决定十八届三中全会后的改革大考》,中国经济出版社2014年版,第237—238页。
② 洪银兴:《市场对资源配置起决定性作用后政府作用的优化》,《光明日报》2014年1月29日;洪银兴:《关于市场决定资源配置和更好发挥政府作用的理论说明》,《经济理论与经济管理》2014年第10期。
③ 胡钧:《科学定位:处理好政府与市场的关系》,《经济纵横》2014年第7期。
④ 刘国光:《关于政府和市场在资源配置中的作用》,《当代经济研究》2014年第3期。

域，并不同样适用于文化、社会等领域。① 程恩富等论证了中国特色社会主义的"市场决定作用论"与中外新自由主义的市场决定论有着天壤之别，应当警惕对市场与政府关系进行的各种新自由主义解读。② 李冉等认为，"市场决定作用与政府更好作用"是在深化改革中建构双向强化关系，彰显了政府和市场是相互促进、不可偏废的辩证关系。③ 刘凤义认为，"针对一些人把'市场的决定作用'片面化，习近平关于政府和市场的'有机统一辩证说'，超越了西方经济学长期以来关于政府和市场关系的'二分法'以及国家（政府）在市场经济中作为'外生关系'的形而上学思维"。④

其四，关于新时代新发展阶段政府与市场关系的研究。

2018年以来，随着新时代新发展阶段社会主义市场经济的深化发展及新发展格局的加快建构，又逢中华人民共和国成立70周年、改革开放40周年和党的二十大等，理论界关于政府与市场关系的研究在继续前期研讨的同时又体现出新的视域和主题，如新时代、新发展阶段、新发展格局下及中国式现代化视域下的政府与市场关系（如程恩富、方福前、王曙光、谢富胜等学者），我国政府与市场关系变迁的历程、成就、经验、启示及前景展望（如秋石、逄锦

---

① 张卓元：《中国社科院学部委员张卓元谈中国经济改革：确立发展新逻辑》，http://fangtan.people.com.cn/GB/147553/371733/index.html；张卓元：《当前经济改革值得关注的几个重大问题》，《经济纵横》2014年第8期。
② 程恩富：《要分清两种市场决定性作用论》，《环球时报》2013年12月10日；程恩富、黄世坤：《在全面深化改革中处理好政府和市场关系》，《经济日报》2014年9月12日。
③ 李冉、江可可：《新中国成立以来我国政府与市场关系的建构历程与前景展望》，《复旦学报（社会科学版）》2019年第5期。
④ 刘凤义：《论社会主义市场经济中政府和市场的关系》，《马克思主义研究》2020年第2期。

聚、洪银兴、李冉、武力、时家贤等学者），有效市场和有为政府如何更好结合（如林毅夫、黄庆华、张新宁、常庆欣、任晓伟等学者），以及从具体视角（如现代化经济体系、产业政策、共同富裕、营商环境、收入分配、高质量发展等）对政府与市场关系的研究；同时，开始探索政府与市场关系处理的中国特色或说中国式（如李稻葵、刘凤义、胡乐明、杨瑞龙、宋磊、黄先海等学者）。

4. 述评

随着社会主义经济发展实践的不断推进，理论界也一直密切配合国家发展战略，就社会主义市场经济中的政府与市场关系展开了大量的学术研究和学术争鸣，为社会主义经济建设尤其是经济体制改革做出了重要理论贡献。

总体来说，为了回应我国经济社会发展中的重大现实问题及经济体制改革的实践诉求，理论界对政府与市场关系问题进行了艰辛的探索，一方面，围绕社会主义市场经济理论建构对政府与市场关系展开研究；另一方面，在与西方经济学的交流、交锋、碰撞和对话中，力求科学认识与正确建构当代中国的政府与市场关系。随着历史与逻辑演进历程的不断展开，研究主题愈加广泛，理论分析愈加深入，从以上不同时期的研究与论争可见一斑。研究方法也渐次深入与展开，改革起初着重采取"逻辑思辨法"来讨论政府与市场之间的关系及其不同的组合模式，并尝试进行理论建构；之后，又逐渐转向"逻辑思辨法""实证分析法"与"比较分析法"等多种方法的综合运用，且愈加具体地讨论政府与市场关系的诸多问题。研究视角也逐渐增多，经济学、政治学、管理学、法学以及哲学的视角均有体现，各具特色，但总体以经济学与政治学的视角为主，

且尤以经济学的视角为最多。下面着重对党的十八大以来关于政府与市场关系的研究与争论进行简要述评:

党的十八大以来,基于实践的发展与认识的深化,党再次创新性地提出"使市场在资源配置中起决定性作用和更好发挥政府作用,推动有效市场和有为政府更好结合",是党基于对新时代中国改革与发展实际的准确判断,对基于社会主义本质要求的"政府与市场关系"做出的新定位,也是社会主义市场经济发展进入新时代的理论诉求,为新时代政府与市场关系处理做出了方向性的指引。如前所述,由此,理论界形成了一股对政府与市场关系的研究热潮,且观点纷呈、争议不断。但总体来说,以此为契机,还是取得了许多有益成果,但有共识,有分歧,也有研究的不足。

就共识而言,主要体现在以下几点:其一,市场调节和政府调节各有优缺点,要科学确立资源配置中政府与市场的边界。其二,政府与市场关系的定位是动态调整的。其三,要坚持社会主义市场经济改革方向。但也正在这些看似共识的观点中存在着认识上的模糊和分歧,如"究竟如何确立政府与市场的边界才是科学的""究竟如何理解市场在资源配置中的决定性作用""究竟如何发挥政府作用才是更好""究竟如何实现有效市场和有为政府有机结合""究竟怎样才算是坚持了社会主义市场经济改革方向(也即社会主义市场经济的理论内涵及本质规定性到底是什么)"等。其实,这些分歧也已在前述内容中有所体现了。再进一步说,其一,关于"双作用"的新定位与基本经济制度的相关性方面。不同观点的纷争事实上已涉及公有制经济主体地位和国有经济主导地位是否必须坚持的问题。科学认识和正确处理政府与市场关系的基本前提就是要坚持社会主义市场经济改革方向,也即要实现社会主义与市场经济的结合,既要体现市场经济的一般规律,也要坚持改革的社会主义方向。换言之,我们只是在利用市场机制服务于社会主义经济发展,如若拘泥于西方经济学的立场、视域和理论框架,过于夸大市场的作用而贬低政府的作用甚至是拒斥我国的基本经济制度,既不符合客观实际,在社会主义理论上也是错误的。社会主义的国家和国企在市场经济运行中发挥着极为重要的作用,这一点从根本上区别于资本主义国家的"政府与市场关系""所有制结构"等,也正因如此,社会主义制度下的政府与市场关系处理将从根本上跳出资本主义制度下政府与市场关系处理的框架。也只有这样,才能在利用市场工具的同时又防止"私人资本垄断"借助市场工具对社会所造成的严重侵蚀,才能在解放生产力、发展生产力的过程中通过生产关系的逐步变革而直至最终消灭剥削、消除两极分化并实现共同富裕。因而我国的基本经济制度不仅不是,也不能由市场决定,而且还是社会主义国家利用市场这个工具发展自身的必要前提,我们的市场与新自由主义所主张的"自由市场"也有多方面的差别。其二,关于如何理解"双作用"的新定位及关系协调。对此,理论界存在不同意见与解读。那么究竟应该站在什么立场、秉持什么观点、运用什么方法看待与分析这个问题?无疑,我们必须站在人民立场,坚持唯物史观和唯物辩证法,方见本质、方得真理、方寻规律。因而与西方国家动态的"相互代替"具有本质不同,我们一定要坚持两点论,也即运用唯物辩证法,将"市场在资源配置中的决定性作用"和"更好发挥政府作用"看作一个有机的整体,且要置于中国特色社会主义制度的前提下,要置于社会主义市场经济的框架中，不能脱离道路、制度、理论前提，断章取义地片面理解甚至是扭曲、错误理解，而必须辩证地将两者统一起来理解才完整。但若只知道市场经济的一般规律或进一步说只知道资本主义市场经济的规律，而没有或不去深刻理解社会主义市场经济这个改革方向对政府与市场关系的内在规定性，对于科学认识和全面理解我国政府与市场关系、对于全面理解和进一步完善我国社会主义市场经济来说是不够的，也是不准确的。因而在注重遵循市场经济一般规律、充分发挥市场对资源配置的决定性作用同时，还要考虑社会主义国家的党和政府如何更好发挥作用，以对经济社会发展的总方向、总体运行及平衡方面进行宏观驾驭与规导，以克服"资本逻辑"和"市场弊端"对人类社会的侵蚀，也以此彰显社会主义国家在处理政府与市场关系上的独特优势。另一方面，我们也要对某些观点进行辩证分析，尤其对诸如腐败、国企的弊端与低效、行政审批制度及强权政府等的批判以及提出政府要"简政放权、改善管理、提供公共物品以更好地服务于公众"等建议，从反思和思想资源利用的视角看，对我们思考如何"更好发挥政府作用"也是一种警醒和鞭挞。

此外，再进一步讲，当前理论界以马克思主义的立场、观点和方法对"双作用"的研究还存在一些不足及薄弱点，其一，上升到"社会化大生产客观经济规律的要求"进行系统、深度理论挖掘与阐释的研究极少。其二，基于马克思主义经典理论溯源的深度理论挖掘与阐释还不够，有些研究更多地还是停留在意识形态层面的阐释、批判及强调，体现马克思主义思想性和学术性方面的理论建构较为薄弱。其三，基于经济全球化与"逆全球化"背景，从"提升国家竞争力的同时为世界贡献中国智慧和中国方案"的视角加以阐释的较少。其四，如何在理论与实践的结合中对"双作用"系统阐述并在制度体系及具体实践操作上使其真正落地方面的研究较为薄弱，从"资本逻辑、市场失灵、政府失灵与公平正义结合"视角对经济社会现实尤其是政府与市场关系现实有针对性的深度剖析及解决方案提供还不够。其五，基于历史逻辑、理论逻辑和实践逻辑的结合分析，对新时代中国特色政府与市场关系的内在逻辑、规律及经验进行系统化、学理化的阐释及总结与提炼鲜少，但却重要且亟待加强，更需要有新的高度和深度。其六，对"以人类社会为立脚点，运用马克思主义唯物史观和唯物辩证法的世界观和方法论，结合中西方政府与市场关系实践，对西方经济学关于政府与市场关系认识的辩证分析及中西方处理政府与市场关系之本质区别"的系统研究还不够，尚待今后的研究进一步展开与加强。

二、国外研究的学术史梳理及研究动态

鉴于政府与市场关系问题在经济学领域特别是西方经济学领域探讨得比较多，本部分主要综述的是西方资本主义市场经济成长过程中西方经济学关于政府与市场关系的理论文献，并兼谈苏联东欧经济学派关于社会主义经济中计划与市场关系的理论探讨。关于政府与市场关系，西方国家一直存在争论，综合看来有两条持相互对立观点的线路，即经济自由主义与政府干预主义。随着西方资本主义市场经济的深化发展，两派的对立性不像一开始那样鲜明，与此同时，市场机制与政府调控的现代混合逐渐成为主基调。

1. 西方经济学关于政府与市场关系的研究与争论

其一，市场自发调节理论关于政府与市场关系的研究。

市场自发调节理论（或称古典自由主义理论）的真正创立者亚当·斯密在其著作《国民财富的性质和原因的研究》中全面阐述了自由放任的经济思想，主张通过市场这只"看不见的手"来调节经济活动，促进社会资源的最优配置，而政府不应该干预任何的私人经济活动，其功能仅限于一些极小的范围，充当"守夜人"角色。[①] 斯密的市场自发调节理论得到了李嘉图和萨伊的继承发展。萨伊的市场均衡理论认为，供给会自动创造自己的需求，这就是著名的"萨伊定律"，其理论重点和基本的政策就是强调经济自由，放弃政府干预。20世纪30年代之前，"自由放任"思想一直居于西方经济理论界的主流派地位。后来，马歇尔、泰勒、庇古、熊彼特、哈耶克、汉森等也都对此进行了不同程度的修补和捍卫。总之，西方传统的经济理论是以完全自由竞争的市场机制为核心的市场自发调节理论，亦即以亚当·斯密的"看不见的手"为指导的市场选择理论。该理论认为，市场机制会自动形成"自然秩序"，能够自动达到资源配置的帕累托最优状态，而政府只要像一个"看门人""守夜者"一样，不让"外人"进来破坏这种"自然秩序"就可以了，政府对经济的干预是没有必要的，最小的政府就是最好的政府。

其二，政府干预理论关于政府与市场关系的研究。

随着自由市场经济的发展，市场经济本身的缺陷日益彰显，特

[①] 参见亚当·斯密：《国民财富的性质和原因的研究》，郭大力、王亚男译，商务印书馆1972年版。

别是1929—1933年席卷全球的资本主义经济危机彻底粉碎了"市场万能"的神话,宣告了市场自发调节理论的破产,迫使人们走出认识的虚幻世界,寻找新的理论和对策,由此引发了"凯恩斯革命"。凯恩斯通过建立一套与传统理论完全不同的宏观干预学说,把国家推到了社会经济活动的前线,成为现代政府干预理论的奠基人,并对萨伊的市场自动均衡理论进行抨击,提出"需求会自动创造自己的供给"即"凯恩斯定律"。政府干预理论反对传统经济理论的自由放任观点,竭力主张政府通过刺激性的财政货币政策来积极干预和调节私人经济,用政府"看得见的手"去弥补市场"看不见的手"的缺陷。同时,罗斯福"新政"也出台了,其实质在于逐步放弃自由放任的政策,通过政府干预,纠正市场机制的缺陷,缓解危机甚至消除萧条。如果说罗斯福"新政"是在市场机制面对大萧条的情况下作为急救药出现的话,那么凯恩斯的《就业、利息和货币通论》则从理论上掀起了一场"革命",两者的结合,开辟了国家在危机期间对经济进行全面干预的新纪元。政府干预经济正式成为普遍范式,凯恩斯的"大政府"模式完全取代了斯密的"小政府模式"。① 后来,新凯恩斯主义基于理性预期假设,从微观经济学视角阐释了高失业率与高通货膨胀率并存的原因,主张"适度"的政府干预,并强调要重视政府对促进市场效率的有限作用。②

其三,新自由主义理论关于政府与市场关系的研究。

20世纪70年代初,西方国家出现了经济滞胀的严重局面。凯

---

① 曹沛霖:《政府与市场》,浙江人民出版社1998年版,第174—184页。
② 郑尚植、张茜:《经济思想史视域下政府作用的理论争议和实践路径——兼对"更好发挥政府作用"的思考》,《东北财经大学学报》2020年第2期。

恩斯主义的政府干预理论也束手无策，且被认为是经济改革和政治改革的障碍，遭到各方面的攻击和诘难。于是，以货币主义、理性预期学派、供给学派、瑞典学派以及公共选择学派等为代表的新自由主义理论风行一时，主张减少政府干预，开始动摇凯恩斯主义的主流地位。在实践上，20世纪80年代初的"撒切尔主义"和"里根主义"重新强调市场的地位和作用，多数国家采取了倾向于减少政府干预的政策，政府模式又向"小政府"回归，但这种回归决不是对古典自由主义的简单传承，而是一种扬弃，主张"有限政府"。而且，在实践上，各国政府也并没有真正放弃政府对经济的干预和调节，更多的是调整了政府干预经济的重点和手段而已。

其四，新综合理论关于政府与市场关系的研究。

到了20世纪90年代初，从美国开始并波及整个西欧的经济衰退促使人们对新自由主义经济政策和经济理论提出疑问，并开始重新考虑或重视政府在经济生活中的重要作用，试图改革或寻找新的政府调节方式。于是，出现了一些新理论，如"新古典经济学""新制度经济学""调节学派"等，他们被统称为新综合理论。新综合理论虽然不太赞成凯恩斯式的国家干预，但其承认经济政策在提高经济增长率中的作用，强调政府调节仍具有重要意义，认为现代市场经济应是现代市场机制与现代政府调控有机结合的"混合经济"，两者相互配合、相互弥补、相互纠错是经济正常运行的保障，是经济社会达到帕累托最优的充分必要条件。正如萨缪尔森所说：没有政府和没有市场的经济都是一个巴掌拍不响的经济，他倡扬现代混合经济"能将严厉冷酷的市场运作规律与公正热心的政府监管机制巧妙地糅合成一体",并提出"一个好的混合经济应当是且必须是有限制的混合经济。那些希望将政府缩减为警察加灯塔的人只能生活在梦幻的世界中"。① 斯蒂格利茨、林德布洛姆、查尔斯·沃尔夫等现代政治经济学家也都认为,市场体制绝不是亚当·斯密所说的放任自由,也不是依赖于小政府的市场机制——它是需要被管制的,且政府行为是其发挥作用过程中不可或缺的部分。②

其五,关于政府与市场关系的新近研究。

近年来,诸多西方政治经济学家基于对当今西方社会不平等的关注与考察及对与之相关联的资本主义政治经济体制的反思和批判,开始对主流经济学的一些传统结论和命题尤其是新自由主义经济政策和经济理论发起挑战,对政府干预的性质和作用加以重视和重新考量,甚或直接将其作为未来新趋势。③ 如格泽高滋·W. 科勒德克(Grzegorz W. Kolodko)提出"务实的经济学家已经知道有一段时间了,市场经济的蓬勃发展基于坚实的政府机构……市场和政府是相互补充的,而不是彼此竞争。它们是一个有机整体的两个不可或缺的部分,而不是一个非此即彼的选择。后一种方式是原始

---

① 保罗·萨缪尔森、威廉·诺德豪斯:《经济学》,萧琛等译,商务印书馆 2019 年版,第 21 页;保罗·萨缪尔森、威廉·诺德豪斯:《论效率、公平与混合经济》,萧琛主译,商务印书馆 2012 年版,第 22 页。
② C. E. 林德布洛姆:《市场体制的秘密》,耿修林译,江苏人民出版社 2002 年版,第 7—8 页。
③ Kaushik Basu, *Beyond the Invisible Hand: Groundwork for a New Economics*, Princeton University Press, 2010; Kaushik Basu, Joseph E. Stiglitz, *inequality and Growth: Patterns and Policy*, Palgrave Macmillan, 2016; 约瑟夫·E. 斯蒂格利茨:《不平等的代价》,张子源译,机械工业出版社 2013 年版,第 V—XVII 页;阿马蒂亚·森:《以自由看待发展》,任赜、于真译,中国人民大学出版社 2013 年版,第 1—16 页。

经济学而不是诚实而现代的社会思想的典型特征"。① 格伦弗顿（Glenn Furton）和亚当·马丁（Adam Martin）主张"超越市场失灵和政府失灵"和"关注制度不匹配问题"。② 在实践方面，人们关注的焦点也已从政府的"大"或"小"转到政府干预的领域、力度及方式上来了。

2. 苏联东欧经济学派关于计划与市场关系的研究与争论

20世纪60—80年代苏联东欧经济学派提出的许多改革理论（兰格的试错模式、布鲁斯的分权模式、奥塔·锡克宏观收入计划协调下的自由市场模式、科尔内宏观间接控制下的自由市场模式）都是围绕社会主义经济中计划和市场的关系展开的。科尔内等人发现，关于社会主义市场经济的一些设想，如奥斯卡·兰格著名的计划模拟市场的理论模型，假定社会主义企业家们在竞争市场上的实际行为与私人企业完全相同，但对这一假定的根据并未作充分说明，因而缺乏微观基础，以完全竞争市场为基础的改革方案，如果不能认真考虑传统国有制形式能否容纳这些改革措施的问题，那就只能是一种天真的幻想。③ 针对这一问题，奥塔·锡克等人提出了资本中立化理论，设想在公有制企业中，劳动者是集体资本的所有者，以民主自治的方式管理企业，共同参与对利润的分享，以此克服劳动与资本的对立，实现经济的民主

---

① Grzegorz W. Kolodkok, *Market Versus Government in an Age of Globalization. Whither the World: The Political Economy of the Future*, Palgrave Macmillan, 2014.
② Glenn Furton, Adam Martin, *Beyond market failure and government failure*, *Public Choice*, 2019, 178 (197–216).
③ 科尔内：《理想与现实》，中国经济出版社1987年版，第61—71页。

化与人道化。① W. 布鲁斯另辟蹊径，提出了生产资料社会化的理论。他认为，社会主义的所有制不应当是国家所有制，而应当是社会所有制，它有两条基本标准，一是生产资料必须用于满足社会利益，二是社会必须对其占有的生产资料具有有效的支配权。其中，第二条标准具有决定性意义，其实质是政治的民主化问题。② 奥斯卡·兰格 1938 年发表的《社会主义经济理论》已经明确提出："如果执行竞争的分配资源规则与一个有理性指导的社会主义经济必须接受的规则相同，考虑社会主义有何用？如果现有制度内能达到同样的结果，如果只要迫使它保持竞争标准，为什么要改变整个经济制度？"③

3. 述评

综上所述，在西方市场经济的成长过程中，沿着经济自由主义与政府干预主义两条线路，关于政府与市场关系始终存在着不同的选择和争论。此消彼长，主流与非主流地位相互置换。但不是以一方战胜另一方为终结，而是双方的相互吸收与渗透，且市场机制与政府调控的现代混合愈加成为主基调。而苏联东欧的学者们则结合所在国家的社会制度深入研究了社会主义经济中的计划与市场关系问题，尤其是侧重从公有制与市场经济相结合的视角进行研究，取得了一些有益的成果，也存在着一些公有制与市场经济是否相融及

---

① 奥塔·锡克：《一种未来的经济体制》，王锡君等译，中国社会科学出版社 1989 年版，第 35—156 页；奥塔·锡克：《争取人道的经济民主》，高钴等译，华夏出版社 1989 年版，第 57—138 页。
② W. 布鲁斯：《社会主义的所有制与政治体制》，郑秉文等译，华夏出版社 1989 年版，第 58 页。
③ 奥斯卡·兰格：《社会主义经济理论》，中国社会科学出版社 1981 年版，第 24 页。

如何相融的疑问及争论。而在苏联和东欧国家选择"休克疗法"走上放弃社会主义制度之路的时候，中国特色社会主义方向指引下的中国社会主义市场经济则在解决公有制与市场经济相融这一难题中产生和发展起来，实现了从对立到统一的历史转变。发生于20世纪30年代奥斯卡·兰格、哈耶克和冯·米塞斯之间那场如何看待市场与计划（政府）、如何看待市场体制和计划体制的大辩论，无疑也在中国经济体制改革的成功实践中得到了肯定回答。所以，"理论的依次更替，不是否定性的替代，而是包容性的共进漂移"。① 事实上，已经很少有哪个经济学家主张"纯粹"的自由经济或者"纯粹"的政府干预。正如查尔斯·沃尔夫所说："市场与政府间的选择是复杂的，而且，通常并不仅仅是这两个方面，因为这不是纯粹在市场与政府间的选择，而经常是在这两者的不同组合间的选择以及资源配置的各种方式的不同程度上的选择。"② 而且，随着世界资本主义国家多重危机相互交错，且爆发的频率越来越高、影响也越来越深广，诸多西方学者在对资本主义进行反思和批判的同时，也在寻求新的替代方案，围绕政府与市场关系不断思考"到底不平等的根源是什么、如何看待发展、什么才是真正现代化的社会和世界、政府与市场究竟如何有机结合"等（如萨米尔·阿明、大卫·哈维、阿马蒂亚·森、保罗·萨缪尔森、约瑟夫·斯蒂格利茨、托马斯·皮凯蒂、格泽高滋·W. 科勒德克、让-雅克·朗班等），并开始把目光转向马克思主义、转向社会主义市场经济改

---

① 杨冠琼：《政府治理体系创新》，经济管理出版社2000年版，第7页。
② 查尔斯·沃尔夫：《市场或政府　权衡两种不完善的选择》，谢旭译，中国发展出版社1994年版，第1页。

革和经济突飞猛进发展的中国。当今,既具有完备的市场机制和市场体系,又具有适度干预和科学规划指导的现代市场经济,则是历史发展的大趋势和绝大多数国家的共同选择,也日益成为政府与市场关系研究的未来趋势。

我们要正确认识和科学对待西方经济学,一方面,要承认西方经济学有合理的成分,从技术和工具的层面可以利用其关于市场经济规律研究的思想养分(这在马克思与恩格斯的东方社会理论、列宁的"新经济政策"及中国特色社会主义市场经济理论中均有体现);另一方面,也要认识到它所具有的阶级本质及局限性,不能把它作为处理我国社会主义市场经济中政府与市场关系的指导。总之,要基于马克思主义唯物史观、唯物辩证法的世界观和方法论,把发展的普遍性和特殊性有机结合起来。

第三节 本书的框架思路、研究方法与结构安排

一、框架思路

总的原则是:坚持史论实的结合,从考察历史到关注当下,再到观照未来;从基本概念到理论表达,再到理论规律,搭建较为系统的研究理路。

具体来说,以马克思主义的立场、观点和方法,沿着史论实结合的理路,首先,基于对马克思主义思想资源的挖掘、系统梳理与阐释新时代中国政府与市场关系的思想基础;其次,以此为指导思想,对新时代中国政府与市场关系的历史逻辑、理论逻辑和实践逻

辑进行系统梳理与分析，并进一步提炼出新时代中国政府与市场关系的内在规律；接着，基于前述梳理与分析，对新时代中国政府与市场关系的特色、经验、世界意义及基于此所产生的创新性和所具有的优势进行总结与阐释；最后，基于前述总的分析，展望新时代新征程上中国政府与市场关系更高层次展开，旨在形成对新时代中国政府与市场关系的科学认识。也即采取"思想基础—历史逻辑—理论逻辑—实践逻辑—内在规律—中国特色、基本经验与世界意义—未来展望"的研究路线。

二、研究方法

1. 方法论

总的来说，运用唯物史观、唯物辩证法，以政府与市场关系为逻辑主线揭示经济体制变迁、经济社会现象背后的本质与客观规律。

2. 具体方法

综合运用历史与逻辑相统一的方法、矛盾分析方法、阶级分析方法、制度分析方法、比较分析方法及文献法和实证分析方法等。

（1）历史与逻辑相统一的方法。结合经济史和经济思想史，探寻政府与市场关系的演进规律及趋势。

（2）矛盾分析方法。涉及对生产力与生产关系的矛盾运动规律以及对社会主义与市场经济、政府与市场之间关系的揭示与分析，发现其间的内在矛盾与本质联系。

（3）阶级分析方法和制度分析方法。涉及对社会主义市场经济与资本主义市场经济本质区别、经济社会现实的本质及基本制度与具体制度的分析。

（4）文献法。其一，基于对马克思主义经典文本的深耕建构自身的理论逻辑，增强对新自由主义等西方经济学流派批判与解构的思想性和学术性；其二，围绕"政府与市场关系"主题，对现有研究文献的搜集、整理、挖掘、比较、分析与综述。

（5）实证分析方法。

运用实证分析方法对经济社会现实尤其是对当前我国政府与市场关系面临的现实问题与挑战进行剖析（数据、资料来源于官方的统计资料、文件，官方、正规媒体报道的经济社会现实事例以及他者及笔者本人的实地调研等）。

（6）比较分析方法。涉及不同历史时期之间的纵向比较以及不同国家、制度、发展模式之间的横向比较。

三、结构安排

本书主要有七章：

第一章：导论。基于历史与逻辑结合的视角，以大历史的视野对国内关于"我国政府与市场关系"研究的历史与现状进行综述，着重梳理新时代中国政府与市场关系研究，以对实践与认识的发展轨迹和特点有全面了解；对西方经济学关于政府与市场关系及苏联东欧经济学派关于计划与市场关系的研究与争论进行综述。从"伟大时代和实践的强烈呼唤""增强理论认同的必然要求"及"使命和责任的驱使与推动"三重维度系统阐释为什么要研究新时代中国政府与市场关系，凸显研究的价值。并指出，要以人类社会为立脚点，运用马克思主义唯物史观和唯物辩证法的世界观和方法论，结合中西方政府与市场关系实践，对政府与市场关系认识进行辩证分析，把发展的普遍性和特殊性有机结合起来。

第二章：思想基础。基于对马克思主义经典文本的深耕、现有研究文献的分析及相关史实的把握，对马克思主义关于政府与市场关系的思想资源进行系统梳理与阐释，为科学分析新时代中国政府与市场关系奠定学理基础。具体内容包括：基于唯物史观、马克思主义政治经济学和科学社会主义三个维度的分析，探寻马克思、恩格斯关于政府与市场关系的科学思想；列宁、斯大林关于政府与市场关系的论述；毛泽东关于政府与市场关系的论述；改革开放和社会主义现代化建设新时期中国特色社会主义关于政府与市场关系的阐述（邓小平、江泽民、胡锦涛的论述）；新时代习近平关于政府与市场关系的重要论述。马克思主义具有科学认识和正确处理政府与市场关系的深厚思想基础，且一脉相承、与时俱进、不断深化，正确认识和处理新时代中国政府与市场关系要以此为指导思想，尤其要坚持以习近平新时代中国特色社会主义思想为指导。

第三章：历史逻辑。站在新的历史起点上，结合经济史和经济思想史，结合党史国史、中国特色社会主义制度及时代背景和主要争论，对新时代中国政府与市场关系既一脉相承又与时俱进的历史逻辑进行系统梳理与总结。回望改革开放以来我国政府与市场关系的历史与逻辑演进历程，大致可分为"探索与过渡""建立与发展"和"深化与完善"三个时期。其间关系的调整，不是简单的此消彼长或相互替代，而是以社会主义建设本质与规律探寻为核心主题的螺旋式上升发展历程，且经历了由感性认识到理性认识、再从理性认识到实践逐步深化的蜕变过程。总体来说，在政府与市场

"双作用"的整体把握上，市场作用和政府作用都在朝着更好的方向逐渐增强、协同前行，体现了生产力与生产关系、经济基础与上层建筑的矛盾运动规律，体现了一般与特殊的辩证统一，体现了理论与实践的结合，中国特色和优势逐渐彰显。

第四章：理论逻辑。市场经济是人类社会共有的一种经济形态，政府与市场关系问题伴随着市场经济发展始终，我国在认识和处理政府与市场关系上遵循着科学而深厚的理论逻辑。以人类社会为立脚点，社会主义市场经济及"双作用"的辩证统一是社会化大生产的内在要求；政府与市场关系因不同的历史情境、生成方式、制度要求和发展阶段呈现出不同的组合模式，新时代中国政府与市场关系寻求"双作用"的科学定位与"两只手"的最佳功能组合，总体呈现的是"有效市场和有为政府"辩证统一格局。上升到规律层面，新时代中国政府与市场关系以社会化大生产规律为总规律，遵循市场经济规律、经济社会总体发展规律和国民经济按比例发展规律等具体规律，遵循一般与特殊"双规律"的辩证统一。以上层面紧密相连、有机统一，共同组成逻辑严密、内容完备的理论整体。

第五章：实践逻辑。基于实践发展需求，坚持问题导向，从"做法及成就"和"问题及挑战"两个层面对新时代中国政府与市场关系的实践逻辑进行系统阐释。从做法及成就的层面来看，聚焦于政府与市场"双作用"的优化组合，实践上的探索逐步展开，取得了非凡成就，政府与市场关系深化发展、不断完善，主要从"市场在资源配置中决定性作用不断增强"和"政府作用的更好发挥不断体现"两个维度加以阐述。从问题及挑战的层面来看，基于对

"双作用"发挥的现实剖析,依然存在着政府与市场关系没有完全理顺问题,具体从两个维度展开:其一,市场决定性作用发挥中的现实问题与挑战(侧重市场体系、市场主体和市场秩序三个方面);其二,更好发挥政府作用中的现实问题与挑战(侧重宏观经济治理、深化"放管服"改革和公共服务与收入分配三个方面)。

第六章:中国特色、基本经验与世界意义。基于前述梳理与分析,对新时代中国政府与市场关系的特色、经验、世界意义及基于此所产生的创新性和所具有的优势进行总结与阐释。改革开放特别是党的十八大以来,在马克思主义指导下,在中国共产党领导下,基于人民立场,遵循唯物史观和唯物辩证法,我国政府与市场关系已经走出了中国特色,并形成了一些基本经验,世界意义也愈加彰显。新时代中国政府与市场关系遵循社会化大生产规律,在"双作用"的整体把握上,既愈加克服传统的高度集中的计划经济体制的弊端,也愈加超越资本主义市场经济的局限,体现出社会主义制度的优越性,是对人类社会更加科学、合理的资源配置方式及经济社会发展模式的创新性探索,兼具真理性与实践性,着眼于中国与世界双重向度,为世界贡献中国智慧和中国方案。

第七章:未来展望。基于前述总的分析,展望未来:顺应历史大势,回应时代之需,开辟新范式和新视域,形成新认识和新实践,新时代新征程上中国政府与市场关系将面向社会主义现代化强国建设在新的更高层次上展开,总体呈现的应该是有效市场和有为政府辩证统一的崭新格局,社会主义制度的优越性将充分发挥,并继续为世界贡献中国智慧和中国方案。展开来说,以人类社会为立足点,运用唯物史观和唯物辩证法,对西方经济学关于政府与市场关系的认识进行辩证分析，把一般与特殊有机结合起来；坚持和完善社会主义基本经济制度对政府与市场关系建构具有基础性、原则性和系统性重要影响，要进一步增强市场主体活力和实力，进一步完善收入分配制度，进一步遵循社会化大生产规律；发挥好市场和政府"两只手"各自特有的积极功能，推动有效市场和有为政府更好结合；系统建构"促进市场发挥决定性作用，充分发挥和促进政府作用更好发挥"的具体制度体系，发挥制度的显著优势。

第四节 本书的特色、创新及核心观点

一、本书的特色与创新

其一，注重马克思主义经典文本研究及马克思主义关于政府与市场关系思想的挖掘、阐释及建构，并以史论实的结合探寻新时代中国政府与市场关系背后的本质、逻辑和规律，知其"然"及其"所以然"。

其二，以人类社会为立足点，以社会化大生产规律的客观要求为切入点，系统阐释新时代中国政府与市场关系，"充分发挥市场在资源配置中的决定性作用，更好发挥政府作用，推动有效市场和有为政府更好结合"辩证统一的崭新格局及中国特色。

其三，关注"资本逻辑、市场失灵、政府失灵与公平正义"的结合分析及与社会主义基本经济制度内在关联的研究。

此外，本书的核心观点和研究方法也可能会体现出一定的创新性。

二、本书的核心观点

其一，社会化大生产内在地包含着生产社会化的基本要求及基本矛盾，社会主义市场经济及"充分发挥市场在资源配置中的决定性作用，更好发挥政府作用，推动有效市场和有为政府更好结合"是社会化大生产规律使然，体现了人类社会的本质属性和发展趋势。

其二，坚持和完善社会主义基本经济制度，使"国民经济有计划按比例发展""市场决定性作用的充分发挥""劳动人民成为生产资料和生产过程的主人"及"社会生产目的达成"成为可能，是正确认识和处理新时代中国政府与市场关系的基本前提和原则。

其三，政府和市场基本不在同一层面、同一领域发挥作用，要打破"对立""相互替代"或"此消彼长关系"之说，从中国经济社会发展总方向和全局及生产方式整体出发加强对"双作用"辩证统一的最佳功能组合及具体体现的研究，增强政府驾驭社会主义市场经济的能力。

其四，新时代中国政府与市场关系的演进呈现的是一个以共产主义为旨归、以社会主义经济建设本质和规律探寻为核心主题的螺旋式上升发展历程，体现了生产力与生产关系、经济基础与上层建筑的矛盾运动规律，是在马克思主义指导下对人类社会更加科学、合理的资源配置方式以及经济社会发展模式的创新性探索，为世界贡献了中国智慧和中国方案。

其五，资本主义市场经济中的市场失灵和政府失灵是资本主义市场经济的本质体现，是"资本逻辑"与"市场弊端"和"政府局限"的结合作用,是其自身固有且不可能治愈的。社会主义市场经济中政府与市场"双作用"的发挥会通过辩证把握一般与特殊"双要求"规避"双失灵"。

其六,放眼世界,经济全球化与"逆全球化"要求我们推动有效市场和有为政府更好结合,增强国家竞争力,并以社会主义的独特优势克服、摆脱"资本逻辑"借助市场及全球化工具所导致的世界范围内的两极分化及剥削与压迫。

其七,政府与市场关系,不只是一个经济问题,更是一个政治问题,对这对关系的考察与研究既需要历史的视野,也需要哲学的思维。以唯物史观、唯物辩证法的世界观和方法论来关照,新时代中国政府与市场关系随着经济社会发展不断演进且将愈发在更高层次上展开,这是历史大势。

第二章　新时代中国政府与市场关系的思想基础

马克思主义具有科学认识和正确处理政府与市场关系的深厚思想基础，且从理论走向实践，一脉相承、与时俱进，认识不断深化。马克思和恩格斯基于唯物史观、马克思主义政治经济学和科学社会主义的相关论述深深内蕴着政府与市场关系的科学思想，但尚未付诸实践；列宁、斯大林继承并发展了马克思和恩格斯这一基本思想，并将理论应用于俄国、苏联社会主义建设实践，形成了关于政府与市场关系的思想，对中国产生了重大且深远的影响；现当代中国将马克思主义与中国具体实际和时代特征相结合，形成了中国化的马克思主义，毛泽东在探索适合中国国情的社会主义建设道路的过程中提出的一系列独创性重要理论观点、重要论断及方针政策蕴含了丰富的政府与市场关系思想，中国特色社会主义站在人民立场，从理论和实践结合上进行了政府与市场关系的阐述。党的十八大以来，中国特色社会主义进入新时代，正确认识和处理新时代中国政府与市场关系要以此为指导思想，尤其要坚持以习近平新时代中国特色社会主义思想为指导，这也是新时代中国政府与市场关系建构的基础逻辑。

第一节 马克思、恩格斯关于政府与市场关系的论述

一、基于唯物史观的分析

人类社会在本质上是实践的。马克思在《〈黑格尔法哲学批判〉导言》中从理论与实践结合的原则高度论述了实现人类解放这一任务的道路和社会力量,深刻阐述道:"批判的武器当然不能代替武器的批判,物质力量只能用物质力量来摧毁,但是理论一经掌握群众,也会变成物质力量。理论只要说服人,就能掌握群众;而理论只要彻底,就能说服人。所谓彻底,就是抓住事物的根本,但人的根本就是人本身。"① 在《1844年经济学哲学手稿》中,马克思用哲学的生产劳动实践的观点来阐述经济问题,最终得出"共产主义是对私有财产即人的自我异化的积极的扬弃……它是历史之谜的真正解答",② 并就真正扬弃异化的合理而又现实的途径进一步阐述"整个革命运动必然在私有财产的运动中,在经济中,为自己既找到经验的基础,也找到理论的基础"。③ 正所谓"理论的彻底性的明证,亦即它的实践性的明证"。④《神圣家族》《关于费尔巴哈的提纲》《德意志意识形态》等著作逐步系统、全面地阐述了唯物史观。马克思、恩格斯在《共产党宣言》中运用唯物史观分析了

---

① 《马克思恩格斯文集》(第1卷),人民出版社2009年版,第11页。
② 同上书,第185页。
③ 同上书,第186页。
④ 同上书,第11页。

资本主义产生、发展和灭亡的历史必然规律,得出"资产阶级的灭亡和无产阶级的胜利是同样不可避免的"历史趋势;马克思又在《〈政治经济学批判〉序言》中对唯物史观基本范畴和基本原理作了精辟概述,并得出"无论哪一个社会形态,在它所能容纳的全部生产力发挥出来以前,是决不会灭亡的;而新的更高的生产关系,在它的物质存在条件在旧社会的胎胞里成熟以前,是决不会出现的"[1]科学论断,"两个不可避免"和"两个决不会"辩证统一地共同揭示了人类社会发展的一般规律。

总之,生产力与生产关系的矛盾是人类社会发展的根本动力。基于生产力与生产关系之间的矛盾和以此为基础的阶级冲突,马克思得出了在世界历史条件下实现共产主义的结论。基于此,马克思主义所追求的人类解放实践也是从生产力的发展和生产关系的变革两个方面展开。简言之,其一,通过发展生产力把人从自然界的盲目必然性的奴役中解放出来,使人成为"自然界的主人",因而"社会生产力高度发展"是共产主义的必需前提。其二,在生产力的发展过程中,不断变革社会的生产关系,以摆脱社会中阶级的奴役和压迫,逐步消除人的异化状态,实现人的自由解放和全面发展,使人成为"自己的社会结合的主人"。而且,这两个方面又是相互贯通、相互交织的,并统一于共产主义的现实运动中。

正是基于唯物史观的分析,我国实行的是社会主义市场经济这个辩证的统一体,既要坚持社会主义基本制度、充分发挥社会主义制度的优越性,又要实行市场经济的经济形式和经济体制,充分发

---

[1]《马克思恩格斯文集》(第2卷),人民出版社2009年版,第588—594页。

挥市场经济的长处,把"公有制与市场经济""社会主义分配制度与市场经济""政府与市场"对立统一地有机结合起来,以此推动生产力的高度发展和生产关系的优化,力求在利用市场经济的同时又克服市场经济的缺陷,也即发挥社会主义制度和市场经济的双重优势且形成合力,这就是社会主义市场经济的精髓和优势所在。这就客观要求我们基于对"中国实际"的准确判断,不断适应社会生产力发展调整生产关系,不断适应经济基础发展完善上层建筑,在我国社会基本矛盾运动中处理好政府和市场的关系。

二、基于马克思主义政治经济学的分析

马克思在政治经济学研究中贯彻唯物史观,认为政治经济学的任务是研究"人们借以进行生产、消费和交换的经济形式"[①]以发现它们内部的规律性,这种经济形式是与社会生产力发展的一定阶段相适应的。下面笔者将从"社会化大生产规律"和"资本逻辑、市场与全球化"两个方面分析马克思主义政治经济学中蕴含的政府与市场关系思想。

1. 社会化大生产规律及其对政府与市场"双作用"的客观要求

马克思主义揭示的社会化大生产规律是关于人类社会经济发展最本质的理论。马克思主义认为,任何性质的社会,都必须从生产方式这一基础前提出发,才能够得到说明。社会化大生产,也即通过一定的联系形式使以往狭小而分散的生产变成一个社会生产,其

---

① 《马克思恩格斯文集》(第10卷),人民出版社2009年版,第44页。

生产的产品变为满足社会需要的产品，即"社会生产—社会产品"。再进一步讲，社会化大生产包括"分"和"联"两个密切相连、互促共进的方面："分"，即愈来愈精细的社会分工，专业化程度不断提高；"联"，即愈来愈密切的社会联系，相互依赖性日益强化。社会分工与社会联系之间的互动机制与趋势既是社会化大生产内在的对立统一运动，也是社会化大生产的本质特征或称基本规律，且随着社会发展及科技进步的不断推进而日益增强。

而对"社会化大生产"再进一步解析，我们可以得出社会化大生产具有以下四方面具体特点：其一，这个"大生产"是由诸多阶段构成的有机统一体，是一个长链条的大过程，也即"生产—交换—分配—消费"及其循环往复这个大生产系统。这里，我们要深刻理解马克思所说的产品交换"从本质上组成生产"的观点。其二，围绕生产还有资本循环，且内蕴着"资本逻辑"。一方面，资本循环的总公式 G—W…P…W′—G′ 中蕴含着借助资本主义生产过程而产生的剩余价值 M（即"W′和G′"比"W和G"增加了的价值）；另一方面，资本循环经过一系列相互联系、互为条件的转化和资本形态变化，每一个环节都需要平衡和协调，都需要按比例进行，否则到一定程度整个大生产系统将会紊乱。其三，对资本运动的考察。马克思在考察社会总资本的运动时，核心是考察社会总产品的实现，这就得出了两大部类之间的交换关系，也就是两大部类的比例关系。在社会化大生产条件下，只有通过两大部类之间的交换和按比例发展，社会总产品才能全部实现，在物质和价值上都获得补偿，社会总资本的运动才能顺畅，社会总资本的再生产才能实现，这是社会化大生产条件下的客观经济规律。其四，随着资本积累的不断扩大，生产社会化的程度也日益提高，社会总资本再生产应有的比例和实现条件会经常遭到破坏，特别是生产和消费应有的比例关系不能自觉形成且时常存在着矛盾，并借助经济危机表现出来。究其本质，还是资本家对剩余价值的无限追求造成了资本主义生产无限扩大的趋势与工人收入相对甚至绝对减少之间的深刻矛盾。马克思指出："时间的节约，以及劳动时间在不同的生产之间有计划的分配，在共同生产的基础上仍然是首要的经济规律。"①

综上，社会化大生产这个"大"的多维度意涵，充分体现了其同市场经济的密切关联（市场经济是社会化大生产的构成要素和内在要求），也充分体现了其从系统、整体及长远角度对政府要发挥平衡、协调及引导作用的内在客观要求；国民经济按比例发展，是社会化大生产条件下共有的客观经济规律，需要市场机制与政府调节的双重作用。

2. 资本逻辑、市场与全球化

马克思主义唯物辩证地看待资本主义在历史转变为世界历史过程中，为人类社会发展带来的文明化和野蛮化双重影响和趋势。也即资本逻辑既构成现代社会发展的内生动力，又为现代社会自身的毁灭埋下了伏笔。② 市场和全球化是资本逻辑的内生变量，马克思曾指出："创造世界市场的趋势已经直接包含在资本的概念本身中。"③

---

① 《马克思恩格斯全集》（第46卷），人民出版社1979年版，第120页。
② 薛俊强：《超越"资本逻辑"：共产主义的历史承诺——兼论中国社会主义市场化改革的价值取向》，《西南大学学报（社会科学版）》2015年第3期。
③ 《马克思恩格斯全集》（第8卷），人民出版社2009年版，第88页。

(1) 资本逻辑

"资本来到世间,从头到脚,每个毛孔都滴着血和肮脏的东西。"① 私人占有财产和利润最大化是资本的本性。"资本家的动机——唯一动机是对他自己利润的考虑。"② 除了揭露资本的本性以外,马克思主义经典作家更是超越古典经济学家和乌托邦式的虚假意识,深入思考资本得以获得其自身增殖背后的制度逻辑——资本逻辑,也即资本主义生产关系。资本逻辑内在包含了资本和劳动及其关系的两个方面。"资本的实质并不在于积累起来的劳动是替活劳动充当进行新生产的手段。它的实质在于活劳动是替积累起来的劳动充当保存并增加其交换价值的手段。"③ 但马克思对资本主义通过剥削榨取剩余劳动的方式,是给予一分为二的辩证分析的。一方面,榨取剩余劳动,资本对劳动的抽象统治,体现了私人占有背后隐藏着的对他人财产的剥夺和对社会生产力的无偿占有。另一方面,"它榨取剩余劳动的方式和条件……更有利于生产力的发展,有利于社会关系的发展,有利于更高级的新形态的各种要素的创造"。④

总之,通过生产、增殖和扩张,借助形式上的市场自由竞争和交换机制,资本自身的发展充满了文明与野蛮的冲击与张力,一方面,在客观上促进了社会生产力的进步,开启了现代社会的帷幕;另一方面,也因其背后藏匿着的不平等、异化及对立与分裂等,为

---

① 《马克思恩格斯文集》(第5卷),人民出版社2009年版,第871页。
② 《马克思恩格斯文集》(第1卷),人民出版社2009年版,第140页。
③ 同上书,第726页。
④ 《资本论》(第3卷),人民出版社2004年版,第927—928页。

自身的发展设置了无法超越的障碍，这就是资本逻辑内在固有矛盾和对立所导致的现代资本主义生产的逻辑悖论，也是被资本逻辑浸染的现代社会所体现出的资本逻辑幻象。"一切历史冲突都根源于生产力和交往形式之间的矛盾。"① 马克思主义基于唯物史观、唯物辩证法，把对共产主义的未来期待奠定在对资本本性和逻辑的深刻揭示与批判中，也奠定在对资本逻辑的充分利用中。

（2）市场

马克思没有直接对市场以及市场经济（商品经济）进行论述，也没有直接使用"商品经济""市场经济"这样的词汇，马克思对市场的深入分析是在对资本主义经济进行本质分析时，围绕着对社会化大生产、资本逻辑及商品等的分析而展开的。而且，马克思对市场的分析内蕴了市场在推动生产力发展方面的强大作用和历史必然性，同时也深入剖析了资本逻辑驱使的市场对社会的侵蚀与破坏等极其严重的弊端。

一方面，社会化大生产作为人类社会的一种客观生产方式，其内在的社会分工与社会联系之间的互动机制（即"分联机制"）客观上需要以产品（商品）为载体、以市场为桥梁的交换—流通过程，也即需要市场来进行资源配置。从这个角度上讲，马克思是认可市场机制的效率的，承认资本主义凭借市场机制创造了前所未有的财富。

另一方面，资本逻辑下的市场机制（也即资本逻辑与市场机制的结合）又会产生一系列自身难以克服的弊端，如社会生产内部的

---

① 《马克思恩格斯文集》（第 1 卷），人民出版社 2009 年版，第 567—568 页。

无政府状态、恶性竞争膨胀、周期性的经济危机、不平等、两极分化严重、贫富差距扩大以及商品拜物教等，而这又是社会化大生产条件下资本主义生产方式自身无法克服的。从这个角度讲，马克思对资本主义制度下的市场机制又是根本否定和批判的，是历史地看待的。

（3）全球化

从《德意志意识形态》到《共产党宣言》，再到《资本论》及其手稿等，全球化在马克思主义经典作家视野中的铺展，是以人类社会为立脚点，运用唯物史观与唯物辩证法，以社会化大生产规律、世界市场理论、世界历史理论和对"资本逻辑"的剖析为理论支撑的，同时深深内蕴或伴随着对资本主义社会的剖析与批判及对未来共产主义社会的建构，[①] 以此揭示了全球化发展方向与规律。

工业革命后，随着生产的发展与交往的扩大，社会化大生产"分联结合规律"要求更大范围的分工和更大范围的市场，便形成了全世界范围内的国际分工，产生了国际贸易和世界市场，也即全世界范围内的商品生产与交换关系，并最终造成了世界性的普遍交往。而最为主要的是生产力发展的推动，生产力的发展是世界历史形成的根本动因。那么，世界市场和世界历史形成的深层次根源是什么呢？是资本的本性。马克思指出："创造世界市场的趋势已经直接包含在资本的概念本身中。"[②] "资产阶级，由于开拓了世界市场，使一切国家的生产和消费都成为世界性的了。"正所谓，"它按

[①] 闫娟：《中国特色社会主义彰显世界历史意义》，《社会科学报》2019年4月18日。
[②] 《马克思恩格斯文集》（第8卷），人民出版社2009年版，第88页。

照自己的面貌为自己创造出一个世界"。可见，马克思主义早就从理论上揭示了资本主义生产方式的世界性，预见了"资本逻辑"对经济全球化的推动和主导作用；并进一步指出，在这一世界历史进程中，"资本逻辑"在促进现代社会生产力发展的同时，又因其内在固有矛盾和对立为现代社会自身的毁灭埋下了伏笔（如周期性地重复发生的"生产过剩的瘟疫"，如贫困、压迫、奴役、退化和剥削程度的不断加深等），也即存在"资本逻辑"悖论，马克思主义经典作家为资本主义经济全球化的发生澄清了前提——说明它发生的历史必然性；也为其发展划定了界限——说明它必然地生产出自身的界限，从而走向自我否定和自我扬弃。也即共产主义是全球化的最终指向。

三、基于科学社会主义的分析

科学社会主义的基本原理，为我们深刻剖析资本主义市场经济中的政府与市场关系及我国社会主义市场经济中政府与市场关系的历史与现实以及从更高层次上建构新时代中国政府与市场关系，提供了重要指导价值和启示意义。

1. 科学认识与把握共产主义社会的本质特征及其实现条件

马克思、恩格斯在对未来社会作预见时提出了共产主义社会的本质特征及其实现条件。"代替那存在着阶级和阶级对立的资产阶级旧社会的，将是这样一个联合体，在那里，每个人的自由发展是一切人的自由发展的条件。"[1] 马克思主义经典作家通过对资本主

---

[1] 《马克思恩格斯文集》（第2卷），人民出版社2009年版，第53页。

义生产方式、经济运动规律及其发展趋势的考察，揭示了未来共产主义社会的基本经济特征，概括起来主要有：人的自由全面发展，生产资料公有制，生产力的高度发展，共同富裕，按劳分配和按需分配，对生产实行有计划的调节。科学认识与把握这些基本经济特征及其实现条件，对于我们建设中国特色社会主义经济、形成中国特色政府与市场关系具有十分重要的指导意义，我们要结合中国具体实际和时代特征来坚持和发展它。

2. "三形态"理论对人类社会历史发展过程与规律的科学考察

马克思基于对资本主义社会经济关系的分析深刻洞察了人类社会历史发展规律，认识到个人的自由全面发展是一个历史过程，提出了关于人类社会三大形态的著名论断："人的依赖关系（起初完全是自然发生的），是最初的社会形式，在这种形式下，人的生产能力只是在狭小的范围内和孤立的地点上发展着。以物的依赖性为基础的人的独立性，是第二大形式，在这种形式下，才形成普遍的社会物质变换、全面的关系、多方面的需要以及全面的能力的体系。建立在个人全面发展和他们共同的、社会的生产能力成为从属于他们的社会财富这一基础上的自由个性，是第三个阶段。第二个阶段为第三个阶段创造条件。"[①] 在第三种形态或第三个阶段（共产主义阶段），要真正实现人的自由全面发展就必须超越资本主义，寻求一种以发展人的自由个性为目的的社会形态，而且这种新的社会形态绝不是那种虚幻的乌托邦式的构想，而是要在继承和利用人类以往所创造的物质条件的基础上，但同时又要消灭私有制以彻底

---

① 《马克思恩格斯文集》（第8卷），人民出版社2009年版，第52页。

破除"物"对人的统治,使人能够自由地驾驭强大的物质力量,使其变成推动人的自由全面发展的条件而不是相反。[①] 在那里"表现为生产和财富的宏大基石的,既不是人本身完成的直接劳动,也不是人从事劳动的时间,而是对人本身的一般生产力的占有"。[②] 恩格斯也总结道,"使生产资料摆脱了它们迄今具有的资本属性,使它们的社会性有充分的自由得以实现……人终于成为自己的社会结合的主人,从而也就成为自然界的主人,成为自身的主人——自由的人"。[③] 这就是"建立在个人全面发展和他们共同的、社会的生产能力成为从属于他们的社会财富这一基础上的自由个性"的内涵所在。

3. 东方社会理论蕴含着一般与特殊相结合的方法论意义

东方社会理论蕴含着一般与特殊相结合的方法论意义。马克思、恩格斯意识到"世界历史发展的一般规律,不仅丝毫不排斥个别发展阶段在发展形式或顺序上表现出特殊性,反而是以此为前提的",应更加重视具体的历史环境,对具体情况作具体分析。方法论上的更新使马克思、恩格斯反思并修正了其早期有关"社会主义革命的前提条件(即资本主义经济的充分发展及占统治地位的国家或民族同时采取社会主义行动)"的判断,并基于唯物史观和唯物辩证法的运用,提出了"跨越论",并认为"这不仅适用于俄国,而且适用于处在资本主义以前的阶段的一切国家"。[④] 马克思希望

[①] 张雷声:《马克思主义基本原理专题研究》,中国人民大学出版社2015年版,第390页。
[②] 《马克思恩格斯全集》(第31卷),人民出版社1998年版,第100页。
[③] 《马克思恩格斯选集》(第3卷),人民出版社1995年版,第759—760页。
[④] 《马克思恩格斯文集》(第4卷),人民出版社2009年版,第459页。

通过跨越"卡夫丁峡谷"来避免资本主义的一切苦难,充分发挥社会主义制度的独特优势,"不经受资本主义生产的可怕的波折而占有它的一切积极成果"。① 否则,不仅要苦于资本主义的发展,还要苦于资本主义的不发展。

马克思、恩格斯关于东方社会发展道路特殊性的分析表明,落后国家不一定要沿着发达国家之路前行,它们完全可以在比较发达国家的"历史启示"之下跨越一定的历史发展阶段,走出自己独特的发展道路。东方社会理论所蕴含着的科学思想尤其是方法论,揭示了人类社会发展一般性和特殊性结合的总规律。

4. 马克思主义国家学说对国家本质与职能的唯物史观分析

马克思主义创始人基于唯物史观分析实现了对国家本质认识的新飞跃,认为政治国家是阶级矛盾不可调和的产物,是人们社会生活的一种特殊形式,是由社会的矛盾运动和社会的发展阶段所决定的,即"国家的本质根植于市民社会,市民社会决定国家"。具体来说,这一思想包含三个层面意思:其一,市民社会是国家的基础。其二,社会的性质决定国家的性质。其三,围绕国家形式的斗争反映了社会内部的矛盾。因而,根据马克思主义国家学说,国家问题归根到底应从社会经济生活中解释,"而对市民社会的解剖应该到政治经济学中去寻求"。② "国家是属于统治阶级的各个个人借以实现其共同利益的形式"。

从国家职能来考察,国家也是从社会分化出来的管理机构,国家内部职能是政治统治职能(即阶级职能)和社会管理职能的辩证

---

① 《马克思恩格斯文集》(第3卷),人民出版社2009年版,第571页。
② 《马克思恩格斯选集》(第2卷),人民出版社1972年版,第82页。

统一，而且政治统治只有在它执行了它的这种社会职能时才能维持下去。国家管理权力与社会之间势必存在着一种作用与反作用的关系。国家管理权力是由社会物质经济条件决定，并随着这种条件的变化而变化，又反过来对生产的条件和进程发生影响。① 而国家权力对经济发展的反作用，很大程度上取决于国家管理权力维护的那个"公共利益"，即在经济和政治上占统治地位的那个阶级的利益的实现与社会经济发展之间的关系。总之，国家的本质决定了国家的职能。任何国家都是统治阶级的国家，统治阶级执行国家职能的根本目的是为了自身的统治利益服务。在剥削阶级占统治地位的社会，统治阶级执行国家职能所要达到的目标是控制和压迫广大的劳动群众，维护和扩大自身的统治利益。但在无产阶级专政的国家，无产阶级执行国家职能所要达到的目标是维护广大劳动人民利益，造福社会和人类，镇压少数人对社会和人民利益的破坏。因而，只有把握了国家的阶级属性，才能正确分析和考察国家的职能。②

四、本节小结

基于唯物史观、马克思主义政治经济学和科学社会主义的相关理论分析，对政府与市场关系的科学认识和正确处理，要把握好以下几点：

1. 要以唯物史观和唯物辩证法为根本遵循

其一，要遵循生产力与生产关系、经济基础与上层建筑的矛盾

---

① 《马克思恩格斯选集》（第4卷），人民出版社1972年版，第482—483页。
② 王沪宁：《政治的逻辑 马克思主义政治学原理》，上海人民出版社2004年版，第146页。

运动规律。在人类社会发展过程中，生产力与生产关系、经济基础与上层建筑的矛盾作为社会基本矛盾，决定着其他社会矛盾的存在和发展，而生产力与生产关系的矛盾又是更为根本的。物质生产是社会生活的基础，这就要求我们对政府与市场关系的把握，要紧紧围绕发展这个第一要务，以解放和发展社会生产力为强大牵引，更好推动生产关系与生产力、上层建筑与经济基础相适应并反作用于社会生产力。其二，要坚持理论与实践的结合。"马克思主义是实践的理论……实践性是马克思主义理论区别于其他理论的显著特征。"① 马克思主义正是从理论与实践结合的高度深刻阐明了实现人类解放的道路和力量。"通过实践而发现真理，又通过实践而证实真理和发展真理。从感性认识能动地发展到理性认识，又从理性认识能动地指导革命实践，改造主观世界和客观世界……这就是唯物辩证法的全部认识论，这就是辩证唯物论的知行统一观。"② 中国共产党人要始终坚持马克思主义理论指导，立足中国实际，在理论与实践的统一和互动中不断推进我国政府与市场关系的理论创新与实践发展，并提炼出内在逻辑自洽的规律性认识，从而形成对我国政府与市场关系的科学认识和正确建构。如前所述，经过改革开放40余年的发展，中国经济改革与发展取得了举世瞩目的巨大成就，经济活力被大幅度释放，社会生产力水平明显提高。但同时改革与发展中也存在着诸多问题与矛盾，资本的文明化与野蛮化、市场的利与弊、政府干预的过度与不足及由此导致的经济社会发展不

---

① 中共中央党史和文献研究院：《十九大以来重要文献选编》（上册），中央文献出版社2019年版，第424页。
②《毛泽东选集》（第1卷），人民出版社1991年版，第272页。

平衡、不充分也都还表现得较为凸显。这就客观要求我们运用唯物史观和唯物辩证法，通过坚持生产力标准与生产关系标准、物的尺度与人的尺度、合规律性与合目的性的辩证统一，发挥经济体制改革牵引作用，处理好政府和市场的关系。一方面，要以全面深化改革激发新活力，"让一切劳动、知识、技术、管理、资本的活力竞相迸发，让一切创造社会财富的源泉充分涌流"，[①]并充分发挥新发展理念相辅相成、相得益彰而形成的整体合力，以实现平衡而充分的高质量发展；另一方面，要以人的自由全面发展和共同富裕为旨归，在生产力的发展和生产关系的变革中不断促进社会公平正义。

2. 充分发挥市场在资源配置中的决定性作用和更好发挥政府作用是社会化大生产规律的客观要求

其一，市场经济是社会化大生产规律使然。社会分工之间联系的更大量的形式，则是以产品（商品）为载体、以市场为桥梁的交换—流通过程。不仅从事专业化生产的各类劳动者实现多样化的消费要通过交换—流通过程，而且生产要素的组合和生产过程的衔接，在多数场合也是通过市场来实现的，这就是资源配置过程。总体来说，一方面，没有社会化大生产就没有市场经济，市场经济是应社会化大生产这种现代社会生产方式之需而生的；另一方面，没有市场经济也难以实现社会化大生产，市场经济是社会化大生产的构成要素和必然要求，是实现社会化联系的基本形式。而且，市场经济随着社会化大生产程度的提高和范围的扩展而发展着，同时又

[①] 中共中央文献研究室：《十八大以来重要文献选编》（上册），中央文献出版社2014年版，第512页。

推进着社会化生产力的发展和社会化生产关系的变革。

其二,有计划按比例发展,是社会化大生产条件下的客观经济规律。根据马克思对资本运动的考察,在资本循环的每一个环节都需要平衡和协调,两大部类也需要按比例进行,只有这样,社会总资本的运动才能顺畅,社会总资本的再生产才能实现,这是社会化大生产条件下的客观经济规律。否则,到一定程度整个大生产系统将会紊乱,生产相对过剩的周期性经济危机将会形成。列宁指出:"资本主义必须经过危机来建立经常被破坏的平衡。"[1] 马克思也曾经说过:"在资本主义社会,社会的理智总是事后才起作用,因此可能并且必然会不断发生巨大的紊乱。"[2] 事实也表明,自1825年爆发的第一次资本主义经济危机以来,在世界主要资本主义国家或大部分国家已经爆发了多次经济危机,而且影响越来越深、越来越广。资产阶级越来越难以驾驭逐渐发达的生产力了,即使采用一些人为调节方式如"加强宏观调控等政府干预""实行高福利的社会保障政策""通过国有化提高部分重要领域的社会化程度""采用公司制的实现形式""施行伦理化措施""不断完善法治""借助舆论和公众监督"甚或"借助经济全球化进行矛盾的空间转移"等来缓和矛盾,也只是暂时缓和或减轻了矛盾激化程度而已,根本不对症而无法根除危机。根据马克思主义的观点,这是社会化大生产客观经济规律所致。

对于社会化大生产规律及其对政府与市场"双作用"的客观要求,我们要全面、深刻理解,且从我国实际情况出发加以运用。具

---

[1] 列宁:《非批判的批判》,《列宁全集》(第3卷),人民出版社1959年版,第566页。
[2]《资本论》(第2卷),人民出版社2004年版,第349页。

体来说，一方面，社会分工之间联系的大量的形式以及社会化大生产诸多阶段之间的有机衔接，需要通过市场来实现并由市场机制来调节，也即要充分发挥市场在资源配置中的决定性作用。另一方面，随着生产社会化程度的增强，国民经济各部门之间的联系越来越紧密，相互依赖性越来越强，也越来越要求形成一定的比例关系，否则周期性的经济危机就会爆发。而这就愈加需要政府通过科学的宏观调控对经济活动进行有计划的自觉调节与控制，以及坚持与完善中国特色社会主义基本经济制度等更好发挥政府作用。

3. 要在唯物史观视域中唯物辩证地看待资本逻辑、市场与全球化

社会主义市场经济建设逐步深入和完善的现实，客观需要我们进一步挖掘马克思主义关于资本逻辑、市场与全球化的思想精髓与基本要义，以为我们科学认识与正确处理政府与市场关系带来启示与指导。

（1）资本逻辑

对于资本逻辑，马克思主义经典作家是以历史的眼光看待、运用辩证逻辑分析的。具体来说，资本主义制度下资本与雇佣劳动结合的生产方式，一方面，就其本质而言，体现了资产阶级对工人阶级的剥削与统治和对社会生产力的无偿占有，其背后藏匿着不平等、异化及对立与分裂等；另一方面，相比于其以往的制度，其使劳动者具有人身自由，也更有利于生产力的发展和社会关系的发展，且孕育着新的社会经济因素。因而，我们要"利用资本的文明化趋势，遏制资本的野蛮化趋势"。具体来说，一方面，要充分认识到共产主义的实现是由社会历史条件决定的，其实质也具有经济

的性质，要充分利用资本逻辑释放资本的生产力潜能，促进社会生产力的不断增长和人的全面发展的逐步实现。另一方面，也要看到，要让工人脱离异化的困境，真正从劳动中获得解放和自由，使社会跳出普遍奴役的藩篱，使人的自由全面发展完全实现，使人的需要极大丰富和最大限度地满足，合理而又现实的途径就是扬弃私有制、实现共产主义。因而，共产主义的历史生成和资本逻辑的瓦解是同一个过程。

（2）市场

一方面，马克思主义经典作家是认可市场机制的效率的，并对社会化大生产需要市场来进行资源配置进行了深入的理论分析及资本主义发展史实的分析，论证了市场在推动社会化生产力发展和社会化生产关系变革方面的强大作用和历史必然性；另一方面，马克思主义经典作家又深入剖析了"资本逻辑"驱使的"市场"产生的一系列极其严重且自身难以克服的弊端，如社会生产内部的无政府状态、恶性竞争膨胀、周期性的经济危机、不平等、两极分化严重、贫富差距扩大以及商品拜物教等。从这个角度来讲，马克思对资本主义制度下的市场机制又是根本否定和批判的，是历史地看待的。如生产资料被资产阶级所垄断，造成了劳动力的普遍商品化，又进一步造成了资本主义市场经济对等量劳动交换原则的扭曲，工人受到了剥削且不得不受到剥削；在公有制中，劳动与资本的对立消灭了，劳动者是生产资料的共同主人，而不是为资本生产剩余价值的生产要素。① 如资本主义市场经济根本无法实现真正的、长期

---

① 张宇：《论公有制与市场经济的有机结合》，《经济研究》2016年第6期。

的市场供求均衡和资源的有效配置，市场失灵会越来越凸显并成为常态，这是资本主义制度下资本积累的一般规律所致，或说这是资本主义市场经济的本质体现；而在公有制条件下，社会生产的目的是为了满足全体社会成员——生产资料的共同主人的共同的利益，对社会生产"共同的控制"就是社会主义经济中计划性的本质所在，社会主义市场经济中国家的宏观调控就是以这种计划性为基础的，它与资本主义经济中的国家干预存在着本质区别。①

（3）全球化

资本的全球扩张，同时也是资本主义生产方式及其基本矛盾的全球扩展。马克思主义从"生产力的高度"，立足于生产力与生产关系的矛盾这个历史进步的根本动力，从理论上深刻揭示了资本主义生产方式的世界性，预见了资本逻辑对经济全球化的推动和主导作用，并指出资本逻辑为人类社会发展带来的是文明化与野蛮化双重影响和趋势，并以此客观上为共产主义的实现提供了双重前提，从而进一步揭示世界历史总体生成及在全球层面铺展的深层逻辑与整体进程。② 根据马克思主义的观点，经济全球化是历史大势，中国应该顺势而为。且尤为重要的是，要从马克思主义经典作家关于全球化的思想中探寻破解时代难题的信心与启示。比如，其一，要认识到，生产力发展的客观要求及生产力与生产关系的矛盾运动推动着生产要素的全球流动及生产方式的全球拓展，已经成为当今世界经济发展的重要特征和推力。其二，要深刻理解全球化进程的发生及演进与资本主义的世界扩张之间的密切关联，要认识到以资本

---

① 张宇：《论公有制与市场经济的有机结合》，《经济研究》2016年第6期。
② 闫娟：《中国特色社会主义彰显世界历史意义》，《社会科学报》2019年4月18日。

逻辑为主导的全球化为人类社会发展带来的也是文明化和野蛮化双重影响和趋势。其三，要基于对经济全球化进程的发展脉络及机理的准确研判明晰其未来趋势，顺势而为，基于唯物史观的分析找准社会主义的经济全球化在世界经济全球化进程中的历史坐标，充分发挥社会主义制度在经济全球化进程中的独特优势和积极作用，为创建新的人类文明打开新的历史空间。

马克思主义经典作家是以人类社会为立脚点，将资本逻辑、市场与全球化置于唯物史观视域中进行唯物辩证分析，深深内蕴或伴随着对资本主义社会的辩证分析与批判及对未来共产主义社会的建构，以此揭示了人类社会发展方向与规律，也启示与指引着我们要全面、深刻认识资本主义市场经济与社会主义市场经济中政府与市场关系之异同，尤其是本质区别。

4. 共产主义——本质与方向规定

科学认识与把握共产主义社会的本质特征及其实现条件，对于建设中国特色社会主义经济、形成中国特色政府与市场关系具有十分重要的指导意义，我们要结合中国具体实际和时代特征来坚持和发展它。具体来说，其一，人的自由全面发展，这一历史发展的逻辑指向就是使人真正成为人，最终获得自由全面发展，也即获得彻底解放，这是我们处理政府与市场关系的逻辑指向。其二，阶级对立和社会发展的无政府状态是生产资料私有制造成的。因而生产资料公有制及在此基础上实行有计划的生产，也是我们处理政府与市场关系时要考虑的一个极为重要的层面。其三，生产力的高度发展，是实现共产主义的一个基础条件，也是一个必需前提，这些条件本身又是长期的、痛苦的发展史的自然的产物，是我们处理政府与市场关系时从生产力层面考虑的基本理论依据。其四，马克思主义经典作家从生产力发展和生产关系变革的辩证统一、目的和手段的辩证统一这两个维度对共同富裕加以阐述，这也是我们处理政府与市场关系的逻辑指向。其五，马克思主义经典作家提出了"生产决定分配，分配方式对生产力和生产关系也具有极大的反作用"的观点，并提出根据社会发展阶段和发展程度的不同实行"按劳分配和按需分配"，对我们处理收入分配层面的政府与市场关系具有重要指导意义。其六，在未来社会，对生产实行有计划的调节，以摆脱社会生产内部的无政府状态，使社会生活过程即物质生产过程的形态处于人的有意识有计划的控制之下，① 使社会合乎目的地分配自己的时间以实现符合社会全部需要的生产，"在共同生产的基础上仍然是首要的经济规律，这甚至在更加高得多的程度上成为规律"，② 这是我们在处理政府与市场关系时要重视"有计划按比例发展"规律的基本理论依据。

5. "三形态"理论——历史大势的指引

马克思关于三种社会形态的划分体现了对历史"向前发展"整体脉络的抽象归纳，彰显了最终使人解放自身的革命意义。第二个阶段通过促进生产力的发展为个人的自由全面发展创造条件、开辟道路；但同时，"物"却表现为一种相对于人的异己力量，带来了新的奴役方式。因而，这一自由存在限度。而只有到了第三个阶段，生产资料私有制被彻底打碎，人摆脱了对"物"的依赖，生产力和生产关系也成为人能自觉掌控的从属于人的力量，而非异化于

---

① 《马克思恩格斯选集》（第 2 卷），人民出版社 2012 年版，第 127 页。
② 《马克思恩格斯文集》（第 8 卷），人民出版社 2009 年版，第 67 页。

人的力量；自主活动的劳动，将作为人本身的力量表达成为人的本质属性，而非异化于人的力量。自此，才能真正开启人成为人的历史。"三形态"理论以人本身为核心主题，基于唯物史观和唯物辩证法的分析，是从人类主体现实、具体的、历史的地位出发对人类社会历史发展过程的科学考察，深刻揭示了人的自由全面发展与生产方式的密切关联以及生产力和生产关系的矛盾运动规律，是依据不同发展阶段辩证地看待"私有制和以自由竞争、自由贸易为基础的市场社会"的。这一原理为我们深刻剖析资本主义市场经济中的政府与市场关系、当前我国社会主义市场经济中政府与市场关系现存问题以及从更高层次上建构新时代中国特色政府与市场关系，提供了一种"历史大势"的重要指引和启示意义。

6. 东方社会理论——一般与特殊相结合的独特道路

东方社会理论所蕴含的科学思想尤其是方法论，揭示了人类社会发展一般与特殊相结合的总规律，对于在世界历史视域和民族特性的融合中坚持和发展中国特色社会主义，科学把握当代中国的发展道路问题中的辩证关系如"政府与市场关系"具有重要指导意义，这也是增强建构新时代中国特色政府与市场关系理论自觉和实践自觉的现实需要。

7. 马克思主义国家学说——发挥党和政府积极作用的理论依据

马克思主义创始人基于唯物史观分析，从历史和现实中去把握国家的本质，认为"国家的本质根植于市民社会，市民社会决定国家"。国家问题归根到底应从社会经济生活中解释，政治矛盾归根到底是经济矛盾所导致的。再进一步分析，资本主义国家本质上不过是一种"虚幻的共同体"，是为维护和扩大自身的统治利益服务，也即"市民社会的正式表现"。①而要实现人的自由全面发展，必须要打破这种"虚幻的共同体"，走向一种"真实的共同体"，即实现共产主义，且要从现实的人的活动和他们的物质生活条件出发寻找路径。②

国家的本质决定了国家的职能。无产阶级国家是新型国家，要按新的方式组织社会，无产阶级执行国家职能所要达到的目标是维护广大劳动人民利益。而政府作为国家委任的政权管理机构，是国家管理权力具体实现的强有力的工具，是国家机器的重要组成部分。如我国的政府应是作为中国共产党领导的、社会主义国家委任的、秉承人民意志的政权管理机构对社会经济生活产生积极作用的。因而我国在实行社会主义市场经济时，一定要通过发挥党和政府的积极作用来坚持发挥社会主义制度的优越性。也正因此，社会主义制度下的政府与市场关系处理会从根本上跳出资本主义国家的处理框架。

第二节　列宁、斯大林关于政府与市场关系的论述

一、列宁关于政府与市场关系的论述

对于如何"利用资本消灭资本"，马克思、恩格斯的基本思想

---

① 《马克思恩格斯选集》（第4卷），人民出版社2012年版，第426页。
② 《德意志意识形态节选本》，人民出版社2003年版，第99页。

奠定了科学理论的基础，但尚未付诸实践。作为第一个成功领导社会主义革命、从事社会主义经济建设的革命领袖，列宁运用唯物史观、唯物辩证法，基于十月革命胜利后苏俄具体国情和社会主义建设的实践探索，继承并发展了马克思、恩格斯这一基本思想，将理论应用于苏俄社会主义建设实践。具体来说，在阐发关于经济落后国家向社会主义过渡理论时，列宁在科学社会主义历史上第一次提出了"初级形式的社会主义"和"发达的社会主义"思想；基于此思想，在总结"战时共产主义政策"经验教训基础上，明确提出了实施新经济政策。新经济政策的主旨就是通过国家资本主义来发展社会主义，实际上也就是对市场作用的重新认识及重视。在《论"左派"幼稚病和小资产阶级性》《论粮食税》和《论合作社》等著作中，列宁逐步阐述了国家资本主义的性质、地位、作用及纲领等。在不断总结苏俄经济发展的实践经验与教训的基础上，新经济政策的实施经历了两个阶段：第一阶段，退到国家资本主义和商品交换的形式；第二阶段，继续退却，退到由国家调节商业和货币流通。列宁所讲的商品交换和货币流通，其实就是市场机制的具体体现。"不作这样的退却，我们就不能恢复同农民应有的联系；不作这样的退却，我们就有革命的先头部队向前跑得太远而脱离农民群众的危险。革命的先头部队就不会同农民群众结合，那样就会葬送革命。""我们所说的新经济政策首先而且主要是出于这种考虑才实行的。"[①] "不这样我们就不能摆脱危机。别的出路是没有的。"[②] 列

[①]《列宁全集》（第42卷），人民出版社1987年版，第337页。
[②] 同上书，第229页。

宁尖锐地批评了"资本主义是祸害，社会主义是幸福"[1]的观点，并提出"不要害怕资本主义"[2]"我们应该利用资本主义（特别是要把它纳入国家资本主义的轨道）作为小生产和社会主义之间的中间环节，作为提高生产力的手段、途径、方法和方式"[3]。那么，"从理论上说来，能不能在一定的程度上给小农恢复贸易自由、资本主义自由而不至于因此破坏无产阶级政权的根基呢？能不能这样做呢？能够，因为问题在于掌握分寸"[4]。列宁又进一步讲："新经济政策的真正实质在于：第一，无产阶级国家准许小生产者有贸易自由；第二，对于大资本的生产资料，无产阶级国家采用资本主义经济学中叫作'国家资本主义'的一系列原则。"[5] 也就是说，依据当时苏俄的生产力发展水平，采取国家掌握经济命脉前提下的公有制为主体的多种经济成分同商品经济相结合的经济形式，并充分利用这些经济形式加大在贸易和商业方面的开展力度，借此激活国民经济的活力，促进国民经济的快速发展。也即不摧毁旧的社会经济结构，而是在"国家的调节"下活跃其发展且审慎地逐步地掌握它们，[6] 为社会主义建设服务。在新经济政策理论与实践的探索过程中，列宁将社会化大生产规律的客观要求与商品经济的产生和发展联系起来进行考察，揭示了社会化大生产与商品经济互为表

---

[1] 贺瑞:《从〈论粮食税〉到〈论合作社〉看列宁发展经济的新思路》，《中共四川省委省级机关党校学报》2012年第3期。
[2] 《马列主义经典著作选编》，党建读物出版社2011年版，第231页。
[3] 同上书，第229页。
[4] 《列宁全集》（第41卷），人民出版社1987年版，第55页。
[5] 《列宁全集》（第43卷），人民出版社1987年版，第263页。
[6] 《列宁选集》（第4卷），人民出版社1972年版，第687页。

里、相互联动的密切关联，也即基于社会分工与社会联系之间的互动机制与趋势形成了对商品经济一般规律的深化认识。这就在更深刻的层次上揭示了市场经济存在、发展的根基，它表现着日益提高的生产力的一种要求、一种属性。① 这是列宁对商品经济存在和发展基础的新见解，内蕴着市场经济的思想萌芽，体现了他对社会主义建设初期要利用商品、市场关系的重视。

同时，列宁也指出了市场的严重缺陷，如由盲目性所导致的波动性、跳跃性、非均衡性，集中表现为经济危机和严重的两极分化；强调实行新经济政策的同时，要注重发挥党的领导作用和国家调节作用，克服商品、市场关系的消极因素。对此，列宁进一步阐述："目前的新事物，就是我国革命在经济建设的一些根本问题上必须采取'改良主义的'、渐进主义的、审慎迂回的行动方式"；"不摧毁旧的社会经济结构——商业、小经济、小企业、资本主义""只在使它们活跃起来的范围内对它们实行国家调节"；② 发现并掌握好"私人利益服从共同利益的合适程度"；"必须善于克服新经济政策的一切消极面，使之缩小到最低限度……必须善于精明地安排一切。我们的法律使我们完全可以做到这一点"；③ 强调加强共产党领导的重要性，坚决反对削弱取消党的领导作用的无政府工团主义，认为"只要无产阶级的革命先锋队的统一、力量和影响稍微受到削弱，这种动摇的结果就只能是资本家和地主的政权以及私有

---

① 杨承训、张新宁：《列宁对马克思主义政治经济学的发展及其当代价值》，《当代经济研究》2016年第10期。
② 《列宁全集》（第42卷），人民出版社1987年版，第245页。
③ 《列宁选集》（第6卷），人民出版社1995年版，第767—768页。

制的复辟（恢复）"① 等思想。

此外，上升到哲学的高度，新经济政策的实施也充分体现了列宁基于人民立场和实践原则，对社会主义经典理论及苏俄社会主义经济建设实践的科学把握和深刻反思。列宁曾说："政治经济学的基础是事实，而不是教条。"②"我们必须自己来找出路。"③ 在"战时共产主义政策"向新经济政策转变及新经济政策实施过程中，列宁曾专门听取农民代表的意见，并多次检讨错误，不断反思"主观愿望与实际是否发生了冲突"、是否"一片好心""起了不好的作用"等？也多次通过对"掌握分寸""合适程度"等的详细阐述，强调要唯物辩证地处理好进与退、目的与手段的关系。

列宁新经济政策基于理论与实践相结合的原则，丰富和深化了商品经济理论，对社会主义利用市场机制发展生产力进行了初步探索，在一定程度上体现了落后国家社会主义理论和实践中基于普遍性和特殊性相结合的规律利用资本主义发展社会主义的内在意蕴及趋势，且基于此形成了建设社会主义的新思路，即列宁晚年提出"新的文明的社会主义制度"这一宏大的崭新的命题，其要旨也即"要充分吸收资本主义一切肯定成果的一种新的社会主义，而又终将超越资本主义的一种社会制度"。进而，列宁更大胆地提出"我们不得不承认我们对社会主义的整个看法根本改变了"。④

总之，从更宽阔的视野、更长远的眼光和更深的层次看，列宁

---

① 《列宁全集》（第 41 卷），人民出版社 1986 年版，第 87 页。
② 《列宁全集》（第 58 卷），人民出版社 1990 年版，第 86 页。
③ 《列宁全集》（第 43 卷），人民出版社 1987 年版，第 83 页。
④ 《列宁全集》（第 43 卷），人民出版社 2017 年版，第 371 页。

结合马克思、恩格斯科学思想和苏俄经济建设实践探索而形成的政府与市场关系思想，体现了对社会主义建设规律极具开拓性、创新性和科学性的大胆探索和深化认识。主要体现在：其一，以唯物史观、唯物辩证法为世界观和方法论，从"生产力与生产关系、经济基础与上层建筑矛盾运动规律""理论与实践结合"及"一般与特殊结合"上科学认识政府与市场关系。其二，从社会化大生产规律客观要求上肯定和重视市场在社会主义建设中的地位和作用，强调利用市场发展生产力，主张"社会主义社会中依然存在商品交换和货币流通，要加以发展和利用""不摧毁旧的社会经济结构，充分发挥多种经济成分和多种具体形式的积极作用""按商业原则办事，赋予农民和企业自主权及经济利益"。其三，在肯定、重视且积极推动发挥市场作用的同时，也承认市场具有严重缺陷，强调"要注重发挥党的领导和国家调节作用，克服商品、市场关系的消极因素"，如提出实行"上面实行集中，下面实行自由"的经济管理新体制及通过充分发挥国家财政和经济法规的作用增强国家的经济管理能力。列宁的这一思想，对中国特色社会主义市场经济建设与经济体制改革影响重大且深远，也是中国特色政府与市场关系的理论源头，未来依然具有重要启示和指导意义。

二、斯大林关于政府与市场关系的论述

斯大林的《苏联社会主义经济问题》，在理论上论证、总结、提升了苏联社会主义模式的原则和经验，可谓是基于苏联实践的最重要和最集中的社会主义经济理论阐述，对社会主义经济理论有重大发展，也存在局限。基于本书需要，着重阐述以下两方面：

在对经济规律的认识方面。其一，斯大林承认经济规律的客观性，指出它是"反映不以人们的意志为转移的经济发展过程的客观规律"，[①] 强调要遵循；否则，若以为苏维埃政权无所不能，就是陷入混乱和偶然性之中。但同时指出，经济规律也不是"长久存在的"，其中大多数经济规律"是在一定的历史时期中发生作用的，以后它们就让位给新的规律，这些新的规律并不是由人们的意志创造出来，而是在新的经济条件的基础上产生的"。[②] 对于经济规律，人们可以发现、认识、研究、依靠及利用它们，来为社会谋利益。其二，斯大林对社会主义社会的经济规律作了阐述。斯大林认为，每个社会中只有一个基本经济规律，基本经济规律是在每个社会形态中发生作用的许多经济规律中起主导作用的规律，它体现了社会经济关系中最基本的因果关系，是决定社会生产发展的"一切主要方面和一切主要过程"，它的主要内容是"社会生产目的和手段的统一"。社会主义基本经济规律的主要特点和要求可大致表述为"用在高度技术基础上使社会主义生产不断增长和不断完善的办法，来保证最大限度地满足整个社会经常增长的物质和文化的需要"。[③] 此外，斯大林还提出并论证了国民经济有计划按比例发展规律。他认为实行社会主义公有制后，国民经济各部门和企业就联结成根本利益一致的有机整体，国民经济有计划按比例发展也就是必然的；而且，国民经济有计划按比例发展规律由社会主义基本经济规律决

[①] 《斯大林文选》（下册），人民出版社1962年版，第573页。
[②] 同上书，第573页。
[③] 同上书，第599—602页。

定，且也只有以社会主义基本经济规律为依据才能充分发挥作用。关于国民经济的计划化，斯大林认为，国民经济的计划化可以使苏联避免那种破坏国民经济并给社会带来巨大物质损害的周期性经济危机，从而保证国民经济高速度地不断地增长；国民经济的计划化，固然可能造成某些企业、某些部门的生产赢利减少，甚至没有，但从整个社会来看，从长期来看，国家获得的生产赢利更多，这就是高级赢利形式。高级赢利的产生体现了社会主义制度的优越性。其三，斯大林对价值规律作了阐述。承认价值规律的客观性及其在社会主义经济建设中的作用，强调无产阶级国家要自觉利用价值规律。但同样认为，由于生产资料的公有化、有计划发展规律的作用，以及经济计划、经济政策的制定，价值规律的作用范围是受到限制的，意即在流通领域，价值规律在一定范围内保持不同程度的调节作用；在生产领域，价值规律对社会主义生产有影响但不是社会主义生产的调节者。

在对商品经济的认识方面。斯大林从理论上确认了社会主义商品货币关系的存在，并从社会主义条件下生产资料公有制的两种基本形式（全民所有制和合作社集体农庄所有制）并存论证了保持商品货币关系和利用价值规律的客观必然性及其重要意义，提出利用商品生产和它的"货币经济"共同为发展和巩固社会主义生产的事业服务，这对传统观念是一个较大的突破，但却把全民所有制内部调拨的生产资料排除在商品的范围之外，把社会主义商品生产的活动范围限制于个人消费品领域。在社会主义商品生产的性质问题上，斯大林认为，社会主义商品生产是不同于资本主义商品生产的"特种的商品生产"，注定是要为社会主义事业服务的。因而，不能

"把商品生产和资本主义生产混为一谈"。[①]

总之,辩证地看,对社会主义条件下必然存在商品生产和价值规律的肯定、对社会主义社会经济规律的探索以及对社会主义商品生产本质或特殊性的分析,是斯大林对社会主义经济理论发展的重要内容;但其对商品生产和价值规律所做出的限制,又体现了其理论上的不彻底性、局限性及对苏联当时生产力国情的忽视,未把商品经济与社会主义真正统一起来,也造成了急于向共产主义过渡的"超越阶段"的失误及理论与实践上的矛盾,这在体制上的直接反映就是形成了苏联高度集中的计划经济体制,排斥市场机制在经济发展中的作用(但在这一点上,我们不能苛求于前人,要历史地分析历史问题。在看到这种体制严重弊端的同时,也要看到其在资本主义包围的环境下,在短时期内对苏联经济突飞猛进、政局稳定及奠定苏联反法西斯战争胜利物质基础所起的极为重要的积极作用。此外,斯大林对"苏联是在资本主义包围的环境下进行建设的,如果不实现社会主义工业化,如果停留在只输入机器而不能自力生产机器的阶段,就不能担保苏联不变成资本主义体系的附属品""要用自身的力量,建立社会主义所必需的经济基础""保证受资本主义国家包围的苏联在经济上的独立"等方面的阐述,也体现出了在不同发展阶段及不同制度下政府在经济发展中的重要作用)。

其实,斯大林社会主义经济理论的创新性和不彻底性这两个方面都对我国社会主义经济建设有过重要影响;而且,对今天我国如何完善社会主义市场经济体制以及如何辩证地、历史地处理政府与

[①]《斯大林文选》(下册),人民出版社1962年版,第583页。

市场关系，仍具有重要启示意义。

三、本节小结

马克思、恩格斯关于政府与市场关系的思想奠定了科学理论的基础，但尚未付诸实践。列宁、斯大林基于理论与实践相结合的原则，运用唯物史观和唯物辩证法，结合所处的具体国情和发展阶段继承并发展了马克思、恩格斯这一基本思想，并将理论应用于社会主义经济建设实践。同时，在不断探索经济发展实践经验与教训的基础上，阐述了关于政府与市场关系的重要思想，对传统观念是一个较大突破，促进了社会主义经济理论的重大发展。列宁新经济政策对社会主义利用市场机制发展生产力的初步探索、斯大林对经济规律及商品经济的认识等，在一定程度上体现了基于普遍性和特殊性相结合的规律利用市场机制发展社会主义社会生产力的内在意蕴及趋势，对中国特色社会主义及我国社会主义市场经济建设与经济体制改革影响重大且深远，对我国政府与市场关系处理也有过重要影响；而且，对新时代我国如何完善社会主义市场经济体制以及如何历史地、辩证地处理政府与市场关系，仍具有重要启示意义。当然，也存在一定局限性，对此，我们也要历史地、辩证地看，并汲取经验教训。

第三节　毛泽东关于政府与市场关系的论述

毛泽东在探索适合中国国情的社会主义建设道路的过程中提出了一系列独创性的重要理论观点和重要论断，制定了一系列重要的方针政策，为创立符合中国实际的社会主义经济理论及建立符合中国实际的经济体制做出了重要贡献，蕴含了丰富的政府与市场关系思想。基于本书需要，着重阐述以下几方面：

一、适合中国国情、具有中国特点

其一，适合中国国情、具有中国特点。毛泽东曾反复强调：要走自己的路，独立自主探索适合中国国情、具有中国特点的社会主义建设道路，实现马克思主义同中国实际的创造性结合，决不能教条主义地硬搬别国的经验和模式。毛泽东在《论十大关系》中明确提出：必须以苏联为鉴戒，根据中国的实际情况正确处理社会主义建设中的一系列重大关系，探索适合我国国情的社会主义建设道路，建设社会主义的根本指导思想是必须根据本国情况走自己的道路。后来，他又强调"各个国家都有自己的特殊性，不可能照着千篇一律的格式发展，中国的社会主义建设必然带有自己的特点"[1] "应该越搞越中国化，而不是越搞越洋化。……学外国不等于一切照搬"[2] 要把"普遍规律和具体特点相结合"。[3]

其二，创造中国自己的政治经济学理论。毛泽东曾反复强调：既要坚持马克思主义基本原理，又要不断推进马克思主义理论创新，总结中国经验，产生自己的理论家，创造中国自己的政治经济学理论。"马克思这些老祖宗的书，必须读，他们的基本原理必须遵守，这是第一。但是，任何国家的共产党，任何国家的理论界，

---

[1]《建国以来毛泽东文稿》（第6册），中央文献出版社1992年版，第143页。
[2]《毛泽东文集》（第7卷），人民出版社1999年版，第82页。
[3]《毛泽东文集》（第8卷），人民出版社1999年版，第116页。

都要创造新的理论，写出新的著作，产生自己的理论家，来为当前的政治服务，单靠老祖宗是不行的。"①

二、利用商品生产、商品交换和价值法则为社会主义服务

基于中国经济发展的现实状况，毛泽东曾反复强调：要利用商品生产、商品交换和价值法则，作为有用的工具，为社会主义服务。其实，早在新民主主义时期，毛泽东就体现出了其关于发展多种经济成分和利用市场调节的思想。但是，在需要私人资本主义发展的同时，又提出对私人资本的限制，"'有益于国计民生'这就是一条极大的限制，即引导私人资本纳入'国计民生'的轨道之上"。②总之，"国民经济要由我们操纵：凡有害的，加以限制；凡无害的，加以利用"。③也即"利用资本主义发展之利而防止其害"。在新中国过渡时期和社会主义建设初期，在领导社会主义经济建设的实践中，毛泽东也提出了诸多重要论断，高度重视对商品生产、商品交换和价值法则的利用，如"现在要利用商品生产、商品交换和价值法则，作为有用的工具，为社会主义服务""有计划地大力发展社会主义的商品生产""不能把商品生产同资本主义混为一谈，把商品经济同社会主义和共产主义对立起来。商品生产本身是没有什么制度性的，它只是一种工具，看一种商品经济的制度特征，要看它是同什么经济制度相联系，同资本主义制度相联系就是资本主义的商品生产，同社会主义制度相联系就是社会主义的商

---

① 《毛泽东文集》（第8卷），人民出版社1999年版，第109页。
② 《毛泽东文集》（第5卷），人民出版社1996年版，第177页。
③ 同上书，第236页。

品生产"① 一味否定商品经济的观点是错误的,"是违背客观法则的"②"价值法则是一个伟大的学校,只有利用它,才有可能教会我们的几千万干部和几万万人民,才有可能建设我们的社会主义和共产主义。否则一切都不可能"。③

三、运用唯物史观和唯物辩证法来研究

实事求是,是毛泽东思想的活的灵魂。在对中国社会主义经济建设进行探索时,毛泽东体现出了其对唯物史观和唯物辩证法的强调和运用。毛泽东指出,苏联政治经济学教科书一个很重要的缺陷,就是这些作者不懂哲学,没有哲学头脑;苏联的政治经济学社会主义部分,在方法论上是形而上学的,不懂辩证法。④ 根据毛泽东的观点,将社会主义政治经济学的研究对象概括为生产关系是不够的,因为离开了生产力,没法研究生产关系,离开了上层建筑,也没法研究经济基础;社会主义政治经济学的研究对象应该确定为主要是生产关系,但是要联系生产力和上层建筑来研究生产关系。其实,从根本上来说,也正是源于对唯物史观和唯物辩证法的科学把握和正确运用,毛泽东才得以提出一系列独创性的重要观点和重要论断。这一点,我们尤其要记取,并将之运用到中国特色政府与市场关系的把握与处理中。

---

① 《毛泽东文集》(第 7 卷),人民出版社 1999 年版,第 439 页。
② 同上书,第 439 页。
③ 《毛泽东文集》(第 8 卷),人民出版社 1999 年版,第 34 页。
④ 张宇:《毛泽东对社会主义政治经济学的探索及其当代意义》,《光明日报》2014 年 2 月 26 日。

四、社会主义经济是为人民服务的经济

毛泽东指出:"立场问题。我们是站在无产阶级的和人民大众的立场。"①《毛泽东选集》中对于中国共产党人的初心和历史使命,论述最多的就是解放人民(或说人民解放)。早在论及新民主主义国家制度时,毛泽东就强调指出:"民族压迫和封建压迫残酷地束缚着中国人民的个性发展,束缚着私人资本主义的发展和破坏着广大人民的财产。我们主张的新民主主义制度的任务,则正是解除这些束缚和停止这种破坏,保障广大人民能够自由发展其在共同生活中的个性,能够自由发展那些不是'操纵国民生计'而是有益于国民生计的私人资本主义经济,保障一切正当的私有财产"。②在探索社会主义经济建设时,毛泽东也始终坚守人民立场,明确提出,"社会主义经济是为人民服务的经济"。③ 这一点,我们要牢牢记住,"为人民服务"要贯穿于社会主义经济建设始终,这是社会主义的目的使然。

五、重视发挥党和政府的积极作用,注重综合平衡

毛泽东高度重视且深悟唯物辩证法,重视发挥党和政府在经济社会发展中的积极作用,也极为关注社会主义建设各方面的平衡问题,并将其作为一个"战略方针",在《论十大关系》和《关于正确处理人民内部矛盾的问题》等著作中进行了系统阐述。毛泽东指

---

① 《毛泽东选集》(第3卷),人民出版社1953年版,第805页。
② 《毛泽东选集》(第3卷),人民出版社1991年版,第1058页。
③ 《毛泽东年谱》(第4卷),中央文献出版社2012年版,第323页。

出，社会主义建设要处理好一系列重大关系，要统筹兼顾，用马克思主义唯物辩证法来处理好这些社会主义建设中带有全局性的重大关系，既坚持两点论，又坚持重点论，调动一切积极因素为社会主义建设事业服务。比如，在经济建设各方面的比例关系上，毛泽东结合中国实际提出，必须统筹兼顾，处理好各方面关系；在经济建设的基本方法上，既要反对保守又要反对冒进，在综合平衡中稳步前进，搞好综合平衡，统筹兼顾。综合平衡，体现了对国民经济按比例发展客观经济规律的遵循，也为我们今天的"协调"发展理念提供了理论依据，对社会主义经济运行中如何通过更好发挥政府的宏观调控作用从总体上考虑和安排国民经济各方面的比例关系以避免恶性竞争膨胀和经济无政府状况等造成的各方面比例失衡，具有重要指导和启示意义。此外，毛泽东高度重视发挥强而有效的政府在经济社会全面发展中的积极作用，如在较短时期内就建立起了强大的重工业和较为完整的现代工业体系，经济结构也因此发生了很大的变化；[1] 强调社会主义必须重视社会集体福利事业，在医疗卫生、住房和教育等公共服务领域建立了全国性的社会福利保障制度；等等。这对我们正确认识与处理我国市场化改革中的相关问题具有重要启示意义。

总之，毛泽东在探索适合中国国情的社会主义经济建设道路过程中所形成的这些重要观点、重要论断及提出的重要决策，体现了其在社会主义经济理论与实践方面的重要创新，是马克思主义同中国实际的"第二次创造性结合"，对邓小平推动发展社会主义市场

---

[1] 莫里斯·迈斯纳：《毛泽东的中国及后毛泽东的中国》，杜蒲等译，四川人民出版社1989年版，第537页。

经济有着极大的理论先导作用，①对于我们当前发展好中国特色社会主义经济及处理好政府与市场关系，仍然有着重要的指导和启迪意义，我们要认真学习、继承和发展。当然，毛泽东在探索过程中也出现过重大曲折和失误，实践中呈现一定局限性和不彻底。对此，我们也要历史地、辩证地看，并汲取经验教训。

第四节 改革开放和社会主义现代化建设新时期中国特色社会主义关于政府与市场关系的阐述

一、邓小平关于计划与市场关系的论述

20世纪70年代末，社会主义建设实践的严重教训，促使人们开始了对高度集中的计划经济体制弊端的深刻反思，客观事实表明"经济体制改革势在必行"。基于发展现实需要，邓小平从社会主义现代化建设的大局出发，倡导"实事求是"，明确而坚定地支持把实践作为检验真理的唯一标准，为最终突破计划经济理论桎梏奠定了思想基础、提供了深刻理论依据。1978党的十一届三中全会深刻总结了高度集中的计划经济体制的严重弊端，我国经济体制改革自此真正开启，这也是我国从理论与实践结合上重新探索计划（政府）与市场关系的开端。1979年11月26日，邓小平在会见外宾时指出："说市场经济只存在于资本主义社会，只有资本主义的市场

---

① 金民卿：《毛泽东是中国特色社会主义的理论先驱》，《毛泽东思想研究》2016年第2期。

经济，这肯定是不正确的。社会主义为什么不可以搞市场经济，这个不能说是资本主义。我们是计划经济为主，也结合市场经济，但这是社会主义的市场经济……社会主义也可以搞市场经济……这是社会主义利用这种方法来发展社会生产力。把这当作方法，不会影响整个社会主义，不会重新回到资本主义。"[1] 邓小平关于"社会主义也可以搞市场经济"的论断，肯定了社会主义利用市场经济焕发活力、加快生产力发展的思想。1981年，党的十一届六中全会提出"必须在公有制基础上实行计划经济，同时发挥市场调节的辅助作用"。[2] 1982年，党的十二大提出"正确贯彻计划经济为主、市场调节为辅的原则，是经济体制改革中的一个根本性问题"。[3] 1984年，党的十二届三中全会提出"要突破把计划经济同商品经济对立起来的传统观念""社会主义计划经济必须自觉依据和运用价值规律""只有充分发展商品经济，才能把经济真正搞活……而这是单纯依靠行政手段和指令性计划所不能做到的""社会主义经济同资本主义经济的区别，不在于商品经济是否存在和价值规律是否发挥作用，而在于所有制不同，在于剥削阶级是否存在，在于劳动人民是否当家做主，在于为什么样的生产目的服务""必须实事求是地认识到，在很长的历史时期内，我们的国民经济计划就总体来说只能是粗线条的和有弹性的，只能是通过计划的综合平衡和经济手段的调节，做到大的方面管住管好，小的方面放开放活，保证重大比

---

[1] 《邓小平文选》（第2卷），人民出版社1994年版，第236页。
[2] 中共中央文献研究室：《三中全会以来重要文献选编》（下册），人民出版社1982年版，第841页。
[3] 中共中央文献研究室：《十二大以来重要文献选编》（上册），人民出版社1986年版，第22—23页。

例关系比较适当，国民经济大体按比例地协调发展"等重要新论断，① 这是社会主义经济理论上的重大突破，也成为此后一个时期"我国经济体制改革的基本理论依据"。② 邓小平对此高度评价，"这次经济体制改革的文件好，就是解释了什么是社会主义，有些是我们老祖宗没有说过的话，有些新话"③ "写出了一个政治经济学的初稿，是马克思主义基本原理和中国社会主义实践相结合的政治经济学"。④

接着，为筹备党的十三大，并在理论上进一步突破，1987年2月，邓小平又针对性地谈道："为什么一谈市场就说是资本主义，只有计划才是社会主义呢？计划和市场都是方法嘛。只要对发展生产力有好处，就可以利用。它为社会主义服务，就是社会主义的；为资本主义服务，就是资本主义的。好像一谈计划就是社会主义，这也是不对的，日本就有一个企划厅嘛，美国也有计划嘛。我们以前是学苏联的，搞计划经济。后来又讲计划经济为主，现在不要再讲这个了。"⑤ 邓小平这一指示对突破"计划经济为主、市场调节为辅"的认识作了重要指引。基于此，1987年党的十三大提出"建立计划与市场内在统一的体制"，在计划（政府）与市场关系

---

① 中共中央文献研究室：《改革开放三十年重要文献选编》（上册），中央文献出版社2008年版，第350页。
② 中共中央文献研究室：《十三大以来重要文献选编》（上册），人民出版社1991年版，第23页。
③ 《邓小平文选》（第3卷），人民出版社1993年版，第91页。
④ 方松华、陈祥勤、姜佑福：《中国马克思主义学术史纲》，学林出版社2011年版，第223—230页。
⑤ 《邓小平文选》（第3卷），人民出版社1993年版，第203页。

上跳出了"主辅论"的框架,实现了基于"内在统一"的新突破。

1988年出现的经济过热、"抢购风潮"等经济混乱现象,使国民经济被迫转入"治理整顿",并引发了1989年的一场政治风波,人们思想上出现了一些困惑,社会上也出现了不少质疑改革的声音,理论界围绕"改革何去何从"展开了思想的激烈交锋。对此,邓小平等党和国家领导人基于史论实的结合,逐步做出了明确回答和方向指引。1989年6月9日,邓小平谈道:"改革开放这个基本点错了没有?没有错。没有改革开放,怎么会有今天?……当然,改革开放必然会有西方的许多坏的影响进来,对此,我们从来没有估计不足。八十年代初建立经济特区时,我与广东同志谈,要两手抓,一手要抓改革开放,一手要抓严厉打击经济犯罪,包括抓思想政治工作。这就是两点论。但今天回头来看,出现了明显的不足,一手比较硬,一手比较软。一硬一软不相称,配合得不好。讲这点,可能对我们以后制定方针政策有好处。还有,我们要继续坚持计划经济与市场调节相结合,这个不能改。实际工作中,在调整时期,我们可以加强或者多一点计划性,而在另一个时候多一点市场调节,搞得更灵活一些。以后还是计划经济与市场调节相结合。"[①] 1990年12月24日,邓小平指出:"我们必须从理论上搞懂,资本主义与社会主义的区分不在于是计划还是市场这样的问题。社会主义也有市场经济,资本主义也有计划控制……不要以为搞点市场经济就是资本主义道路,没有那么回事。计划和市场都得要。"[②] 1991

[①]《邓小平文选》(第3卷),人民出版社1993年版,第306页。
[②] 同上书,第364页。

年初，邓小平进一步指出："不要以为，一说计划经济就是社会主义，一说市场经济就是资本主义，两者都是手段，市场也可以为社会主义服务。"① 邓小平在南方谈话中明确指出："计划多一点还是市场多一点，不是社会主义与资本主义的本质区别。计划经济不等于社会主义，资本主义也有计划；市场经济不等于资本主义，社会主义也有市场。计划和市场都是经济手段。"② 邓小平的这个精辟论断，"使我们在计划与市场关系问题上的认识有了新的重大突破"，③ 也为中国经济体制的进一步改革指明了方向。

二、江泽民关于计划（政府）与市场关系的论述

面对人们思想上对改革及计划（政府）与市场关系的一些困惑，1989 年，江泽民提出"努力创造一种适合中国情况的、把计划经济和市场调节有机结合起来的社会主义商品经济运行机制"④ "计划经济和市场调节相结合的程度、方式和范围，要经常根据实际情况进行调整和改进"。⑤ 接着，江泽民在中国共产党成立 70 周年大会上又指出："计划与市场，作为调节经济的手段，是建立在社会化大生产基础上的商品经济发展所客观需要的，因此在一定范围内运用这些手段，不是区别社会主义经济和资本主义经济的标

---

① 《邓小平文选》（第 3 卷），人民出版社 1993 年版，第 367 页。
② 同上书，第 373 页。
③ 《江泽民文选》（第 1 卷），人民出版社 2006 年版，第 226 页。
④ 中共中央文献研究室：《十三大以来重要文献选编》（中册），人民出版社 1993 年版，第 69—70 页。
⑤ 同上书，第 149 页。

志。"① 1992年6月9日，江泽民在中共中央党校省部级干部进修班上的讲话中谈到"加快经济体制改革的根本任务，就是要尽快建立社会主义的新经济体制。而建立新经济体制的一个关键问题，是要正确认识计划和市场问题及其相互关系，就是要在国家宏观调控下，更加重视和发挥市场在资源配置中的作用。历史经验说明，商品经济的充分发展是实现社会经济高度发达不可逾越的阶段。充分发展的商品经济，必然离不开充分发育的完善的市场机制。那种认为市场作用多了，就会走上资本主义道路的担心，是没有根据的，也是不正确的……不少资本主义国家是很注意对经济活动进行计划控制的……不能把有计划只看成是社会主义独有的特征。当然，社会主义制度下和资本主义制度下运用计划手段的范围和形式是会有些区别的，如同运用市场手段的范围和形式也是会有些区别的一样。关于'社会主义也有市场'，通过十多年来的改革开放应该说我们有了更深切的体会。我们把市场机制引入经济生活，给我国社会主义经济增添了生机和活力，对加快经济发展起了显著作用。过去，我们往往只看到市场的自发性方面所带来的一些消极作用，而很少看到市场对激励企业竞争、推动经济发展的积极作用，特别是看不到市场也是一种配置资源的方式，看不到它对优化资源配置所起的促进作用。这显然是一种认识上的片面性。大量事实表明，市场是配置资源和提供激励的有效方式……当然，我们强调充分看到市场的优点，并不是说市场是全面的、万能的。市场也有其自身的明显弱点和局限性。例如，市场不可能自动地实现宏观经济总量的

---

① 《江泽民文选》（第1卷），人民出版社2006年版，第155页。

稳定和平衡；市场难以对相当一部分公共设施和消费进行调节；在某些社会效益重于经济效益的环节，市场调节不可能达到预期的社会目标；在一些垄断性行业和规模经济显著的行业，市场调节也不可能达到理想的效果。因此，这就要求我们必须发挥计划调节的优势，来弥补和抑制市场调节的这些不足和消极作用，把宏观经济的平衡搞好，以保证整个经济全面发展。在那些市场调节力所不及的若干环节中，也必须利用计划手段来配置资源。同时，还必须利用计划手段来加强社会保障和社会收入分配的调节，防止两极分化。"[①] 1992年10月，江泽民在党的十四大上明确提出，"我国经济体制改革的目标是建立社会主义市场经济体制，以利于进一步解放和发展生产力，我们要建立的社会主义市场经济体制，就是要使市场在社会主义国家宏观调控下对资源配置起基础性作用，使经济活动遵循价值规律的要求，适应供求关系的变化；通过价格杠杆和竞争机制的功能，把资源配置到效益较好的环节中去，并给企业以压力和动力，实现优胜劣汰；运用市场对各种经济信号反映比较灵敏的优点，促进生产和需求的及时协调。同时要看到市场有其自身的弱点和消极方面，必须加强和改善国家对经济的宏观调控。"[②] 第一次从理论上实现了社会主义与市场经济的统一，在我国经济体制改革目标和政府与市场关系上实现了关键性的新的重大突破，也基本上结束了关于我国经济体制改革向何处去的争论，是中国特色社会主义的重大理论和实践创新，标志着我国经济体制改革进入新的历史时期。后来，江泽民又进一步指出，"我

[①]《江泽民文选》（第1卷），人民出版社2006年版，第198—201页。
[②] 中共中央文献研究室：《改革开放三十年重要文献选编》（上册），中央文献出版社2008年版，第660页。

们搞的是社会主义市场经济,'社会主义'这几个字是不能没有的,这并非多余,并非'画蛇添足',而恰恰相反,这是'画龙点睛'。所谓'点睛',就是点明我们市场经济的性质""要了解社会主义市场经济体制必须反映和体现市场与市场经济的一般规律,同时了解社会主义市场经济体制是同社会主义基本制度结合在一起的,在所有制和分配制度上是实行以公有制和按劳分配为主体的。因此,既要认识到社会主义市场经济体制与西方市场经济体制有共同之点,对西方市场经济中一切合乎市场规律和社会化大生产规律的好经验,都要努力学过来。同时,又要认识到社会主义市场经济体制与西方市场经济体制有很大不同之点,必须立足于中国的国情和经济发展实际,走自己的路,有所创造,有所发展"。[①]

三、胡锦涛关于政府与市场关系的论述

2003年10月,针对当时我国经济体制改革面临的形势,胡锦涛在党的十六届三中全会上提出"按照统筹城乡发展、统筹区域发展、统筹经济社会发展、统筹人与自然和谐发展、统筹国内发展和对外开放的要求,更大程度地发挥市场在资源配置中的基础性作用,增强企业活力和竞争力,健全国家宏观调控,完善政府社会管理和公共服务职能,为全面建设小康社会提供强有力的体制保障";在论述"完善市场体系,规范市场秩序"时,胡锦涛提出"加快建设全国统一市场。强化市场的统一性,是建设现代市场体系的重要任务。大力推进市场对内对外开放,加快要素价格市场化……促

[①] 《江泽民论有中国特色社会主义(专题摘编)》,中央文献出版社2002年版,第64页。

进商品和各种要素在全国范围自由流动和充分竞争。废止妨碍公平竞争、设置行政壁垒、排斥外地产品和服务的各种分割市场的规定，打破行业垄断和地区封锁……完善行政执法、行业自律、舆论监督、群众参与相结合的市场监管体系……维护和健全市场秩序。大力发展资本和其他要素市场。积极推进资本市场的改革开放和稳定发展……加快发展土地、技术、劳动力等要素市场"；在论述"继续改善宏观调控，加快转变政府职能"时，提出"完善国家宏观调控体系。进一步健全国家计划和财政政策、货币政策等相互配合的宏观调控体系……转变政府经济管理职能。深化行政审批制度改革，切实把政府经济管理职能转到主要为市场主体服务和创造良好发展环境上来"等重要论断。[1]

2007年10月，胡锦涛在党的十七大上提出要"深化对社会主义市场经济规律的认识，从制度上更好发挥市场在资源配置中的基础性作用，形成有利于科学发展的宏观调控体系"，[2] 明确要求"完善基本经济制度，健全现代市场体系……加快形成统一开放竞争有序的现代市场体系，发展各类生产要素市场，完善反映市场供求关系、资源稀缺程度、环境损害成本的生产要素和资源价格形成机制"；明确要求"加快行政管理体制改革，建设服务型政府。行政管理体制改革是深化改革的重要环节……减少和规范行政审批，减少政府对微观经济运行的干预"。[3]

---

[1] 中共中央文献研究室：《改革开放三十年重要文献选编》（上册），中央文献出版社2008年版，第1349页。
[2] 中共中央文献研究室：《十七大以来重要文献选编》（上册），中央文献出版社2009年版，第17页。
[3] 中共中央文献研究室：《改革开放三十年重要文献选编》（上册），中央文献出版社2008年版，第1729页。

2012年10月，胡锦涛在党的十八大上提出"经济体制改革的核心问题是处理好政府和市场的关系，必须更加尊重市场规律，更好发挥政府作用"，并进一步明确了围绕"政府和市场关系"着力改革的重要领域如"完善各类国有资产管理体制，推动国有资本更多投向关系国家安全和国民经济命脉的重要行业和关键领域，不断增强国有经济活力、控制力、影响力""保证各种所有制经济依法平等使用生产要素、公平参与市场竞争、同等受到法律保护""健全现代市场体系，加强宏观调控目标和政策手段机制化建设"及"加快改革财税体制，建立公共资源出让收益合理共享机制，深化金融体制改革，完善金融监管"等，同时提出"行政体制改革是推动上层建筑适应经济基础的必然要求，要深化行政体制改革，推动政府职能向创造良好发展环境、提供优质公共服务、维护社会公平正义转变"。[①]

第五节　新时代习近平关于政府与市场关系的重要论述

一、要讲辩证法、两点论，使市场在资源配置中起决定性作用和更好发挥政府作用

2013年11月15日，习近平在党的十八届三中全会上提出"经济体制改革是全面深化改革的重点，核心问题是处理好政府和市场的关系，使市场在资源配置中起决定性作用和更好发挥政

[①] 中共中央文献研究室：《十八大以来重要文献选编》（上册），中央文献出版社2014年版，第16页。

府作用"① 这个重大理论观点,又是一次有关政府与市场关系的划时代的重大创新与突破。展开来说,一方面,习近平提出"建设统一开放、竞争有序的市场体系,是使市场在资源配置中起决定性作用的基础。必须加快形成企业自主经营、公平竞争,消费者自由选择、自主消费,商品和要素自由流动、平等交换的现代市场体系,着力清除市场壁垒,提高资源配置效率和公平性";② 另一方面,又强调"加快转变政府职能",明确指出"科学的宏观调控,有效的政府治理,是发挥社会主义市场经济体制优势的内在要求"③"政府的职责和作用主要是保持宏观经济稳定,加强和优化公共服务,保障公平竞争,加强市场监管,维护市场秩序,推动可持续发展,促进共同富裕,弥补市场失灵"。④ 2013 年 11 月 16 日,习近平在关于《中共中央关于全面深化改革若干重大问题的决定》的说明中进一步阐释道:党中央认为对政府和市场关系这个问题从理论上做出新的表述条件已经成熟,应该把市场在资源配置中的"基础性作用"修改为"决定性作用",市场决定资源配置是市场经济的一般规律,健全社会主义市场经济体制必须遵循这条规律,着力解决市场体系不完善、政府干预过多和监管不到位问题;并同时强调,我国实行的是社会主义市场经济体制,我们仍然要坚持发挥我国社会主义制度的优越性、发挥党和政府的积极作用;市场在资源

---

① 中共中央文献研究室:《十八大以来重要文献选编》(上册),中央文献出版社 2014 年版,第 513 页。
② 同上书,第 517 页。
③ 同上书,第 519 页。
④ 同上书,第 514 页。

配置中起决定性作用,并不是起全部作用,发展社会主义市场经济,既要发挥市场作用,也要发挥政府作用,但市场作用和政府作用的职能是不同的。①

后来,习近平在十八届中央政治局第十五次集体学习时的讲话中指出,"在市场作用和政府作用的问题上,要讲辩证法、两点论,'看不见的手'和'看得见的手'都要用好,努力形成市场作用和政府作用有机统一、相互补充、相互协调、相互促进的格局,推动经济社会持续健康发展"。② 2015 年 10 月,习近平在党的十八届五中全会上强调"必须牢固树立创新、协调、绿色、开放、共享的发展理念""必须按照完善和发展中国特色社会主义制度、推进国家治理体系和治理能力现代化的总目标,健全使市场在资源配置中起决定性作用和更好发挥政府作用的制度体系"。③ 2015 年 11 月,习近平在十八届中央政治局第二十八次集体学习时的讲话中又进一步指出:"我们要坚持辩证法、两点论,继续在社会主义基本制度与市场经济的结合上下功夫,把两方面优势都发挥好,既要'有效的市场',也要'有为的政府',努力在实践中破解这道经济学上的世界性难题。"④

---

① 中共中央文献研究室:《十八大以来重要文献选编》(上册),中央文献出版社 2014 年版,第 499—500 页。
② 习近平:《在十八届中央政治局第十五次集体学习时的讲话》,《人民日报》2014 年 5 月 28 日。
③ 中共中央文献研究室:《十八大以来重要文献选编》(中册),中央文献出版社 2016 年版,第 789—790 页。
④ 中共中央文献研究室:《十八大以来重要文献选编》(下册),中央文献出版社 2018 年版,第 6 页。

二、新时代新征程上，推动有效市场和有为政府更好结合

2017年10月，习近平在党的十九大上提出"中国特色社会主义进入新时代""我国社会主要矛盾已经转化为人民日益增长的美好生活需要和不平衡不充分的发展之间的矛盾"，并进一步强调"必须坚定不移贯彻新发展理念，使市场在资源配置中起决定性作用，更好发挥政府作用，着力构建市场机制有效、微观主体有活力、宏观调控有度的经济体制，不断增强我国经济创新力和竞争力，不断壮大我国经济实力和综合国力，不断改善人民生活"。① 习近平在党的十九届四中全会上将社会主义基本经济制度表述为"公有制为主体、多种所有制经济共同发展，按劳分配为主体、多种分配方式并存，社会主义市场经济体制等"，并强调指出："社会主义基本经济制度，既体现了社会主义制度优越性，又同我国社会主义初级阶段社会生产力发展水平相适应，是党和人民的伟大创造。必须坚持社会主义基本经济制度，充分发挥市场在资源配置中的决定性作用，更好发挥政府作用，全面贯彻新发展理念，坚持以供给侧结构性改革为主线，加快建设现代化经济体系。"② 后来，习近平又陆续强调："党中央始终坚持'两个毫不动摇'、'三个没有变'，始终把民营企业和民营企业家当作自己人"。③ "我们强调把公有制经济巩固好、发展好，同鼓励、支持、引导非公有制经济

---

① 中共中央文献研究室：《十九大以来重要文献选编》（上册），中央文献出版社2019年版，第15—35页。
② 《中国共产党第十九届中央委员会第四次全体会议公报》，http://www.xinhuanet.com/politics/2019-10/31/c_1125178024.htm，2019-10-31。
③ 《谱写民营经济发展新篇章》，《人民日报》2023年4月6日。

发展不是对立的，而是有机统一的。"①2020年5月，《中共中央、国务院关于新时代加快完善社会主义市场经济体制的意见》适应新时代的新形势新要求，就"在更高起点、更高层次、更高目标上推进经济体制改革及其他各方面体制改革，构建更加系统完备、更加成熟定型的高水平社会主义市场经济体制"做出了全面部署，将"坚持正确处理政府和市场关系"作为一项基本原则，提出"坚持社会主义市场经济改革方向，更加尊重市场经济一般规律，最大限度减少政府对市场资源的直接配置和对微观经济活动的直接干预，充分发挥市场在资源配置中的决定性作用，更好发挥政府作用，有效弥补市场失灵"。② 2020年10月，我国又基于新发展阶段制定了《中华人民共和国国民经济和社会发展第十四个五年规划和2035年远景目标纲要》，为开启全面建设社会主义现代化国家新征程，将加快构建以国内大循环为主体、国内国际双循环相互促进的新发展格局作为"重塑我国国际合作和竞争新优势的战略抉择"，③ 并进一步强调"充分发挥市场在资源配置中的决定性作用，更好发挥政府作用，推动有效市场和有为政府更好结合"。④ 2022年10月，习近平在党的二十大上提出了新时代新征程中国共产党的使命任务，并继续强调"充分发挥市场在资源配置中的决定性作用，更好发挥

---

① 《促进民营经济发展壮大》，《人民日报》2023年4月25日。
② 《中共中央、国务院关于新时代加快完善社会主义市场经济体制的意见》，http://www.gov.cn/zhengce/2020-05/18/content_5512696.htm，2020-05-18。
③ 《总书记同专家座谈了事关中国未来的重大问题》，http://www.xinhuanet.com/politics/leaders/2020-08/25/c_1126411575.htm，2020-08-25。
④ 《中共中央关于制定国民经济和社会发展第十四个五年规划和二〇三五年远景目标的建议》，http://www.xinhuanet.com/mrdx/2020-11/04/c_139489949.htm，2020-11-04。

政府作用"。① 新时代新征程上,"充分发挥市场在资源配置中的决定性作用,更好发挥政府作用,推动有效市场和有为政府更好结合",是构建高水平社会主义市场经济体制和推动高质量发展的根本要求与核心任务,也是加快推进中国式现代化的内在要求,我们要系统、完整、准确领会这一要求与任务。

第六节 本章小结

马克思主义具有科学认识和正确处理政府与市场关系的深厚思想基础,且从理论走向实践,一脉相承、与时俱进,认识不断深化。马克思和恩格斯基于唯物史观、马克思主义政治经济学和科学社会主义的相关论述深深内蕴着政府与市场关系的科学思想,但尚未付诸实践;列宁、斯大林继承并发展了马克思和恩格斯这一基本思想,并将理论应用于本国的社会主义建设实践,形成了关于政府与市场关系的思想,对中国产生了重大且深远的影响;中国马克思主义在探索适合中国国情的社会主义建设、改革和发展道路过程中形成了系统的政府与市场关系思想,并站在人民立场,从理论和实践结合上进行了一脉相承且与时俱进的阐述,彰显了中国特色、中国风格和中国气派。

其一,从唯物史观和唯物辩证法来看。

在世界观和方法论上,我们科学认识和正确处理政府与市场关

---

① 习近平:《高举中国特色社会主义伟大旗帜 为全面建设社会主义现代化国家而团结奋斗——在中国共产党第二十次全国代表大会上的报告》,http://www.news.cn/politics/cpc20/2022-10/25/c_1129079429.htm,2022-10-25。

系必须以唯物史观和唯物辩证法为根本遵循。具体来说，(1)要从生产力与生产关系、经济基础与上层建筑矛盾运动规律上科学认识和正确处理政府与市场关系。在人类社会发展过程中，生产力与生产关系、经济基础与上层建筑的矛盾作为社会基本矛盾，决定着其他社会矛盾的存在和发展。其中，生产力与生产关系的矛盾又是更为根本的矛盾，也即是"一切历史冲突的根源"，是人类社会发展的根本动力。对政府与市场关系的把握，只有遵循这一矛盾运动规律，才更为科学、符合人类社会发展规律。一方面，要通过政府作用与市场作用"双作用"的充分发挥，"让一切劳动、知识、技术、管理、资本的活力竞相迸发，让一切创造社会财富的源泉充分涌流"，① 促进社会生产力的高度发展；另一方面，又要以人的自由全面发展和共同富裕为旨归，在社会生产力的发展过程中，通过政府与市场"双作用"的动态调整，不断变革社会的生产关系和上层建筑，以更好推动生产关系与生产力、上层建筑与经济基础相适应并反作用于社会生产力。(2)要从理论与实践相结合上科学认识和正确处理政府与市场关系。人类社会在本质上是实践的。"马克思主义是实践的理论……实践性是马克思主义理论区别于其他理论的显著特征。"② 马克思主义正是从理论与实践结合的高度深刻阐明了实现人类解放的道路和力量。也正是从理论与实践结合上，列宁实施了新经济政策，丰富和深化了商品经济理论，对社会主

---

① 中共中央文献研究室：《十八大以来重要文献选编》（上册），中央文献出版社2014年版，第512页。
② 中共中央文献研究室：《十九大以来重要文献选编》（上册），中央文献出版社2019年版，第424页。

义利用市场机制发展生产力进行了初步探索；斯大林基于苏联经济建设实践从理论上系统阐述了苏联社会主义经济问题，对经济规律和商品经济有了新认识；以毛泽东、邓小平、江泽民、胡锦涛、习近平为代表的中国共产党人，曾多次反复强调要实现马克思主义同中国实际的创造性结合，既要坚持马克思主义基本原理，又要不断推进马克思主义理论创新，总结中国经验，创造中国自己的理论，对政府（计划）与市场关系进行了创新性探索。(3) 要从一般与特殊相结合上科学认识和正确处理政府与市场关系。一方面，既重视市场在资源配置中的作用，强调利用市场调节促进资源的最优配置，又强调用政府"看得见的手"去弥补市场"看不见的手"的缺陷，这是实行市场经济的国家在发展经济时要遵循的一般规律；另一方面，不同的历史情境、不同的生成方式、不同的制度要求、不同的发展阶段等都必然使政府与市场关系呈现不一样的图景，在政府与市场"双作用"发挥的依据、领域及组合方式上也会考虑一般与特殊这双重层面。因而社会主义市场经济中的政府与市场关系，既会体现出市场经济一般的要求，也会体现出社会主义制度的特殊要求，利用市场机制发展社会主义社会生产力。

其二，从马克思主义政治经济学来看。

马克思主义政治经济学，站在历史的高度，以人类社会为立足点，从生产方式这一基础前提出发，对人类社会经济发展本质与规律的探寻，蕴含着关于政府与市场关系的科学思想，是我们科学认识和正确处理政府与市场关系的根本指导理论。具体来说，(1) 要从社会化大生产规律的客观要求上科学认识和正确处理政府与市场关系。一方面，市场经济是社会化大生产规律使然，市场经济随着社会化大生产程度的提高和范围的扩展而发展着，同时推进了社会化生产力的发展和社会化生产关系的变革。社会主义市场经济是市场经济的高级阶段，旨在通过社会化生产力与社会化生产关系的有机结合，既能充分发挥市场经济的优势，又能克服市场经济的缺陷，也即发挥社会主义制度和市场经济的双重优势且形成合力。另一方面，政府作用和市场作用"双作用"的辩证统一及充分发挥是社会化大生产规律的客观要求。社会分工之间联系的大量的形式以及社会化大生产诸多阶段之间的有机衔接，需要通过市场来实现并由市场机制来调节，也即要充分发挥市场在资源配置中的决定性作用。生产社会化程度的不断增强致使国民经济各部门之间的联系越来越紧密、相互依赖性越来越强，这就愈加需要政府通过科学的宏观调控对经济活动进行有计划的自觉调节与控制以实现国民经济按比例发展，愈加需要坚持与完善中国特色社会主义基本经济制度等以克服资本逻辑下的市场失灵，也即要更好发挥政府作用。（2）要从马克思主义视域中的资本逻辑、市场与全球化上科学认识和正确处理政府与市场关系。市场和全球化是资本逻辑的内生变量，马克思主义是将资本逻辑、市场与全球化置于唯物史观视域中唯物辩证地看待的，一方面，承认其有利于生产力的发展和社会关系的发展，且孕育着的新的社会经济因素，也即有利于社会主义制度的各种要素的创造；另一方面，又从人类社会历史发展一般规律和大势出发，深刻剖析了资本主义制度下资本逻辑、市场与全球化的结合所造成的一系列极其严重且自身难以克服的弊端，内蕴着对资本主义制度下政府与市场关系的本质批判及对共产主义社会政府与市场关系的建构。总之,资本逻辑、市场与全球化为人类社会发展带来的是文明化和野蛮化双重影响和趋势,这启示与指引着我们要全面、深刻认识资本主义市场经济与社会主义市场经济中政府与市场关系之异同,尤其是本质区别,将政府与市场置于唯物史观视域中进行唯物辩证把握,从而形成社会主义国家对政府与市场关系的新认识和新实践。总体来说,要在马克思主义政治经济学理论指导下,遵循社会化大生产规律,基于经济发展现实需要,一方面,强调要发展多种经济成分、利用市场经济和市场调节,作为有用的工具,解放和发展社会生产力,为社会主义服务;另一方面,基于对资本逻辑、市场与全球化利弊的科学分析及辩证把握,又强调要发挥社会主义国家党和政府的积极作用,在"对有益的加以利用"的同时"对有害的也要加以限制"。当然,在具有创新性的同时,实践中也存在着一些局限性和不彻底性,对此,我们要历史地、辩证地看,并不断总结经验与教训。

其三,从发展阶段来看。

站在历史的高度,以唯物史观和唯物辩证法的世界观和方法论来观照,政府与市场关系在不同发展阶段呈现出不同的组合模式。具体来说,(1)基于市场经济的一般规律要求,市场经济的发育成长历经了前资本主义社会、资本主义社会和社会主义社会这三个阶段。资本主义市场经济是市场经济成熟及发达阶段,市场经济的优势和缺陷均充分彰显,而生产社会化与生产资料私人占有之间的基本矛盾又使得资本主义社会根本无法克服市场经济的缺陷,以至于社会不平等、两极分化及经济危机必然产生和加剧；而社会主义市场经济是市场经济的高级阶段，旨在通过社会化生产力与社会化生产关系的有机结合，既能充分发挥市场经济的优势，又能克服市场经济的缺陷，也即发挥社会主义制度和市场经济的双重优势且形成合力。那么，在生产力还很不发达的社会主义初级阶段实行市场经济，在政府与市场关系处理上就必然要求：一方面，由于社会化大生产的规律要求和发展阶段所限，从技术和工具的层面可以部分借鉴资本主义市场经济的相关研究成果及实践操作经验；另一方面，也要认识到资本主义市场经济在政府与市场关系处理上所具有的阶级本质及局限性，不能把它作为处理社会主义市场经济中政府与市场关系的指导，社会主义国家对市场失灵的分析会愈加深入本质，对政府作用发挥的依据和领域也会考虑到基本经济制度的内在要求和市场经济规律的一般要求这双重层面，从生产力发展和生产关系变革的辩证统一、目的和手段的辩证统一这两个维度对政府与市场关系加以双重把握，力求以社会主义市场经济的独特优势克服资本主义市场经济的局限，并以人类社会为立足点，在更高层次上探索政府与市场关系的逻辑演进。（2）即使同是社会主义社会中的市场经济，政府与市场关系也会随着生产方式的发展而变化，并根据经济社会发展阶段和发展程度的不同而呈现不同的组合模式。马克思、恩格斯关于共产主义社会的阶段划分及我国社会主义初级阶段理论等已蕴含了这一基础思想，列宁、斯大林和中国化的马克思主义关于政府与市场关系的论述中也已鲜明体现。正如马克思所说，"一个社会即使探索到了本身运动的自然规律……它仍然不能跳过、不能用法令取消自然的发展阶段。不过它能缩短、能减轻分娩的痛苦"。① 因而,我们要从根本上认识到政府与市场关系的历史性,从发展阶段上科学把握政府与市场关系逻辑演进的历史脉络和规律,把发展的普遍性和特殊性有机结合起来。

---

① 《马克思恩格斯文集》(第5卷),人民出版社2009年版,第9—10页。

第三章　新时代中国政府与市场关系的历史逻辑

政府与市场关系（在党的十四大之前，一般是以"计划与市场关系"来表述），作为我国经济体制改革的核心，就中华人民共和国成立尤其是改革开放以后特别是党的十八大以来的历史来说，始终是在党的领导下、基于人民立场与实践原则、围绕着中国如何建成社会主义现代化强国而不断调整与演变的。而且，基于马克思主义辩证逻辑的分析理路，不同的历史情境、不同的生成方式、不同的制度要求、不同的发展阶段，势必使我国的政府与市场关系呈现与西方国家政府与市场关系不一样的图景。对于我国政府和市场关系演进的历史进程与内在逻辑及基于此所产生的创新性，也是学界较为关注的论题，但究竟如何定位和阐释才更为科学合理，符合中国实际，目前并未形成共识甚或莫衷一是；而且，较多关于历史与逻辑的梳理尚停留于表面现象的描述，不能说已真正寻出马克思主义视域下的规律及深层的理论根源与现实所需。但弄清这个问题却极为重要且急迫。鉴于此，本书站在新的历史起点上，以马克思主义的立场、观点和方法，结合经济史与经济思想史，结合党史国史、中国特色社会主义制度及时代背景和主要争论，对新时代中国政府与市场关系既一脉相承又与时俱进的历史逻辑进行系统梳理与总结，并进而形成一些规律性的认识，以期有益于在新时代新征程上更好地处理政府与市场关系。

若想更好地梳理改革开放以来我国政府和市场关系的演进历程，必须用辩证逻辑处理历史材料，注重历史性的联系和变化，先对改革开放以前的状况作一个简要回顾。

我国关于政府与市场关系的理论研究和实践探索滥觞于20世纪50年代初，深入开展于改革开放时期。其实，早在新民主主义时期，毛泽东等人就体现出关于发展多种经济成分和利用市场调节的思想。在新中国过渡时期和社会主义建设初期，毛泽东在领导社会主义经济建设的实践中提出了诸多重要论断，如以苏为鉴，探索一条适合中国国情、具有中国特点的社会主义建设道路；创造中国自己的政治经济学理论；利用商品生产、商品交换和价值法则，作为有用的工具，为社会主义服务；要运用唯物史观和唯物辩证法来研究；社会主义经济是为人民服务的经济；注重综合平衡等。其符合中国实际的社会主义经济思想及对建立符合中国实际的经济体制的探索，对改革开放以来我国建立社会主义市场经济体制有着极大的理论先导作用。此外，刘少奇、张闻天、陈云等人也都对中国特色社会主义经济建设进行了艰辛而可贵的探索，并形成了诸多符合当时中国实际的有关"政府（计划）与市场关系"的正确认识。

但随着后来新中国的社会主义事业慢慢滑向"左"的轨道，在经济领域，由于囿于从制度层面上认识和看待市场和计划的传统思想观念，高度集中的计划经济体制得到了逐步强化并成为那个时期的主导，较少涉及引入市场的经济体制改革，政府在资源配置中占据主导地位，俨然成为一个无所不包、无所不能的"全能型"政府，市场几乎被排挤在资源配置之外，"强政府、弱市场"的关系格局就此形成。其实在某种程度上，这也不符合社会化大生产规律及"三形态"理论与东方社会理论所蕴含的科学思想尤其是方法论。除了认识上的问题，还有两个重要原因，一是出于当时政治斗争的需要；二是出于刚历经百年战乱、西方封锁及传统农业为主且生产力极为落后的经济基础等这样一个严峻的国内外形势下快速推进国民经济发展的需要。总之，基于自上而下的指令性计划的高度集中的计划经济体制的形成，是内因与外因、主观与客观等多种综合因素所致。

就影响和结果来说，一方面，宏观和微观层面的弊端均日益凸显：由于政府计划管得太多太死，市场激励机制失效，企业和劳动者的积极性、创造力和竞争力被高度窒息和扼杀，经济活力极度不足且形成了"一统就死，一放就乱"循环怪圈，经济结构严重失调，发展速度越来越缓慢，社会生产力水平也越来越落后，"短缺"经济特征明显，人民生活消费的自主性、个性化、差异化和丰实度等需求几乎得不到满足。尤其是到了20世纪70年代后期，这种弊病越来越突出，国民经济几乎处于崩溃边缘，与发达国家的经济社会发展差距也越来越大，贫穷落后状况亟待改变，中国政府面临较大压力。另一方面，也要看到，当时基于国家安全、人民生活、社会稳定等考虑，这种体制下的强政府在经济社会全面发展中也发挥了极为重要的积极作用，成效显著，如短时期内就快速建立起了强大的重工业和较为完整的现代工业体系，经济结构也因此发生了很大的变化，国民经济很快恢复，经济实力也很快得到增强；强调社会主义必须重视社会集体福利事业，在医疗卫生、住房和教育等公共服务领域建立了全国性的社会福利保障制度；等等。这对我们正确认识与处理改革开放以来我国经济体制改革中的相关问题以更好地把握政府与市场关系，也具有重要启示意义。

毛泽东说过："我们有两种经验，错误的经验和正确的经验。正确的经验鼓励了我们，错误的经验教训了我们。"① 邓小平也说过："三中全会以后，我们就是恢复毛泽东同志的那些正确的东西嘛，就是准确地、完整地学习和运用毛泽东思想嘛。基本点还是那些。从许多方面来说，现在我们还是把毛泽东同志已经提出、但是没有做的事情做起来，把他反对错了的改正过来，把他没有做好的事情做好。今后相当长的时期还是做这些事。当然，我们也有发展，而且还要继续发展。"②

总之，我们要历史地、辩证地看，无论就原因还是结果；唯此，才能具有足够的全面性、深刻性和客观性，才能看到历史的联系和变化，才能理解改革开放前和后的一脉相承、与时俱进，才符合马克思主义的世界观与方法论，方见本质、方得真理、方寻规律。

站在新的历史起点上，回望改革开放以来我国政府与市场关系历史与逻辑的演进历程，大致可划分为"探索与过渡期""建立与发展期"和"深化与完善期"三个时期。

第一节 探索与过渡期（1978—1992 年）

20 世纪 70 年代末，社会主义建设实践的严重教训，促使人们

---

① 《毛泽东文集》（第 8 卷）, 人民出版社 1999 年版, 第 338 页。
② 《邓小平文选》（第 2 卷）, 人民出版社 1994 年版, 第 300 页。

开始了对高度集中的计划经济体制弊端的深刻反思，也意识到了商品生产与商品交换、市场、价值规律等对促进我国经济发展的重要作用和意义，客观事实表明"经济体制改革势在必行"。但在当时"普遍看法是'市场经济等同于资本主义，社会主义等同于计划经济'""连农民在自留地上种的农作物、养猪养鸡都被认为是'资本主义的尾巴'"这么一个极为严肃的意识形态下，要突破传统的计划经济理论桎梏是何其难；而若不进行理论上的突破，要想从根本上改革当时中国的计划经济体制则又是不可能的。理论与实践的矛盾与冲突愈加凸显。邓小平等党和国家领导人从社会主义现代化建设的大局出发，倡导"实事求是"，明确而坚定地支持把实践作为检验真理的唯一标准；"实践是检验真理唯一标准"的大讨论为最终突破计划经济理论桎梏奠定了思想基础，提供了深刻理论依据，鲜明体现了对实践原则的坚持和贯彻。于是，从 20 世纪 70 年代末 80 年代初，在党和政府的带领和主导下，中国人民带着强烈的改革意识，围绕"社会主义等同于计划经济吗""社会主义可不可以搞商品经济（市场经济）"及"计划与市场"等问题，从理论和实践两个层面进行积极探索与推进，开启了我国经济体制的深刻变革，也开启了我国计划（政府）与市场关系的新格局。

根据计划（政府）与市场关系的变化，可以将这一历史时期分为两个阶段。

一、计划经济为主、市场调节为辅

1978 年 12 月召开的党的十一届三中全会，站在人民的立场，从人民最大、最根本的利益出发，重新确立了党的解放思想、实事求是的思想路线，做出了把党和国家的工作重心转移到社会主义现代化建设上来、实行改革开放的伟大战略决策，把思想路线和社会主义现代化建设紧密联系起来。我国经济体制改革自此真正开启，这也是我国从理论与实践结合上重新探索计划（政府）与市场关系的开端。党的十一届三中全会深刻总结了高度集中的计划经济体制的严重弊端，明确指出："现在我国经济管理体制的一个严重缺点是权力过于集中，应该有领导地大胆下放，让地方和工农业企业在国家统一计划的指导下有更多的经营管理自主权；应该着手大力精简各级经济行政机构，把它们的大部分职权转交给企业性的专业公司或联合公司；应该坚决实行按经济规律办事，重视价值规律的作用。"[1]

党的十一届三中全会之后，邓小平、陈云、李先念等党和国家领导人在不同场合、从不同角度对计划（政府）与市场关系的有关问题进行了唯物辩证的思考和阐发。1979年11月26日，邓小平在会见外宾时进一步阐释指出："说市场经济只存在于资本主义社会，只有资本主义的市场经济，这肯定是不正确的。社会主义为什么不可以搞市场经济，这个不能说是资本主义。我们是计划经济为主，也结合市场经济，但这是社会主义的市场经济。"[2] 1979年3月8日，陈云谈道："苏联或中国的计划工作制度中出现的主要缺点：只有'有计划按比例'这一条，没有在社会主义制度下还必须有市场调节这一条……整个社会主义时期必须有两种经济：计划经济部

---

[1] 中共中央文献研究室：《三中全会以来重要文献选编》（上册），人民出版社1982年版，第6—7页。
[2] 《邓小平文选》（第2卷），人民出版社1994年版，第236页。

分和市场调节部分……第一部分是基本的主要的；第二部分是从属的次要的，但又是必需的。"① 这一思想为社会主义条件下市场调节的必要性提供了科学依据。陈云又进一步提出了"鸟笼经济"思想，指出"搞活经济是在计划指导下搞活"，而且认为，计划与市场的关系在经济整体发展中的比例不一定是此消彼长，而很可能是相互地增长和发展。② 1979年4月5日，李先念在中央工作会议上使用了这样的表述："在我们的整个国民经济中，以计划经济为主，同时充分重视市场调节的辅助作用。"③ 这些在当时属突破性的理论认识，极大推动了市场化改革实践的展开。

于是，从理论上进行思考和阐发的同时，"计划指导结合市场调节"的实践探索也在积极推进。如1978年第四季度，四川省六家地方国营工业企业在全国率先进行了"扩大企业自主权"的试点；根据四川试点经验，1979年5月，国家经委、财政部等六部委决定在京津沪三地选择八家企业进行"扩大企业自主权"的试点。1979—1980年，根据中央统一部署，广东、福建率先在全国进行经济体制改革试点，重点是在对外经济活动中实行特殊政策和灵活措施。这其中就包括"物资、商业在国家计划指导下适当利用市场的调节"。④ 1980年5月，中共中央、国务院对广东、福建的试点工作给予了高度肯定，将基于两省试点工作总结的会议纪要批转全国各地，并明确指出："这次会议总结的经验和提出的措施是可行的，

---

① 《陈云文选》（第3卷），人民出版社1995年版，第244—245页。
② 同上书，第320页。
③ 《李先念文选》，人民出版社1989年版，第372页。
④ 中共中央文献研究室：《新时期经济体制改革重要文献选编》（上册），中央文献出版社1998年版，第43页。

要认真贯彻落实",[1] 以鼓励和指导全国其他地区、国民经济其他领域的改革探索实践。这一时期,全国各地的经济体制改革试点工作也逐步展开,如扩大农民自主权和企业自主权、价格改革、恢复与塑造市场主体等,高度集中的计划经济体制开始发生松动,市场要素重新生成,市场调节作用逐步发挥。

经济体制改革试点工作取得的经验,对党和政府进一步认识计划(政府)与市场关系、加快推动经济体制改革进程起到了重要作用。经过理论与实践上的酝酿和准备:

1981年党的十一届六中全会提出"必须在公有制基础上实行计划经济,同时发挥市场调节的辅助作用。要大力发展社会主义的商品生产和商品交换"。[2] 1982年党的十二大进一步明确提出"正确贯彻计划经济为主、市场调节为辅的原则,是经济体制改革中的一个根本性问题",[3] 即所谓"主辅论",对市场在资源配置中的地位和作用给予了明确肯定,彻底突破了完全排斥市场调节的传统计划经济观念。随后,1982通过的《中华人民共和国宪法》,在明确肯定"国家在社会主义公有制基础上实行计划经济"的同时,规定"国家通过经济计划的综合平衡和市场调节的辅助作用,保证国民经济按比例地协调发展"。[4] 但这时,关于经济体制的整个认识,

---

[1] 中共中央文献研究室:《新时期经济体制改革重要文献选编》(上册),中央文献出版社1998年版,第42页。

[2] 中共中央文献研究室:《三中全会以来重要文献选编》(下册),人民出版社1982年版,第841页。

[3] 中共中央文献研究室:《十二大以来重要文献选编》(上册),人民出版社1986年版,第22—23页。

[4] 同上书,第190页。

还是把计划经济作为社会主义的主要特征，以坚持计划经济体制为大前提的，还需要再突破。

于是，1984年党的十二届三中全会通过的《中共中央关于经济体制改革的决定》提出"要突破把计划经济同商品经济对立起来的传统观念""商品经济是社会主义经济发展不可逾越的阶段，社会主义经济是在公有制基础上的有计划的商品经济""只有充分发展商品经济，才能把经济真正搞活""社会主义经济同资本主义经济的区别，不在于商品经济是否存在和价值规律是否发挥作用，而在于所有制不同，在于剥削阶级是否存在，在于劳动人民是否当家做主，在于为什么样的生产目的服务""必须实事求是地认识到，在很长的历史时期内，我们的国民经济计划就总体来说只能是粗线条的和有弹性的，只能是通过计划的综合平衡和经济手段的调节，做到大的方面管住管好，小的方面放开放活，保证重大比例关系比较适当，国民经济大体按比例地协调发展"等重要新论断，① 这些新论断从根本上扭转了长期以来把商品经济同社会主义和计划经济对立起来的错误思想观念，是社会主义经济理论上的重大突破，也成为此后一个时期"我国经济体制改革的基本理论依据"，② 为经济体制改革和社会主义经济发展开辟了广阔的道路，实现了巨大跨越。邓小平对此高度评价，"这次经济体制改革的文件好，就是解释了什么是社会主义，有些是我们老祖宗没有说过的话，有些新

---

① 中共中央文献研究室：《改革开放三十年重要文献选编》（上册），中央文献出版社2008年版，第350页。
② 中共中央文献研究室：《十三大以来重要文献选编》（上册），人民出版社1991年版，第23页。

话",①"写出了一个政治经济学的初稿,是马克思主义基本原理和中国社会主义实践相结合的政治经济学"。② 同时,理论界关于社会主义与商品经济、计划经济与商品经济、计划调节与市场调节的关系等问题的讨论,也为经济体制改革的启动做出了重要的理论铺垫。

与此同时,实践上的探索也逐步展开。

一方面,从逐步发挥市场调节作用来看。主要内容包括:(1)恢复与塑造市场主体。经济运行主体真正成为自主的市场主体,是市场在资源配置中发挥作用的前提条件。体制内扩权与体制外补充同时进行,具体措施包括:其一,扩大企业自主权。为使国有企业摆脱行政束缚而成为"自主经营、自负盈亏、自我发展、自我制约"的市场主体,城市国有企业改革推行"放权让利"和"利改税"的改革措施。其二,扩大农民自主权。《关于加快农业发展若干问题的决定(草案)》提出"大幅度提高农副产品价格,增加农民收入;保障生产队的经营自主权;实行多种形式的生产责任制"等政策措施。1983年4月颁布的《当前农业经济政策若干问题》明确肯定了家庭联产承包责任制是社会主义集体所有制中"分散经营和统一经营相结合的经营方式""分户承包的家庭经营只不过是合作经济中的一个层次"。③ 在中央的肯定与支持下,以

---

① 《邓小平文选》(第3卷),人民出版社1993年版,第91页。
② 方松华、陈祥勤、姜佑福:《中国马克思主义学术史纲》,学林出版社2011年版,第223—230页。
③ 中共中央文献研究室:《新时期经济体制改革重要文献选编》(上册),中央文献出版社1998年版,第168—187页。

"双包"为形式的家庭联产承包责任制在全国范围内全面铺开，突破了"一大二公""大锅饭"的旧体制，迈出了农村经济体制改革的第一步。农民家庭在市场中的生产经营主体地位得以恢复，自主权得到保障，压抑多年的农民积极性充分迸发。其三，恢复发展非公经济。1979年3月，考虑到当时的就业问题和社会安定，党中央、国务院向各地转发了全国工商行政管理局局长会议的报告，提出"各地可以根据当地市场需要，在取得有关业务主管部门同意后批准一些有正式户口的闲散劳动力从事修理、服务和手工业者个体劳动，但不准雇工"；1980年8月，中央又宣布："鼓励和扶持个体经济适当发展"。随着政策层面的逐步放松、鼓励与扶持，体制外经济产生并迅速发展起来。总之，随着市场主体的恢复与塑造，市场作用的范围也越来越大。（2）探索引入市场调节机制，逐步扩大市场调节的范围。价格机制是市场调节机制中最敏感、最有效的核心机制，它是价值规律、供求规律和竞争规律的共同体现，价格的变动对整个社会经济活动有十分重要的影响。价格问题，是处于商品经济中枢地位的问题，价格改革也是整个经济体制改革的关键。为此，国家逐步放开对工农业产品价格的控制、推进价格改革，如1979年允许农民完成统购任务后的剩余农产品，可以按市场价自行到集市上出售；1981年，允许油田超基数生产的原油，可以按照国际市场的价格自行出口；1982年放开了工业品中100种小商品价格，以后逐年扩大放开品种范围；1983年，对22个矿务局实行了超核定能力生产的煤炭加价25%—50%的政策。这样，就出现了所谓的"双轨价格"——计划价格和市场价格。虽然价格双轨制改革中也存在一些问题与风险，造成一些混乱（如黑市交易、计划指标难以执行等），但总体来说，这一逐步过渡式的办法（双轨制"放调结合、增量渐进"的逐步过渡理念与邓小平"摸着石头过河"战略可谓不谋而合），打破了指令性计划一统天下的僵死局面，价格机制等市场调节机制在资源配置中的作用越来越大。（3）起步对外开放，从国内与国外双重视野考虑对资源与市场的开发与利用。1979年1月，邓小平指出："搞建设，门路要多一点，可以利用外国的资金和技术，华侨、华裔也可以回来办工厂。"[①]1979年7月《中华人民共和国中外合资企业法》获得通过，明确承诺保护外国财产的安全，随后国务院又陆续颁布了其他相关法规，给予外商多方面的优惠待遇，这在当时是极具开创性的；1980年5月中共中央、国务院正式确定在深圳、珠海、汕头、厦门试办"经济特区"，1984年5月中共中央、国务院又决定开放14个沿海港口城市，对外开放区域从"点"连成了"面"，对外开放区域实行特殊政策和灵活措施，拓宽了中国经济建设的资金、技术、产品渠道，增加了中国经济的组织类型，使中国走上了充分利用国外资源、国外市场发展自己的道路，从而有力推动了市场化改革的进程。总体来说，这一时期多方面的改革举措奠定了发挥市场调节作用的微观经济结构和制度基础。

另一方面，从逐步调整政府计划来看。主要内容包括：（1）加强统一认识，坚决对国民经济进行调整。中央高层领导形成共识"我们搞现代化，一定要从中国的国情出发"。1979年4月28日，中共中央通过了对整个国民经济实行"调整、改革、整顿、提高"

[①]《邓小平文选》（第2卷），人民出版社1994年版，第156页。

的方针，主要包括四个方面的调整：一是调整农业和工业的关系，集中精力把农业搞上去；二是调整轻、重工业的比例，加快轻纺工业的发展；三是广开就业门路，千方百计解决劳动力安排问题；四是降低积累率，切实改善人民生活。这个重要论断舒缓了中国经济长期形成的结构性矛盾以及由此引发的社会性危机，为转型发展奠定了基础、创造了条件。但因起初全党认识很不一致，也很不深刻，所以执行得很不得力。为了经济调整方针切实贯彻落实下去，陈云在1980年12月召开的中央工作会议上批评了中华人民共和国成立以来经济工作中"左"的错误，对经济工作提出了十四点意见，并强调指出"调整意味着某些方面的后退，而且要退够，不要害怕这个清醒的健康的调整"。[①] 对此，邓小平完全同意，非常支持，并进一步阐释道，"这就是实事求是……要全国人民思想统一起来……我们要向人民说清楚，不进一步调整为什么不行，调整中可能出现什么问题，调整好了会带来什么问题。这样，人民才会理解进一步调整的必要，才会相信党和政府。确实是为全体人民的根本利益着想，是为稳步实现现代化的利益着想，才会支持我们"。[②] 到1982年底，经过连续三年的经济调整，主要经济比例关系如三次产业结构、积累和消费的比例、财政收支平衡等方面趋于合理，市场繁荣兴旺，经济效益提升，人民生活得以改善。更为重要的是，这次经济调整摆脱了"左"的影响，为改革的进一步实施准备了比较宽松的环境、提供了良好的群众基础和一定的物质条件，具有重要历史意义。（2）转变经济建设指导思想，力促经济转型发

[①]《陈云文选》（第3卷），人民出版社1995年版，第282页。
[②]《邓小平文选》（第2卷），人民出版社1994年版，第355—356页。

展。随着国民经济调整方针的贯彻执行，党和国家在经济建设指导思想上也出现了重大转变，主要体现在：一是强调一切经济活动都要以提高经济效益为中心，努力求得经济的长期稳定增长。二是纠正一味追求速度的思想，更加注重按比例发展，更加注重人民生活的改善。三是提出把发展经济和发展科技有机结合起来，把增加生产的方法从主要依靠扩大基本建设规模转到更多地依靠科技进步。四是在自力更生的前提下，按照平等互利的原则，坚持对外开放政策，利用国内和国外两种资源，开拓国内和国外两个市场，学会管理国内经济和开展对外经济贸易两套本领。总体来说，在经济发展战略和发展方式上，实现了成功转型。（3）改变计划管理方式。随着20世纪70年代末80年代初的国民经济调整及国家经济建设指导思想的转变，计划管理方式也相应发生改变，尤其体现在"六五"计划中。具体来说，一是迅速纠正追求高指标的错误。二是以经济效益为中心，调整经济结构。三是逐步改变单一的指令性计划。四是"六五"计划相较于前几个五年计划，除了国民经济发展计划外，还新增了社会发展内容，因而计划名称改为《中华人民共和国国民经济和社会发展第六个五年计划》。这标志着我国的计划管理在指导思想、制定方式、计划类型和计划内容等方面发生了重大转变，摆脱了"左"的错误，开始注重从中国实际出发，量力而行、综合平衡、循序渐进。

总体来说，虽然初期的这些改革措施总体还局限在计划经济体制的范围内，也存在一些问题或带来了一些新问题，但毕竟在计划经济体制上打开了一个个缺口，为市场的生成和发育提供了一定的空间和条件。

二、计划与市场都是经济手段，内在统一

其实，1984 年《中共中央关于经济体制改革的决定》有关"社会主义经济是在公有制基础上的有计划的商品经济"的新论断以及之后的实践探索，已经为计划（政府）与市场关系的进一步突破奠定了良好的思想、理论和实践基础，也迫切需要党和政府及时做出新的理论归纳和总结。基于此 1987 年党的十三大提出"要善于运用计划调节和市场调节这两种形式和手段""建立计划与市场内在统一的体制"，并把所要建立的新的经济运行机制概括为"国家调节市场，市场引导企业"，在计划（政府）与市场关系上跳出了"主辅论"的框架，实现了基于"内在统一"的新突破，并为后来彻底摆脱"计划和市场都具有特定社会属性"的僵化认识起了重要作用，进而推动着改革向更加广阔、深刻的阶段发展。

此后两年间，理论界在所有制、生产经营管理体制、流通体制、价格体制、分配体制、投资体制、财政体制及对外开放等诸多方面改革也有了新的理论认识，形成了一批系统性的研究成果，有力地支持和推进了此时期计划（政府）与市场关系的新认识和新实践。

与此同时，实践上的探索也在新的认识及前期改革实践的基础上继续前行。

一方面，进一步扩大和突出了市场机制的作用。主要内容包括：(1) 国有企业的经营自主权得以强化。遵循政企分开、所有权和经营权相分离的改革思路，以"上缴国家利润、包完成技术改造任务、实行工资总额与经济效益挂钩"为基本内容的承包经营责任制作为国企改革的一种主要形式，在全国迅速推广开来。到 1988

年底，实行承包责任制的企业占到全国预算内工业企业的 90%。此外，这一时期还对部分企业进行了股份制、租赁制、资产经营责任制、破产制及企业集团化等多种形式的探索。（2）价格体制改革加快。虽然经历了 1988 年"价格闯关"的失败，但总体还是按照"以放为主"的思路，不断减少价格控制。如小商品价格全部放开，"粮、棉、油、各类副食品的收购价格，原油、煤炭、有色金属和部分钢材等的出厂价格，公共交通及货物运输等的价格"都得以提高等。1990 年与 1984 年相比，国家定价的商品由 67.5% 下降为 30.0%，国家指导价由 14.4% 上升为 25.5%，市场调节价由 18.1% 上升为 45.0%。① （3）非公经济快速成长。党的十三大明确承认私营经济的合法存在和发展，并提出党对"私营经济的基本政策是鼓励、保护、引导、监督和管理"。此外，"三资"企业作为对外开放、引进的手段，也保持高速增长，数量从 1980 年的七个飞速增长至 1991 年的 37 215 个。② 到 20 世纪 90 年代初，中国经济的类型已经有九种。（4）资本市场问世。1988 年，民间出现了建立规范化证券市场的呼声。1988 年 11 月，中央财经领导在听取一个研究小组的相关汇报时形成了一些重要意见，如要采取"民间发起，政府支持"的方式，要同推进股份制结合起来，要从开始就注意市场监管和防范风险等，这是中央对证券市场问题首次正式表态。1990 年 12 月 1 日，深圳证券交易所试运行，12 月 19 日，上海证券交易所正式营业，这标志着中国证券市场——资本市场正式建立。

另一方面，计划继续调整，政府管理经济的方式出现多样化和

---

① 邹至庄：《中国经济转型》，中国人民大学出版社 2005 年版，第 57 页。
② 参见《中国对外经济统一年鉴 2004》，中国统计出版社 2004 年版。

间接化,"宏观调控"首次出现。主要体现在:(1)指令性计划退居次要位置。1987年党的十三大明确提出,"必须把计划工作建立在商品交换和价值规律的基础上""以指令性计划为主的直接管理方式,不能适应社会主义商品经济发展的要求""不能把计划调节和指令性计划等同起来,应当逐步缩小指令性计划的范围。国家对企业的管理应逐步转向以间接管理为主"。如"七五"计划已经体现出越来越"软"的特点,改变了过去单纯注重"数量指标"的倾向,开始重视整个经济体系和长远发展战略等宏观层面重大问题,新增了"国民生产总值"综合指标及三次产业的比重指标,也体现出对物质技术和人才等方面可持续发展能力及继续改善人民生活的关注。(2)综合运用多种手段的宏观调控体系初次显现。这一时期,在"放"的改革过程中也出现了忽视综合平衡和宏观调控的现象。因而从1984年以来中国就因急于求成和管理权限的急剧下放而出现了经济过热及比例严重失调现象,中央开始试着运用财政政策和货币政策加以干预,但效果并不是很好,经济随政策的松紧而忽冷忽热。从1988年开始,改革开放过程中持续积累的经济方面的问题和矛盾开始集中暴露,出现了物价上涨、信贷猛增、市场动荡等乱象,引发了经济的严重波动。1989年《中共中央关于进一步治理整顿和深化改革的决定》提出"逐步建立符合计划经济与市场调节相结合原则的,经济、行政、法律手段综合运用的宏观调控体系"。[①] 但总体来看,这个时期政府对宏观调控的驾驭还不是很好。对这一时期的经济运行状况及宏观调控,陈云曾这样总结

[①] 中共中央文献研究室:《改革开放三十年重要文献选编》(上册),中央文献出版社2008年版,第547页。

道:"在我们这样一个社会主义国家里,学习西方市场经济的办法,看来困难不少。……在改革中不能丢掉有计划按比例发展经济这一条,否则整个国民经济就会乱套。"[1] (3)政府机构改革开始推行,以求更好确定政府与市场的职能边界。为了从根本上改变高度集中的计划经济时期"全能政府"格局,适应经济体制改革的需要,自1988年开始,我国每隔五年就进行一次大规模的政府机构改革。虽然每一次政府机构改革在思路、举措和具体目标上都有所不同,但总体方向基本一致,即明确政府与微观经济主体的职能边界,转变和优化政府职能。如1988年国务院机构改革,体现出了对专业经济部门分钱分物、直接干预企业经营活动职能的弱化,对政府宏观调控和行业管理职能的增强,也即政府职能从方式上开始"弱化直接的微观管理,加强间接的宏观管理"。

1988年出现的经济过热、"抢购风潮"等经济混乱现象,使国民经济被迫转入"治理整顿",并引发了1989年的一场政治风波,人们思想上出现了一些困惑,社会上也出现了不少质疑改革的声音,理论界围绕"改革何去何从"展开了思想的激烈交锋,这对后来辩证认识计划(政府)与市场关系也起到了积极作用。面对这种情况,实践中的改革当然也陷入了"左不得,右不得,急不得,慢不得"的两难局面。[2]

站在十字路口,改革何去何从?邓小平等党和国家领导人基于史论实的结合,逐步做出了明确回答和方向指引。邓小平说:"改革开放这个基本点错了没有?没有错。没有改革开放,怎么会有今

---

[1]《陈云年谱(1905—1995)》(下卷),中央文献出版社2015年版,第471页。
[2] 陈锦华:《国事续述》,中国人民大学出版社2012年版,第107页。

天？这十年人民生活水平有较大提高，应该说我们上了一个台阶，尽管出现了通货膨胀等问题，但十年改革开放的成绩要充分估计。当然，改革开放必然会有西方的许多坏的影响进来，对此，我们从来没有估计不足。八十年代初建立经济特区时，我与广东同志谈，要两手抓，一手要抓改革开放，一手要抓严厉打击经济犯罪，包括抓思想政治工作。这就是两点论。但今天回头来看，出现了明显的不足，一手比较硬，一手比较软。一硬一软不相称，配合得不好。讲这点，可能对我们以后制定方针政策有好处。还有，我们要继续坚持计划经济与市场调节相结合，这个不能改。实际工作中，在调整时期，我们可以加强或者多一点计划性，而在另一个时候多一点市场调节，搞得更灵活一些。以后还是计划经济与市场调节相结合。"[1] 后来，江泽民提出"努力创造一种适合中国情况的、把计划经济和市场调节有机结合起来的社会主义商品经济运行机制"。[2] 李鹏在《关于制定国民经济和社会发展十年规划和"八五"计划建议的说明》中指出："对于计划经济与市场调节必须结合，而且能够结合，这一点在制定和执行政策时，不应当再有怀疑和动摇""现在的问题，不是要不要结合和能不能结合的问题，而是要进一步研究和探索怎么样才能把两者结合得更好的问题"。[3] 至此，从"要不要和能不能结合"到"相结合""有机结合""正确结合"，再到"怎样结合得更好"，有关计划与市场关系的认识不断深化。

---

[1]《邓小平文选》（第3卷），人民出版社1993年版，第306页。
[2] 中共中央文献研究室：《十三大以来重要文献选编》（中册），人民出版社1993年版，第69—70页。
[3] 同上书，第722—723页。

1991年初,邓小平进一步指出:"不要以为,一说计划经济就是社会主义,一说市场经济就是资本主义,两者都是手段,市场也可以为社会主义服务。"① 接着,江泽民在中国共产党成立 70 周年大会上又指出:"计划与市场,作为调节经济的手段,是建立在社会化大生产基础上的商品经济发展所客观需要的,因此在一定范围内运用这些手段,不是区别社会主义经济和资本主义经济的标志。"②经过长时间的观察和思考,1992年初,邓小平在著名的南方谈话中,从社会主义本质的高度对计划与市场的关系进行了深刻阐述:"计划多一点还是市场多一点,不是社会主义与资本主义的本质区别。计划经济不等于社会主义,资本主义也有计划;市场经济不等于资本主义,社会主义也有市场。计划和市场都是经济手段。社会主义的本质,是解放生产力,发展生产力,消灭剥削,消除两极分化,最终达到共同富裕。"③ 邓小平的这个精辟论断为中国经济体制的进一步改革指明了方向。

表 3-1 1978—1992 年我国计划与市场关系发展脉络

年份	标志性会议或事件	创 新 与 突 破
1978	党的十一届三中全会	深刻反思高度集中的计划经济体制弊端,提出坚决实行按经济规律办事,重视价值规律的作用;开启经济体制改革,重新探索计划经济与市场调节的结合。

---

① 《邓小平文选》(第3卷),人民出版社1993年版,第367页。
② 《江泽民文选》(第1卷),人民出版社2006年版,第155页。
③ 《邓小平文选》(第3卷),人民出版社1993年版,第373页。

续 表

年份	标志性会议或事件	创 新 与 突 破
1981	党的十一届六中全会	在公有制基础上实行计划经济,同时发挥市场调节的辅助作用;大力发展社会主义的商品生产和商品交换。
1982	党的十二大	计划经济为主,市场调节为辅;明确划分了指令性计划、指导性计划和市场调节各自的范围与边界。
1984	党的十二届三中全会	商品经济是社会主义经济发展不可逾越的阶段,社会主义经济是在公有制基础上的有计划的商品经济。
1987	党的十三大	计划与市场内在统一;国家调节市场,市场引导企业。
1989	党的十三届五中全会	计划经济和市场调节正确结合;相结合的程度、方式和范围,要经常根据实际情况进行调整和改进;建立经济、行政、法律手段综合运用的宏观调控体系。
1990	党的十三届七中全会	怎样才能把计划经济与市场调节两者结合得更好。
1992	邓小平南方谈话	计划多一点还是市场多一点,不是社会主义与资本主义的本质区别;计划和市场都是经济手段。

三、本节小结

总体来说,这一时期是传统的高度集中的计划经济体制向社会主义市场经济体制的过渡期,是计划(政府)与市场关系的探索期。基于对高度集中的计划经济体制弊端的深刻反思,在党和政府的带领与推动下,人们在意识形态上逐渐摆脱了"左"倾思想的束缚,基于人民立场与实践原则,围绕社会主义现代化建设,从理论与实践结合上重新探索计划与市场关系,开启了新时期计划与市场关系的中国实践。由于当时传统观念束缚、经验缺乏、理论认识不足及体制处于转轨期等各种因素,我国走的是"摸着石头过河"的渐进式改革之路。基于计划和市场两种调节形式和手段的内在统一与结合,共同发挥作用,"双轨制"成为这一时期我国计划与市场关系的主要特征。从"坚决实行按经济规律办事,重视价值规律的作用,探索计划经济与市场调节的结合"到"计划经济为主、市场调节为辅""社会主义经济是在公有制基础上的有计划的商品经济",再到"计划与市场内在统一""国家调节市场,市场引导企业",直至"计划和市场都是经济手段,不是社会主义与资本主义的本质区别,要进一步研究和探索怎么样才能把两者结合得更好",理论认识不断深化;同时,实践探索也积极推进、渐次展开,存量改革与增量改革共推,逐步扩大市场作用与逐步调整政府计划并行。这一时期取得了较为突出的成就,如从 1978 年到 1992 年,国民总收入从 3 678.7 亿元增长到 27 208.2 亿元,人均国内生产总值从 385 元增长到 2 334 元,经济效益快速提升,产业结构日趋合理,人民生活日益改善。① 虽然探索期间经历过一些经济混乱与风波,质疑、倒退与迷茫,也存在一些不彻底性,但最终还是基于唯物史观、唯物辩证法的思考与分析,从社会主义本质上认清了问题、拨

---

① 钱伟刚:《论中国特色社会主义市场经济资源配置方式——从政府和市场的统分视角批判新自由主义》,《经济社会体制比较》2018 年第 3 期。

正了航向，为后来的社会主义市场经济体制改革及政府与市场关系的新认识奠定了重要基础。

第二节　建立与发展期（1992—2012年）

根据政府与市场关系的变化，可以将这一历史时期分为如下两个阶段。

一、使市场在社会主义国家宏观调控下对资源配置起基础性作用

当前中国经济现实是，经济活动中的市场调节比重已超过计划调节，需要在理论上对市场经济给予定位；而且，此时对有计划商品经济的理解也存在较大分歧，影响了改革进程，需要从理论上根本上解决，也即实践创新迫切要求理论创新与之相适应。于是，1992年10月，党的十四大明确提出，我国经济体制改革的目标是建立社会主义市场经济体制，就是要使市场在社会主义国家宏观调控下对资源配置起基础性作用，社会主义市场经济体制是同社会主义基本制度结合在一起的，这从根本上解除了把计划经济和市场经济看作属于社会基本制度范畴的思想束缚，第一次从理论上实现了社会主义与市场经济的统一，在我国经济体制改革目标和政府与市场关系上实现了关键性的新的重大突破，也基本上结束了关于我国经济体制改革向何处去的争论，是中国特色社会主义的重大理论和实践创新，标志着我国经济体制改革进入了新的历史时期，具有划时代的意义。1993年3月，八届全国人大一次会议启动政府机构改

革，以适应社会主义市场经济发展的要求作为改革目标，重点是转变政府职能，转变职能的根本途径是政企分开。1993年11月，党的十四届三中全会通过了《中共中央关于建立社会主义市场经济体制若干问题的决定》，勾画了由市场主体、市场体系、宏观调控体系、收入分配制度和社会保障制度"五大支柱"构成的社会主义市场经济体制的基本框架，也即提出了如何建立社会主义市场经济体制的基本思路和总体规划，对党的十四大提出的社会主义市场经济体制改革目标和基本原则加以系统化、具体化，关键是培育和发展市场体系与转变政府职能这两部分。同时，针对国企进一步改革也提出了建立现代企业制度的要求，指出这是发展社会化大生产和市场经济的必然要求，是我国国有企业改革的方向。1994年12月，江泽民在天津考察工作时强调："我们搞的是社会主义市场经济，'社会主义'这几个字是不能没有的，这并非多余，并非'画蛇添足'，而恰恰相反，这是'画龙点睛'。所谓'点睛'，就是点明我们市场经济的性质。"① 这进一步阐明了"社会主义市场经济体制是同社会主义基本制度结合在一起的"论断。1997年9月，党的十五大明确提出，公有制为主体、多种所有制共同发展，是我国社会主义初级阶段的一项基本经济制度；加快国民经济市场化进程，着重发展资本、劳动力和技术等生产要素市场，完善生产要素价格形成机制；改革流通体制，健全市场规则，加强市场管理，清除市场障碍，打破地区封锁、部门垄断，尽快建成统一开放、竞争有序的市场体系；政府不能直接干预企业经营活动，企业也不能不受所有

---

① 《江泽民论有中国特色社会主义（专题摘编）》，中央文献出版社2002年版，第69页。

者约束，损害所有者权益等重要论断。① 1998年3月，九届全国人大一次会议对国务院机构进行进一步改革，撤销了几乎所有的工业专业经济部门，以减少政府对企业的干预；明确提出国有企业改革的目标是力争到20世纪末使大多数国有大中型骨干企业初步建立起现代企业制度，让企业真正走向市场；同时，提出要积极推进职工基本养老保险、医疗保险、失业保险等社会保障制度的改革。2001年9月，为进一步推进政府职能转变，国务院成立了行政审批改革工作领导小组，全面启动行政审批制度改革。②

概言之，这一阶段，围绕政府与市场关系：

一方面，市场在资源配置中的基础性作用明显增强。其一，再度"价格闯关"成功。逐步取消生产资料价格"双轨制"，全面放开竞争性商品和服务的价格。尤其是农产品价格，彻底告别了统购统销制度，农产品价格随行就市，到1998年完全放开。到2001年，国务院价格主管部门及有关部门管理的商品和服务价格已经由1978年的1 336种（类）减少为13种（类），主要集中在龙头行业以及一些与国计民生关系重大的少数重要商品和服务上。③ 国家实行价格控制的商品越来越少，"用市场价格配置资源"从此成为中国经济制度的一个基础。其二，大力培育和发展市场体系。沿着两条路径展开：一是建立各类市场（商品市场主要是消费品零售市场、农

---

① 中共中央文献研究室：《改革开放三十年重要文献选编》（上册），中央文献出版社2008年版，第900—903页。
② 胡象明：《当代中国政府与市场关系变迁的逻辑：理论、实践及其规律》，《行政论坛》2014年第5期。
③ 任兴洲：《建立市场体系：30年市场化改革进程》，中国发展出版社2008年版，第21—22页。

产品收购市场和生产资料市场，生产要素市场主要是资本、劳动力、房地产、金融、技术和信息市场）；二是引入并培育市场机制（主要是价格机制、供给机制和竞争机制）。中国国民经济市场化率先从商品领域开始，到 2000 年，商品市场初步建立，市场化程度已达到 91.9%，接近世界发达国家水平。[1] 同时，加快推进资本、劳动力、房地产、金融、技术和信息等生产要素市场体系建设，也取得明显进展。其三，继续深化国企改革，建立现代企业制度，探索公有制与市场经济的结合形式。为适应市场经济要求，国有企业通过现代化股份制改造和"抓大放小"战略性改组，活力和竞争力大大增强，经营绩效明显提升，从微观技术层面解决了作为市场重要主体的国企与市场的接轨问题。其四，推进社会福利市场化改革。随着所有制结构的变化和工业化、城市化的快速推进，城市居民所享有的住房、教育、医疗卫生等社会福利（公共产品和公共服务）市场化改革也快速推进。此外，非公有制经济继续快速发展，多种所有制经济共同发展的所有制格局基本形成；对外开放不断扩大，多层次的对外开放格局基本建立。

另一方面，政府职能逐渐转变，宏观调控体系初步建立。依据 20 世纪末经济社会发展实际，为了推进政府机构及其职能与市场经济发展相适应，转变政府职能成了这个阶段改革的突出亮点。党的十四大提出，政府的职能主要是统筹规划，掌握政策，信息引导，组织协调，提供服务和检查监督。就具体实践展开来说，其一，改革中央政府专业经济管理部门，减少政府对企业的干预。根

---

[1] 任兴洲：《建立市场体系：30 年市场化改革进程》，中国发展出版社 2008 年版，第 21—22 页。

据具体情况分为三类进行改革：一类改为经济实体，一类改为行业总会（主要职能是搞好行业规划，实施行业政策，进行宏观指导和为企业提供服务），一类是保留或新设的行政部门（主要职能是规划、协调、服务、监督）。后来，进一步改革中撤销了几乎所有的工业专业经济部门。其二，初步建立宏观经济调控体系，逐步变直接调控为间接调控。如积极推进分税制财税体制改革，使中央财政重获活力，也调动了各级地方政府理财的积极性，是中华人民共和国成立以来调整利益格局最为明显的、影响最为深远的一次重大制度创新，奠定了适应市场经济基本要求的中央地方财政关系框架；加快金融体制改革，从市场化角度规范了央行的职能，使央行职能越来越集中，瞄准监管金融机构与货币市场，通过实施独立的货币政策调控宏观经济，建立了适应社会主义市场经济发展要求和国际通行经济规则的外贸体制；加快计划体制改革，国家中长期计划更加注重经济社会通盘计划，政府经济职能由微观计划向宏观调控转变，强调经济增长的质量和效益，关注结构合理和综合平衡，注重经济发展方向的引导，经济发展指标越来越体现出宏观性、战略性和指导性等。其三，实施区域经济协调发展战略。随着经济的快速发展及国内外经济环境的变化，党和政府根据邓小平"两个大局"的思想，开始统筹考虑全国区域经济社会发展，实施区域经济协调发展战略，相继于1999年提出实施西部大开发战略、2003年提出振兴东北等老工业基地战略、2004年提出促进中部崛起战略、2007年提出鼓励东部地区率先发展战略，充分发挥不同地区比较优势，促进生产要素合理流动，深化区域合作，推进区域良性互动发展，逐步缩小区域发展差距，回应了社会关于地区差距扩大的关注。其四，积极推进收入分配制度改革。在国民收入宏观分配格局上，居民、企业和政府间所占比重，财政收入占国民生产总值的比重和中央财政收入占全部财政收入的比重，逐步向与社会主义市场经济相适应的方向转变，趋于合理；按劳分配与按要素分配开始结合，传统的平均主义分配制度基本废除，按劳分配为主、多种分配方式并存的分配制度基本确立；在个人收入分配调节机制上，兼顾效率与公平，运用各种调节手段，既鼓励先进、促进效率、合理拉开收入差距，又防止两极分化，力求逐步实现共同富裕。其五，启动行政审批制度改革。2001年9月，为进一步推进政府职能转变，国务院成立了行政审批改革工作领导小组，全面启动行政审批制度改革。政府还在经济发展与环境保护关系处理，维护市场秩序与保护公平竞争，职工基本养老保险、医疗保险、失业保险等社会保障制度改革，缩小城乡之间、阶层之间收入差距等方面，开始积极运用"政府之手"来弥补"市场失灵"。

此外，这一阶段，还有两件大事——亚洲金融危机爆发和中国加入世界贸易组织。1997年7月，受国际国内综合因素的影响，亚洲金融危机爆发，致使一些国家和地区陷入经济萧条甚至政局动荡。而中国，由于改革开放和现代化建设形成的制度、物质和思想基础，一直走的是渐进式改革之路，以及中央政府一直采取比较谨慎的金融政策和防范、化解金融风险的及时有效措施，加上全国上下齐心协力、共克难关，得以在此次金融危机中保持经济持续发展的势头和社会稳定的局面，呈现出"风景这边独好"。[①] 2001年，

---

① 顾海良：《中国特色社会主义政治经济学史纲》，高等教育出版社2019年版，第255页。

中国正式加入世界贸易组织，中国的对外开放开始向制度性开放转变，呈现出一种全方位、多层次、宽领域的全新开放格局，这是我国对外开放进入历史新阶段的重要标志。这两件有关中国与世界互动发展中的大事，客观上都为我国进一步深化经济体制改革尤其是更好地处理政府与市场关系，提供了难能可贵的经验和契机，也提出了新的要求和考验，以"倒逼式"的方式推动了我国社会主义市场经济体制基于国内外双重视角的进一步调整和完善，既要符合市场经济一般规律的要求、遵循国际通行的规则，又要充分考虑我国的国情、制度及自身发展需要，并牢牢掌握主导权。

二、市场基础性作用不断强化，政府职能不断完善

理论的重大突破，源自实践的迫切要求。21世纪初，国内外发展出现了新形势新挑战，一方面，新世纪之初的小康总体还是低水平的、不全面的、发展很不平衡的，经济社会发展中的体制机制障碍仍然较多，另一方面，刚历经亚洲金融危机及加入世界贸易组织，迫切需要在经济全球化浪潮中提高对外开放水平和国际竞争力，这两方面因素都对社会主义市场经济体制尤其是政府与市场关系处理提出了新的更高要求。基于此，2002年10月，党的十六大宣告我国社会主义市场经济体制初步建立，提出"在更大程度上发挥市场在资源配置中的基础性作用，健全统一、开放、竞争、有序的现代市场体系……完善政府的经济调节、市场监管、社会管理和公共服务的职能，减少和规范行政审批"（这里，在市场基础性作用发挥上新增了"在更大程度上"，在政府职能上进行了新的界定，并提出了建设服务型政府的目标），并提出了21世纪前20年我国

的发展目标和任务，已经涉及了实现什么样的发展和怎样实现发展的问题。这就要求政府必须加快职能转变，于是，党的十六届二中全会审议通过《关于深化行政管理体制和机构改革的意见》；2003年3月，十届全国人大一次会议通过国务院机构改革方案，目的就是进一步转变政府职能，改进管理方式，推进电子政务，提高行政效率，降低行政成本。2003年10月，党的十六届三中全会审议通过了《中共中央关于完善社会主义市场经济体制若干问题的决定》，正式提出了科学发展观，特别是把科学发展观与"完善社会主义市场经济体制"联系起来，也即把科学发展观作为深化经济体制改革的指导思想和原则，标志着我国社会主义市场经济体制改革进入了以"科学发展观"为指导的完善阶段。《中共中央关于完善社会主义市场经济体制若干问题的决定》提出，要按照"五个统筹"要求，"更大程度地发挥市场在资源配置中的基础性作用，增强企业活力和竞争力，健全国家宏观调控，完善政府社会管理和公共服务职能，为全面建设小康社会提供强有力的体制保障"。[①] 2007年10月，党的十七大对科学发展观的内涵做出了更为全面、深刻的阐述，把着力构建有利于科学发展的体制机制作为完善社会主义市场经济体制的重要任务，以更好地解决发展中的矛盾和问题，提出要"深化对社会主义市场经济规律的认识，从制度上更好发挥市场在资源配置中的基础性作用，形成有利于科学发展的宏观调控体系"。[②] 2012年10

---

① 中共中央文献研究室：《改革开放三十年重要文献选编》（上册），中央文献出版社2008年版，第1349页。
② 中共中央文献研究室：《十七大以来重要文献选编》（上册），中央文献出版社2009年版，第17页。

月,党的十八大进一步指出:"经济体制改革的核心问题是处理好政府和市场的关系,必须更加尊重市场规律,更好发挥政府作用。"① 这反映了我们党对社会主义市场经济中政府与市场关系认识的逐步深化。

这一阶段,围绕政府与市场关系的实践展开:

一方面,更加尊重市场规律,市场在资源配置中的基础性作用不断强化。其一,从市场主体平等竞争、共同发展来看。在党的十六大创造性地提出"两个毫不动摇"(即"必须毫不动摇巩固和发展公有制经济,必须毫不动摇地鼓励、支持和引导非公有制经济发展")基础上,2003年党的十六届三中全会强调,在"坚持公有制的主体地位"基础上,"大力发展国有资本、集体资本和非公有资本等参股的混合所有制经济,实现投资主体多元化,使股份制成为公有制的主要实现形式"。混合所有制经济是公有制和非公有制经济融合发展、政府和市场"双作用"共同发挥的有效载体和途径,是社会主义与市场经济结合的创新形式。这一时期,在非公有制经济理论和政策上也有重要突破,如强调和肯定了非公有制经济在我国经济发展中的重要意义和地位,并出台相关措施,为其提供法制保障,消除其发展的体制机制障碍,如"非公经济36条"(2005年国务院出台)和"新非公经济36条"(2010年国务院出台),力促各种市场主体平等竞争、共同发展。其二,从深化国企改革来看。这一时期,在完善国有资产管理体制、加快国有经济布局和战略性调整、健全现代企业制度以及深化股份制改革等方面都

---

① 中共中央文献研究室:《十八大以来重要文献选编》(上册),中央文献出版社2014年版,第16页。

取得了显著成效，国有经济的整体素质和竞争力明显提升，国有经济的活力、控制力、影响力和带动力大大增强。其三，从健全现代市场体系来看。健全的现代市场体系是市场经济成熟的重要标志，是市场在资源配置中有效发挥作用的重要载体，是联结微观经济活动和宏观经济调控的纽带。党的十六大提出"健全统一、开放、竞争、有序的现代市场体系"，党的十六届三中全会围绕"加快建设全国统一市场""大力发展资本市场和其他生产要素市场""建立健全社会信用体系"等对健全现代市场体系进行了相关部署，党的十七大进一步要求"加快形成统一开放竞争有序的现代市场体系，发展各类生产要素市场，完善反映市场供求关系、资源稀缺程度、环境损害成本的生产要素和资源价格形成机制，规范发展行业协会和市场中介组织，健全社会信用体系"。[1] 总体来说，这一阶段，随着全国统一市场的建设，各种生产要素在不同区域、不同行业、不同部门之间得以自由流动；随着开放市场的建设，资源得以自由流动并积极参与国际分工和国际竞争；随着竞争市场的建设，市场垄断和行政弊端不断被消除；随着有序市场的建设，市场监管不断加强以保证市场经济秩序良好。此外，生产要素市场化程度不断提高，社会信用体系加快建设。

另一方面，政府职能加快转变、不断完善，行政管理体制改革持续推进，旨在建设服务型政府。以党的十六大提出的"经济调节、市场监管、社会管理和公共服务"为政府职能转变的方向，党的十六届三中全会强调："切实把政府管理经济职能转到主要为市

---

[1] 中共中央文献研究室：《十七大以来重要文献选编》（上册），中央文献出版社2009年版，第20页。

场主体服务和创造良好发展环境上来。"① 党的十八大指出："要按照建立中国特色社会主义行政体制目标，深入推进政企分开、政资分开、政事分开、政社分开，建设职能科学、结构优化、廉洁高效、人民满意的服务型政府。"② 具体来说，其一，逐步形成有利于科学发展的宏观调控体系，加强宏观调控机制化建设。从党的十六大提出的我国宏观调控的主要目标"促进经济增长，增加就业，稳定物价，保持国际收支平衡"，到党的十六届三中全会提出的"进一步健全国家计划和财政政策、货币政策等相互配合的宏观调控体系"，到党的十七大提出的"形成有利于科学发展的宏观调控体系"，再到党的十八大提出的"加强宏观调控目标和政策手段机制化建设"，根据不断变化的宏观经济运行情况，宏观调控体系也在不断变化和完善，以增强社会主义经济发展的平衡性、协调性和可持续性，体现了我们党对社会主义市场经济条件下宏观调控的认识在不断深化，且也愈加体现出宏观调控的中国特色。总的来说，这一阶段我国宏观调控的特点主要为：以调控市场为主、以需求调节为主、以经济杠杆间接调控为主的，国家计划、财政政策、货币政策、产业政策和土地政策等相互配合和制约的综合调控机制；实践证明，我国通过宏观调控实现了经济平稳较快发展，也有效应对了2008年的全球金融危机。其二，加快财税体制改革。党中央关于财税体制改革的总体思路和要求是，着眼于完善分税制财政体制

---

① 中共中央文献研究室：《十六大以来重要文献选编》（上册），中央文献出版社2005年版，第471页。
② 中共中央文献研究室：《十八大以来重要文献选编》（上册），中央文献出版社2014年版，第22页。

改革和推进实施费改税,健全中央和地方财力与事权相匹配的体制,完善促进基本公共服务均等化和主体功能区建设的公共财政体系,构建地方税体系,形成有利于结构优化、社会公平的税收制度,着力打造现代公共财税制度。具体来说,如改革预算管理制度,实施所得税收入分享改革,全面取消农业税,统一内外资企业所得税制度,服务业"营改增"等各项改革措施陆续推行。其三,加快收入分配制度改革,密切关注收入差距扩大问题。受多种因素影响(既有深层次的所有制及所有制实现形式方面的原因,也有资本逻辑、市场弊端、制度不完善及道德等多种因素结合作用形成的寻租与腐败因素影响),社会主义市场经济体制改革在取得巨大成就的同时,也出现了居民收入差距日益扩大、两极分化日益严重、社会公平问题日益凸显等问题,这就迫切要求加快改革收入分配制度,以充分体现社会主义本质。对此,党中央坚持和完善以按劳分配为主体、多种分配方式并存的分配制度,持续关注收入差距扩大问题,秉持辩证思维,不断深化对收入分配制度改革的认识,在党的十六大上提出"确立劳动、资本、技术和管理等生产要素按贡献参与分配的原则,完善按劳分配为主体、多种分配方式并存的分配制度";在党的十六届六中全会上把"完善收入分配制度,规范收入分配秩序"作为加强社会主义和谐社会建设的重要内容;在党的十七大上进一步提出"合理的收入分配制度是社会公平的重要体现""健全劳动、资本、技术、管理等生产要素按贡献参与分配的制度""初次分配和再分配都要处理好公平和效率的关系,再分配更加注重公平""逐步提高居民收入在国民收入分配中的比重,提高劳动报酬在初次分配中的比重"及"创造条件让更多群众拥有财产性收入"等新论断;在党的十八大上进一步提出"让发展成果更多更公平惠及全体人民""两个同步,两个提高""完善劳动、资本、技术、管理等要素按贡献参与分配的初次分配机制,加快健全以税收、社会保障、转移支付为主要手段的再分配调节机制"及"多渠道增加居民财产性收入"等诸多新要求、新思路、新举措。这一认识和实践历程体现了党对马克思主义收入分配理论认识的逐步深化,体现了社会主义本质要求,体现了中国特色社会主义收入分配制度的与时俱进、不断完善。其四,加快转变经济发展方式。经济发展强调质和量的统一,随着改革开放和社会主义现代化建设的深入推进,党的十七大正式将十四届五中全会提出的"转变经济增长方式"调整为"转变经济发展方式",提出"加快转变经济发展方式,推动产业结构优化升级。这是关系国民经济全局而重大的战略任务",并进一步提出了"两个坚持,三个转变"的战略构想。党的十八大又提出了"一个立足点、四个着力、五个更多"(一个立足点,即把推动发展的立足点转到提高质量和效益上来;四个着力,即着力激发各类市场主体发展新活力、着力增强创新驱动发展新动力、着力构建现代产业发展新体系、着力培育开放型经济发展新优势;五个更多,即经济发展更多依靠内需特别是消费需求拉动、更多依靠现代服务业和战略性新型产业带动、更多依靠"科技进步、劳动者素质提高、管理创新驱动"、更多依靠节约资源和循环经济推动、更多依靠城乡区域发展协调互动)的新思路,进一步深化了对转变经济发展方式的认识与实践。加快转变经济发展方式是这一阶段的鲜明特征,体现了我们党对社会主义经济发展规律的进一步深入探索和全面把握。其五,提出并深入推进一系列国家发展战略,对关系国家经济社会发展全局性、长期性的问题进行总体谋划与布局。如深入贯彻实施西部大开发、振兴东北地区等老工业基地、促进中部地区崛起、鼓励东部地区率先发展的区域发展总体战略，有效遏制了区域发展差距扩大的趋势，促进了区域发展协调与互动；把解决好"三农"问题作为全党工作重中之重，提出了一系列新理念、新思想、新战略，深化农村经济体制改革，坚持走中国特色农业现代化道路，统筹城乡发展，扎实推进社会主义新农村建设；实施创新驱动发展战略，坚持走中国特色自主创新道路，建设创新型国家，把增强自主创新能力贯彻到社会主义现代化建设各个方面，作为国家发展战略的核心、提高综合国力的关键；适应我国经济社会发展阶段性特征和社会主义现代化建设的现实要求，坚持走中国特色新型工业化道路，并推进工业化、信息化、城镇化、农业化同步发展；把保护资源环境放在关乎人类生存与发展的重要地位，关注资源环境问题，提出建设资源节约型、环境友好型社会，注重经济发展和生态建设协调发展，将生态文明建设纳入中国特色社会主义事业总体布局中，体现了马克思主义关于人与自然的辩证关系；等等。此外，在公共产品和公共服务供给方面，政府也不断加大投入及改革力度，以提高公共产品和公共服务供给的质量。

表 3－2　1992—2012 年我国政府与市场关系发展脉络

年份	标志性会议或事件	创新与突破
1992	党的十四大	建立社会主义市场经济体制，使市场在社会主义国家宏观调控下对资源配置起基础性作用，社会主义市场经济体制是同社会主义基本制度结合在一起的。

续 表

年份	标志性会议或事件	创 新 与 突 破
1993	党的十四届三中全会	社会主义市场经济体制的基本框架，培育和发展市场体系与转变政府职能，建立现代企业制度。
1997	党的十五大	公有制为主体、多种所有制共同发展，是我国社会主义初级阶段的一项基本经济制度。
2002	党的十六大	社会主义市场经济体制初步建立，在更大程度上发挥市场在资源配置中的基础性作用，健全现代市场体系，完善政府的经济调节、市场监管、社会管理和公共服务的职能，建设服务型政府。
2003	党的十六届三中全会	以"科学发展观"为指导，完善社会主义市场经济体制。
2007	党的十七大	从制度上更好发挥市场在资源配置中的基础性作用，形成有利于科学发展的宏观调控体系。
2012	党的十八大	经济体制改革的核心问题是处理好政府和市场的关系，必须更加尊重市场规律，更好发挥政府作用。

注：粗体表示的为重大突破。

三、本节小结

总体来说，这一时期是社会主义市场经济体制的建立与完善期，是中国特色政府与市场关系的建立与发展期，是中国经济社会发展的不平凡时期。实践的发展和认识的深化，使得我们明确提出了我国经济体制改革的目标是建立社会主义市场经济体制，以利于进一步解放和发展生产力。由此，我们彻底摆脱了计划经济的羁绊，实现了改革开放新的历史性突破，也打开了中国特色政府与市场关系的崭新格局，是前无古人的伟大创举，是中国共产党人对马克思主义发展做出的历史性贡献，体现了我们党基于人民立场与实践原则的与时俱进。党的十四大以后，经济体制改革的步伐逐渐加快，政府与市场关系也依据国内外经济社会发展现实需求不断调整，从"使市场在社会主义国家宏观调控下对资源配置起基础性作用"到"在更大程度上发挥市场在资源配置中的基础性作用，完善政府的经济调节、市场监管、社会管理和公共的职能"，再到"从制度上更好发挥市场在资源配置中的基础性作用，形成有利于科学发展的宏观调控体系"，直至"更加尊重市场规律，更好发挥政府作用"，认识不断深化。同时，实践探索也积极深入推进，一方面，更加尊重市场规律，市场在资源配置中的基础性作用不断强化；另一方面，以建设服务型政府为目标，行政管理体制改革持续推进，政府职能加快转变、不断完善，有利于科学发展的宏观调控体系逐步形成。而且，社会主义市场经济体制的建立与完善及政府与市场关系的演进，始终都在党和政府的掌控之中，是党和政府基于人民立场和实践原则有计划、有步骤地实施与推进的，体现了我们对社会主义经济本质与经济发展规律的不断深入探索和全面把握，也愈加体现出政府与市场关系处理的中国特色。因而，我们也看到，这一时期，尽管受到了亚洲金融危机、国际金融危机的冲击，尽管还存在各种不足、矛盾和问题，但总的来说，我国经济社会发展取得了巨大成就，创造了令世人瞩目的"中国奇迹"。继 2010 年我国超越日本成为世界第二大经济体以后，2013 年我国超越美国成为世界第一贸易大国；2012 年，我国三次产业增加值从"二三一"型转变为"三二一"型，产业结构不断优化；经济发展快速而平稳的同时，人均国内生产总值突破 4 万元，人民的物质生活水平也上了一个大台阶。①

第三节　深化与完善期（2013 年—　）

改革开放以来，随着我国经济体制改革的不断推进，一方面，市场在资源配置中的作用不断强化，市场化程度大幅度提高；另一方面，政府职能也加快转变、不断完善，政府对市场规律的认识和驾驭能力不断提高，宏观调控体系更为健全。总之，政府与市场"双作用"的共同发挥及协同效应都在逐渐增强。中国经济活力被大幅度释放，社会生产力水平明显提高，人民生活显著改善，取得了举世瞩目的成功实践和伟大成就，尤其是"经济总量已居世界第二位，人均 GDP 已位列中等偏上国家行列，全球第一贸易大国、全球第二大消费市场，对外贸易总额已位列世界第一，制造业规模居全球首位，是全世界唯一拥有全部工业门类的国家"等经济发展成就巨大，走出了一条不同于西方主流发达国家的发展道路——中国特色社会主义道路，社会主义市场经济体制得以建立并不断完善。近年来中国对世界经济增长的贡献比例都在 30% 左右，成为拉

---

① 钱伟刚：《论中国特色社会主义市场经济资源配置方式——从政府和市场的统分视角批判新自由主义》，《经济社会体制比较》2018 年第 3 期。

动世界经济的重要引擎。但同时，市场作用和政府作用都还不够强、不够好，都有待进一步改善和强化。就市场作用来说，现代市场体系不完善，如生产要素市场发展滞后，市场不够统一，市场秩序不够规范，市场竞争不够充分，市场机制作用发挥不够充分；市场主体方面的问题，如市场主体平等竞争与共同发展中的问题，深化国企改革及混合所有制经济发展中的问题；"资本逻辑"借助"市场化工具"无限扩张所造成的"过度市场化"对社会的侵蚀问题，如住房、医疗、基础教育、资本市场等领域的市场乱象，资本的文明化与野蛮化、市场的利与弊都表现得较为凸显。就政府作用来说，政府对微观经济领域的直接干预还较多，且存在一定程度的随意性，限制了市场活力及市场机制作用的有效发挥，对经济杠杆的有效运用还不够强、不够好（如预见性、制度化、针对性和弹性等方面尚不足），宏观调控的科学性和机制化还有待加强；行政审批制度改革还有待深化，有些地方、部门和领域的体制机制障碍尚未完全消除；市场监管尚不到位，尤其是对食品、药品、资本、房地产等市场的监管问题严重，监管依然面临深层次体制障碍及监管能力、水平、技术、手段等方面问题；公共服务、收入分配等职能尚未履行到位。此外，"双作用"发挥及协同不够好所造成的经济社会发展中的问题，如发展中不平衡、不协调、不可持续问题，科技创新能力不强，产业结构不合理，发展方式粗放，权力寻租和腐败问题，社会收入分配差距拉大及两极分化问题等凸显。总体来说，政府与市场边界还不太明确，政府与市场作用发挥也都还不够充分，也即"市场化不足与过度市场化并存，政府职能错位、越位和缺位并存"，政府与市场的"双强双效"及辩证统一的协同作用有待进一步探索与提升。

于是，基于实践的发展和认识的深化，2013 年 11 月，党的十八届三中全会提出了"经济体制改革是全面深化改革的重点，核心问题是处理好政府和市场的关系，使市场在资源配置中起决定性作用和更好发挥政府作用"① 这个重大理论观点，又是一次有关政府与市场关系的划时代的重大创新与突破，其核心关切也即市场作用和政府作用这个"双作用"之辩证统一关系在社会主义市场经济中如何定位，为今后我国进一步处理好政府与市场关系做出了方向性指引。2015 年 10 月，党的十八届五中全会强调"必须牢固树立创新、协调、绿色、开放、共享的发展理念""必须按照完善和发展中国特色社会主义制度、推进国家治理体系和治理能力现代化的总目标，健全使市场在资源配置中起决定性作用和更好发挥政府作用的制度体系"。② 2017 年 10 月，党的十九大报告提出"中国特色社会主义进入新时代"，进一步强调"必须坚定不移贯彻新发展理念，使市场在资源配置中起决定性作用，更好发挥政府作用，着力构建市场机制有效、微观主体有活力、宏观调控有度的经济体制，不断增强我国经济创新力和竞争力，不断壮大我国经济实力和综合国力，不断改善人民生活"。③ 2019 年 10 月，党的十九届四中全会强调指出"社会主义基本经济制度，既体现了社会主义制度优越性，

---

① 中共中央文献研究室：《十八大以来重要文献选编》（上册），中央文献出版社 2014 年版，第 778 页。
② 中共中央文献研究室：《十八大以来重要文献选编》（中册），中央文献出版社 2016 年版，第 789—790 页。
③ 中共中央文献研究室：《十九大以来重要文献选编》（上册），中央文献出版社 2019 年版，第 15—35 页。

又同我国社会主义初级阶段社会生产力发展水平相适应,是党和人民的伟大创造。必须坚持社会主义基本经济制度,充分发挥市场在资源配置中的决定性作用,更好发挥政府作用,全面贯彻新发展理念,坚持以供给侧结构性改革为主线,加快建设现代化经济体系"。① 2020 年 5 月,《中共中央、国务院关于新时代加快完善社会主义市场经济体制的意见》适应新时代的新形势新要求,就"在更高起点、更高层次、更高目标上推进经济体制改革及其他各方面体制改革,构建更加系统完备、更加成熟定型的高水平社会主义市场经济体制"做出了全面部署,将"坚持正确处理政府和市场关系"作为一项基本原则,提出"坚持社会主义市场经济改革方向,更加尊重市场经济一般规律,最大限度减少政府对市场资源的直接配置和对微观经济活动的直接干预,充分发挥市场在资源配置中的决定性作用,更好发挥政府作用,有效弥补市场失灵"。② 2020 年 10 月,《中华人民共和国国民经济和社会发展第十四个五年规划和 2035 年远景目标纲要》进一步强调"坚持和完善社会主义基本经济制度,充分发挥市场在资源配置中的决定性作用,更好发挥政府作用,推动有效市场和有为政府更好结合"。③ 2022 年 10 月,党的二十大报告围绕推动高质量发展主题,继续强调"构建高水平社会主义市场经济体制……充分发挥市场在资源配置中的决定性作用,

---

① 《中国共产党第十九届中央委员会第四次全体会议公报》,http://www.xinhuanet.com/politics/2019-10/31/c_ 1125178024. htm,2019 - 10 - 31。
② 《中共中央、国务院关于新时代加快完善社会主义市场经济体制的意见》,http://www.gov.cn/zhengce/2020-05/18/content_ 5512696. htm,2020 - 05 - 18。
③ 《中共中央关于制定国民经济和社会发展第十四个五年规划和二〇三五年远景目标的建议》,http://www.xinhuanet.com/mrdx/2020-11/04/c_ 139489949. htm,2020 - 11 - 04。

更好发挥政府作用"。① 新时代中国特色政府与市场关系将在新的更高的层次上展开,将愈加发挥出我国社会主义制度的优越性,这是社会主义市场经济发展进入新阶段的理论与实践诉求,是历史大势。再进一步说,"使市场在资源配置中起决定性作用和更好发挥政府作用",这个对政府与市场关系的新定位,既是对改革开放以来我国关于政府与市场关系理论和实践的深刻总结,也是针对当前经济社会发展实践迫切要求做出的新的科学判断;既体现了对市场经济一般规律深刻把握基础上的科学遵循,又体现了要坚持社会主义制度、充分发挥社会主义制度的优越性这个本质特征及特殊规律;且内蕴着中国与世界双重向度,体现了人类社会发展大势。总体来说,反映了我们党基于人民立场与实践原则,对社会主义市场经济中政府与市场关系规律认识的不断深化和创新性探索。

新时代十余年来,围绕政府与市场关系,我国进行了积极探索及创新实践。

一、使市场在资源配置中起决定性作用

其一,从加快完善现代市场体系来看。党的十八届三中全会提出"建设统一开放、竞争有序的市场体系,是使市场在资源配置中起决定性作用的基础。必须加快形成企业自主经营、公平竞争,消费者自由选择、自主消费,商品和要素自由流动、平等交换的现代市场体系,着力清除市场壁垒,提高资源配置效率和公平性",并

---

① 习近平:《高举中国特色社会主义伟大旗帜 为全面建设社会主义现代化国家而团结奋斗》,人民出版社2022年版,第29页。

就建立公平开放透明的市场规则、完善主要由市场决定价格的机制、建立城乡统一的建设用地市场、完善金融市场体系、深化科技体制改革等方面提出了诸多具体举措。① 党的十九大报告提出"经济体制改革必须以完善产权制度和要素市场化配置为重点，实现产权有效激励、要素自由流动、价格反应灵活、竞争公平有序、企业优胜劣汰。全面实施市场准入负面清单制度，清理废除妨碍统一市场和公平竞争的各种规定和做法，支持民营企业发展，激发各类市场主体活力。深化商事制度改革，打破行政性垄断，防止市场垄断，加快要素价格市场化改革，放宽服务业准入限制，完善市场监管体制"。②《中共中央、国务院关于新时代加快完善社会主义市场经济体制的意见》针对我国市场体系还不健全、市场发育还不充分等问题，提出建设高标准市场体系，全面完善产权、市场准入、公平竞争等制度，构建更加完善的要素市场化配置体制机制，实现要素价格市场决定、流动自主有序、配置高效公平，加快建设统一开放、竞争有序的市场体系，进一步激发全社会创造力和市场活力。③《中华人民共和国国民经济和社会发展第十四个五年规划和2035年远景目标纲要》又进一步提出了建设高标准市场体系的具体举措，将基本建成高标准市场体系作为"十四五"时期经济社会发展主要目标之一。随后，中办、国办印发了《建设高标准市场体系行动方

---

① 中共中央文献研究室：《十八大以来重要文献选编》（上册），中央文献出版社2014年版，第517页。
② 中共中央文献研究室：《十九大以来重要文献选编》（上册），中央文献出版社2019年版，第23—24页。
③《中共中央、国务院关于新时代加快完善社会主义市场经济体制的意见》，http://www.gov.cn/zhengce/2020-05/18/content_ 5512696.htm，2020-05-18。

案》，首次提出"通过5年左右的努力，基本建成统一开放、竞争有序、制度完备、治理完善的高标准市场体系"，围绕基础制度、要素市场、环境质量、市场开放、市场监管等五个方面提出51条具体举措。① 党的二十大报告进一步强调要"构建全国统一大市场，深化要素市场化改革，建设高标准市场体系。完善产权保护、市场准入、公平竞争、社会信用等市场经济基础制度"。② 无疑，这将对推动高质量发展、构建新发展格局起到重要的支撑作用。总之，党的十八大以来，我国加快完善现代市场体系，多措并举促进形成强大国内市场、推进价格机制改革、促进要素有序自由流动、全面深化金融市场改革、建立城乡统一的建设用地市场及深化科技体制改革等方面成效显著。市场在资源配置中的决定性作用日益增强，市场发展环境持续改善。③

其二，从坚持"两个毫不动摇"、促进市场主体共同发展来看。"我们党在坚持基本经济制度上的观点是明确的、一贯的，从来没有动摇。"④ 党的十八届三中全会强调"公有制为主体、多种所有制经济共同发展的基本经济制度，是中国特色社会主义制度的重要支柱，也是社会主义市场经济体制的根基。公有制经济和非公有制经济都是社会主义市场经济的重要组成部分，都是我国经济社会发展的重要基础。必须毫不动摇巩固和发展公有制经济，坚持公有制

---

① 《以高标准市场体系建设推动高质量发展》，《经济日报》2021年2月1日。
② 习近平：《高举中国特色社会主义伟大旗帜 为全面建设社会主义现代化国家而团结奋斗——在中国共产党第二十次全国代表大会上的报告》，http://www.news.cn/politics/cpc20/2022-10/25/c_1129079429.htm，2022-10-25。
③ 《以高标准市场体系建设推动高质量发展》，《经济日报》2021年2月1日。
④ 《坚持监管规范和促进发展两手并重、两手都要硬》，《人民日报》2021年9月8日。

主体地位，发挥国有经济主导作用，不断增强国有经济活力、控制力、影响力。必须毫不动摇鼓励、支持、引导非公有制经济发展，激发非公有制经济活力和创造力"。①《中共中央、国务院关于新时代加快完善社会主义市场经济体制的意见》强调"坚持公有制为主体、多种所有制经济共同发展，增强微观主体活力"、围绕"国有经济布局优化和结构调整""国有企业混合所有制改革""自然垄断行业改革"和"营造支持非公有制经济高质量发展的制度环境"提出了推进举措，以"探索公有制多种实现形式，支持民营企业改革发展，培育更多充满活力的市场主体"。②《中华人民共和国国民经济和社会发展第十四个五年规划和 2035 年远景目标纲要》和党的二十大报告又进一步围绕做强做优做大国有资本和国有企业、加快国有经济布局优化和结构调整、优化民营企业发展环境，依法保护民营企业产权和企业家权益、加快完善中国特色现代企业制度、弘扬企业家精神、加快建设世界一流企业及支持中小微企业发展等方面提出要求，以激发各类市场主体活力、促进各类市场主体共同发展。总之，党的十八大以来，一方面，通过积极发展混合所有制经济、完善国有资产管理体制、完善国有资本经营预算制度、进行国有经济布局结构调整、推动国有企业完善现代企业制度等多种举措全面深化国企改革，推动国有资本做强做优做大，不断提升国有经济竞争力、创新力、控制力、影响力和抗风险能力；另一方面，

---

① 中共中央文献研究室：《十八大以来重要文献选编》（上册），中央文献出版社 2014 年版，第 514—515 页。
②《中共中央、国务院关于新时代加快完善社会主义市场经济体制的意见》，http://www.gov.cn/zhengce/2020-05/18/content_ 5512696. htm，2020－05－18。

坚持权利平等、机会平等、规则平等，保证各种所有制经济依法平等使用生产要素、公开公平公正参与市场竞争，同等受到法律保护，支持非公有制经济健康发展，激发非公有制经济活力和创造力。

其三，从推进全方位、更高水平对外开放来看。中国实行更加积极主动的开放战略，推出一系列进一步扩大开放的新举措，从经济特区、开发区到自贸试验区、自由贸易港，从正面清单到负面清单管理，从"外资三法"到《外商投资法》，我国开放的大门越开越大，内外联动、东西互济的全面开放新格局正在形成，在世界上首创举办进口博览会，关税水平进一步降至 7.5%（低于绝大多数发展中国家，且后续还将进一步降低关税以激发和释放进口潜力），取消 QFII 和 RQFII 投资额度限制，取消 RQFII 试点国家和地区限制，在额度审批、资金汇兑等方面不断放松管制和简化手续，[1] 妥善应对中美贸易摩擦，着力营造市场化、法治化、国际化一流营商环境和更加公平、透明的市场竞争环境，推动实现各方共赢共享。在吸收外资、对外投资、参与全球经济治理及对外贸易等方面均表现出突出成效，比如，吸收外资和对外投资均居世界前列，量质齐升，规模和影响力不断扩大，国内国际两个市场、两种资源联通度持续提高，有效助推了经济全球化及全球经济复苏和发展；参与全球经济治理能力不断增强且日益成为完善全球治理的重要引领，共建"一带一路"倡议得到了国际社会的高度评价和积极响应，构建面向全球的高标准自由贸易区网络，在二十国集团、亚太经合组

---

[1] 国家外汇管理局：《取消 QFII 和 RQFII 投资额度限制》，http://www.gov.cn/xinwen/2019-09/10/content_ 5428849. htm，2019 - 09 - 10。

织、金砖国家等平台发出中国声音,提出中国主张,推动建设开放型世界经济;作为全球第一贸易大国、外汇储备第一大国,我国已成为140多个国家和地区的主要贸易伙伴,且贸易结构不断优化,对全球经济增长贡献率年均达30%,经贸大国地位日益巩固。更大范围、更宽领域、更深层次对外开放格局正在加快形成,且中国在发展自身的同时也造福了世界,始终做全球共同开放的重要推动者、全球治理改革的积极贡献者,始终致力于推动构建人类命运共同体。

二、更好发挥政府作用

党的十八届三中全会强调"加快转变政府职能",明确指出"科学的宏观调控,有效的政府治理,是发挥社会主义市场经济体制优势的内在要求"[①] "政府的职责和作用主要是保持宏观经济稳定,加强和优化公共服务,保障公平竞争,加强市场监管,维护市场秩序,推动可持续发展,促进共同富裕,弥补市场失灵",并对如何更好发挥政府作用提出了明确要求,如"健全宏观调控体系、全面正确履行政府职能、优化政府组织结构、提高科学管理水平"。[②] 党的十八届五中全会强调"深化行政管理体制改革,进一步转变政府职能,持续推进简政放权、放管结合、优化服务,提高政府效能,激发市场活力和社会创造力"。[③] 党的十九届三中全会强

---

① 中共中央文献研究室:《十八大以来重要文献选编》(上册),中央文献出版社2014年版,第519页。
② 同上书,第514—521页。
③ 中共中央文献研究室:《十八大以来重要文献选编》(中册),中央文献出版社2016年版,第798页。

调,"在全面深化改革进程中,下决心解决党和国家机构职能体系中存在的障碍和弊端,加快推进国家治理体系和治理能力现代化,更好发挥我国社会主义制度优越性""要坚决破除制约使市场在资源配置中起决定性作用、更好发挥政府作用的体制机制弊端,围绕推动高质量发展,建设现代化经济体系,调整优化政府机构职能,合理配置宏观管理部门职能,深入推进简政放权,完善市场监管和执法体制,改革自然资源和生态环境管理体制,完善公共服务管理体制,强化事中事后监管,提高行政效率,全面提高政府效能,建设人民满意的服务型政府"。①《中共中央、国务院关于新时代加快完善社会主义市场经济体制的意见》进一步强调"创新政府管理和服务方式,完善宏观经济治理体制""完善政府经济调节、市场监管、社会管理、公共服务、生态环境保护等职能",并就宏观调控新机制、现代财税制度、"货币政策、宏观审慎政策和金融监管协调""科技创新制度和组织体系""产业政策和区域政策"一流营商环境建设及"社会信用体系和新型监管机制"等方面加快完善做出了更详尽的规定,以进一步提高宏观经济治理能力。②《中华人民共和国国民经济和社会发展第十四个五年规划和2035年远景目标纲要》又对完善宏观经济治理、建立现代财税金融体制及加快转变政府职能等作了规划。③ 具体来说:

---

① 中共中央党史和文献研究院:《十九大以来重要文献选编》(上册),中央文献出版社2019年版,第256、260页。
②《中共中央、国务院关于新时代加快完善社会主义市场经济体制的意见》,http://www.gov.cn/zhengce/2020-05/18/content_ 5512696. htm,2020-05-18。
③《中共中央关于制定国民经济和社会发展第十四个五年规划和2035年远景目标的建议》,http://www.xinhuanet.com/mrdx/2020-11/04/c_ 139489949. htm,2020-11-04。

其一,从健全宏观经济治理体系来看。党的十八届三中全会指出:"宏观调控的主要任务是保持经济总量平衡,促进重大经济结构协调和生产力布局优化,减缓经济周期波动影响,防范区域性、系统性风险,稳定市场预期,实现经济持续健康发展。"①《中共中央、国务院关于新时代加快完善社会主义市场经济体制的意见》提出"宏观经济治理"这一概念,并提出"完善宏观经济治理体制"。②《中华人民共和国国民经济和社会发展第十四个五年规划和2035年远景目标纲要》赋予宏观经济治理体系"目标优化、分工合理、高效协同"③的内涵。党的二十大进一步强调"健全宏观经济治理体系"。宏观经济治理是对传统宏观调控框架的创新性突破,是对宏观调控的进一步完善与升级,是新时代高质量发展的内在要求。这一时期,中国经济发展进入新常态,国际环境风云变幻,中国经济处于深度经济全球化中,政府把"稳中求进"作为工作总基调,统筹"稳增长、促改革、调结构、惠民生、防风险",基于此背景和逻辑,宏观调控的总体思路是宏观政策要稳、微观政策要活、社会政策要托底,④着眼于总供给和总需求在结构和总量上的综合平衡(这既区别于宏观经济学中的"需求管理政策",也区别于西方经济学中供给学派的主张),综合运用财政政策、货币政策、

---

① 中共中央文献研究室:《十八大以来重要文献选编》(上册),中央文献出版社2014年版,第520页。
②《中共中央、国务院关于新时代加快完善社会主义市场经济体制的意见》,http://www.gov.cn/zhengce/2020-05/18/content_ 5512696. htm,2020 − 05 − 18。
③《中共中央关于制定国民经济和社会发展第十四个五年规划和二○三五年远景目标的建议》,http://www.xinhuanet.com/mrdx/2020-11/04/c_ 139489949. htm,2020 − 11 − 04。
④ 方福前:《我国宏观调控思路的历史性进展》,《理论探索》2019年第1期。

就业政策、产业政策、土地政策、投资政策、消费政策、环保政策、区域政策及法律法规等多种手段和工具引导经济行为,调控宏观经济,坚持不搞"大水漫灌"式强刺激,注重区间调控(年度经济增长目标的合理区间)及在区间调控基础上定向调控、相机调控、精准调控、适时适度预调微调等多种调控方式的灵活运用,体现出了前瞻性、长期性、结构性和协同性的战略要求,体现出了经济和社会、总需求和总供给、短期和长期、国内和国际、发展和安全、稳定持续和改革创新等"相结合、有机统一"的辩证思维,体现出了宏观经济治理的系统观、全局观及在多重目标中寻求平衡,体现出了国家发展规划的战略导向作用,体现出了加强和完善党对宏观经济治理体系的集中统一领导,体现出了重视加强国际宏观经济政策协调及全球宏观经济治理中的大国担当,[①] 目标更宏大、内涵更丰富、领域更宽广,具有鲜明的中国特色。如强化了改革在宏观经济治理中的作用,更加注重通过供给侧结构性改革推进结构调整、优化、升级及可持续,陆续出台大规模减税降费政策且层层推进、落实落细,注重多政策协同、多部门联合、多举措并用,力求提高全要素生产率、激发市场活力、稳住经济大盘、防控市场风险,确保经济稳定持续发展及改革发展成果更多更公平惠及人民。

其二,从深化"放管服"改革来看。党中央、国务院基于人民立场与实践原则,顺应群众期待、遵循经济规律、尊重基层首创精神,针对长期存在的重审批、轻监管、弱服务问题,紧紧围绕处理好政府与市场关系,从提出"把简政放权、放管结合作为'当头

[①]《为什么强调要健全宏观经济治理体系》,《学习时报》2022年11月25日。

炮'和'先手棋'",到强化"放管结合",到将"优化服务"纳入其中,三管齐下,完整提出"放管服"改革即简政放权、放管结合、优化服务,到提出"推动简政放权、放管结合、优化服务改革向纵深发展",再到提出"把'放管服'改革进一步推向深入,打造市场化、法治化、国际化的营商环境",以壮士断腕的勇气,不断加大力度,切实、深入、持续地推进简政放权、放管结合、优化服务,加快政府职能深刻转变,深入推进行政体制改革,促进政府治理体系和治理能力现代化,促进高质量发展,为经济社会持续健康发展提供了强劲动力。如在简政放权方面,针对政府对微观经济运行干预过多、管得过死及有些方面又管不到位等问题,最大限度减少政府对市场资源的直接配置,着力减少政府的微观管理和直接干预,破除要素市场化配置不合理的体制机制障碍,把生产经营和投资自主权还给企业,推进投资创业自主化和便利化,推出一批标志性、支柱性改革举措,如持续深化行政审批制度、全面实行清单管理制度、全面深化商事制度改革等;在放管结合方面,坚持放管并重,建立纵横联动协同管理机制,实现责任和权力同步下放、放活和监管同步到位,创新和加强事中事后监管;在优化服务方面,秉承以人民为中心的服务理念,大力推行"互联网+政务服务",实现部门间数据共享,加快推进全国统一政务服务平台建设和政务服务标准化建设。而且大幅减税降费与"放管服"改革并举,进一步扩大开放与"放管服"改革并举。总之,在党中央和国务院的带领下,围绕构建高水平社会主义市场经济体制,各地结合实际积极探索,涌现出了许多独具特色、深受企业和群众欢迎的便民利企好经验好做法,有些有效经验做法已上升为法规,北京市、上海市推出的现行法律框架下国家政策支持、做法科学、经验成熟、成效明显的优化营商环境改革举措已在全国范围内复制推广。

其三，从新时代国家发展战略来看。基于新时代我国所处的新的历史方位、时代特征与具体实际，党中央从中国人民和中华民族的长远利益、全局利益和根本利益考虑，运用唯物史观和唯物辩证法的世界观和方法论，以开阔视野统筹国内、国际两个大局，坚持新发展理念，着眼于高质量发展和现代化经济体系，对关系国家经济社会发展全局的一系列重大战略进行整体谋划、科学决策和切实推进，大力提升发展质量和发展效益，体现出越来越鲜明的时代特征和空间特征，越来越注重人民的需要、创新的引领、区域的协同、内外的统筹及人与自然的和谐，且不同战略之间的互补与融合也较强，是一个有机统一的整体。如就创新驱动发展战略和区域协调发展战略作一展开阐释：（1）创新驱动发展战略。面对我国"经济发展进入新常态""经济已由高速增长阶段转向高质量发展阶段"和"社会主要矛盾已经转化为人民日益增长的美好生活需要和不平衡不充分的发展之间的矛盾"的现实，面对全球国际竞争力日益俱增的现实，面对"新一轮科技革命和产业变革加速推进且日益成为大国战略博弈的重要战场"的现实，党中央在十八届五中全会上把创新提高到一个至关重要的高度，将创新作为引领发展的第一动力，作为五大新发展理念之首，摆在国家发展全局的核心位置，2016年党中央、国务院印发了《国家创新驱动发展战略纲要》，深入实施创新驱动发展战略，加快推进创新型国家建设、世界科技强国建设，坚持走中国特色自主创新道路，以确保真正的国之重器——核心技术、关键技术掌握在自己手里，提升国家核心竞争力，为建成社会主义现代化国家提供强大支撑。2022年，党的二十大将创新驱动发展战略与科教兴国战略和人才强国战略放在一起加以阐释，强调要"开辟发展新领域新赛道，不断塑造发展新动能新优势""坚持面向世界科技前沿、面向经济主战场、面向国家重大需求、面向人民生命健康，加快实现高水平科技自立自强"。

(2) 区域协调发展战略。党的十八大以来，我国已进入了区域协调发展阶段。党的十九大报告提出实施区域协调发展战略，强调要建立更加有效的区域协调发展新机制，以城市群为主体构建大中小城市和小城镇协调发展的城镇格局及推动京津冀协同发展和长江经济带发展等。党的二十大报告进一步提出，"深入实施区域协调发展战略、区域重大战略、主体功能区战略、新型城镇化战略，优化重大生产力布局，构建优势互补、高质量发展的区域经济布局和国土空间体系"。在党中央的坚强领导下，中央强力推动和地方全面贯彻相结合，顶层设计和基层探索相结合，我国深入实施区域协调发展战略，继续统筹推进西部大开发、东北全面振兴、中部地区崛起和东部率先发展战略，京津冀协同发展、长江经济带发展、粤港澳大湾区建设、长三角一体化发展及黄河流域生态保护和高质量发展重大国家战略相继推出、精心谋划、扎实推进。这些区域协调发展的重大国家战略，基于新发展理念的指引，日益体现出了"大市场、更高效""新动能、更充分""谋全局、更平衡""重生态、更绿色"的四大特点和优势。总之，区域协调发展战略的实施体现了我国以区域协调发展为切入点促进高质量发展的新路子和新动力。

其四，从共建"一带一路"倡议来看。观时代背景，一方面，当今世界正处在新一轮大发展大变革大调整时期，人类也正面临前所未有之机遇和挑战，世界经济发展遭遇 2008 年国际金融危机及 2020 年新冠疫情重创后至今仍未彻底修复，世界范围内的两极分化、不平等、不平衡加剧，"逆全球化浪潮"风起云涌；另一方面，中国经济发展在取得了巨大成就且形成了成功经验的同时，也存在着不平衡、不协调、不可持续性等问题，产能过剩、结构失衡、发展质量不高等问题也较为突出，进一步全面深化改革和扩大对外开放仍是当代中国的重要战略选择和必由之路。大变局呼唤大思路，作为世界第二大经济体，作为世界上最大的发展中国家，作为世界经济增长火车头的中国，作为以马克思主义为指导的社会主义国家，中国着眼于中国与世界双重向度、顺应中国与世界发展的历史大势，于 2013 年提出了共建"一带一路"倡议（即"丝绸之路经济带"和"21 世纪海上丝绸之路"），并于 2017 年在中国共产党第十九次全国代表大会上将推进"一带一路"建设写入党章。[1] 共建"一带一路"倡议，聚焦于和平与发展这个主题，传承丝路精神，秉持共商共建共享原则，力求打造陆海内外联动、东西双向开放的全面开放新格局，致力实现政策沟通、设施联通、贸易畅通、资金融通、民心相通，力求携手共同打造政治互信、经济融合、文化包容的利益共同体、命运共同体和责任共同体。具体实践举措主要体现在以下四个方面：一是充分发挥政府强有力的机构能力，建立政府层级机构助力设计和实施共建"一带一路"倡议；二是充分依靠既有的双/多边机制及区域合作平台，不断丰富和完善"一带

---

[1]《齐心开创共建"一带一路"美好未来——习近平在第二届"一带一路"国际合作高峰论坛开幕式上的主旨演讲》，http://www.gov.cn/gongbao/content/2019/content_5389301.htm，2019-04-26。

一路"合作平台、机制与方式,并注重相关战略对接;三是基于在通路、通航的基础上通商的理念,推进基础设施互联互通和国际大通道建设;四是通过设立丝路基金(SRF)、筹建国际金融机构(如亚洲基础设施投资银行〈AIIB〉)及加强同国际金融机构合作和金融政策协调等,满足"一带一路"建设的巨额融资需求。当前,越来越多的地区或国家同中国合作推进高质量共建"一带一路",支持并参与全球发展倡议和全球安全倡议。① "一带一路"建设遵循了全球化发展规律,推动建设开放型世界经济,推动形成开放、多元、稳定的世界经济秩序,作为对中国与世界新的增长动能和发展路径的一种创新性探索,有助于推动世界经济从复苏走向强劲、可持续、平衡和包容增长,有助于推动建立更加平等均衡的新型全球发展伙伴关系,有助于促进世界的和平与繁荣。正如习近平总书记所说,"'一带一路'作为世纪性的项目,为全球发展创造新的机遇"。② "我们愿同各国政党一道,推动共建'一带一路'高质量发展,加快全球发展倡议落地,培育全球发展新动能,构建全球发展共同体。"③

其五,从优化公共服务和缩小收入分配差距来看。始终坚持以人民为中心的发展思想,紧紧围绕着力保障和改善民生,充分发挥政治优势和制度优势,不断优化公共服务和缩小收入分配差距,使

---

① 《习近平向拉美和加勒比国家共同体第七届峰会作的视频致辞》,http://www.news.cn/politics/leaders/2023-01/25/c_ 1129311178_ 2. htm,2023 - 01 - 25。
② 《携手推进"一带一路"建设——习近平在"一带一路"国际合作高峰论坛开幕式上的演讲》,http://politics.people.com.cn/n1/2017/0514/c1024-29273991.html,2017 - 05 - 14。
③ 《习近平在中国共产党与世界政党高层对话会上的主旨讲话》,http://www.news.cn/world/2023-03/15/c_ 1129434162. htm,2023 - 03 - 15。

改革发展成果更多更公平惠及人民群众，力求不断满足人民日益增长的美好生活需要、不断促进社会公平正义，为实现共享发展和促进共同富裕提供强大保证。一方面，加强和优化公共服务。坚持普惠性、保基本、均等化、可持续方向，不断完善各类公共服务体系，不断提高公共服务共建能力和共享水平；不断推进基本公共服务均等化，在发展中营造平衡，补齐发展中的民生短板，如持续推动城镇基本公共服务向常住人口覆盖，推动城乡基本公共服务均等化，提高贫困地区基础教育质量和医疗服务水平等；推进国有资本加大对公益性企业的投入及在提供公共服务方面做出更大贡献；创新公共服务提供方式，加大政府购买公共服务力度，广泛吸引社会资本参与，鼓励政府和社会资本合作提供公共服务，支持社会力量增加非基本公共服务供给，以提高公共服务供给质量和水平及满足人民群众多层次、多样化需求；不断完善公共服务管理体制，如建立公共服务事权和支出责任相适应的制度，不断健全幼有所育、学有所教、劳有所得、病有所医、老有所养、住有所居、弱有所扶等方面国家基本公共服务制度体系，探索与推进在省级统筹基础上实现全国范围内制度统一和区域间互助共济。总体来说，加强和优化公共服务工作在整体推进落实中政府职责不断强化且成效显著。另一方面，改革收入分配制度、缩小收入分配差距。规范初次分配，坚持按劳分配原则，完善按要素分配的体制机制，坚持在经济增长的同时实现居民收入同步增长，在劳动生产率提高的同时实现劳动报酬同步提高，完善企业工资集体协商制度，健全资本、知识、技术、管理等由要素市场决定的报酬机制，完善市场评价要素贡献并按贡献分配的机制，拓宽居民劳动收入和财产性收入渠道，形成合理有序的收入分配格局；完善以税收、社会保障、转移支付为主要手段的再分配调节机制，履行好政府再分配调节职能；规范收入分配秩序，不断完善收入分配调控体制机制和政策体系，鼓励勤劳守法致富，保护合法收入，扩大中等收入群体，增加低收入者收入，调节过高收入，取缔非法收入，并努力缩小城乡、区域、行业收入分配差距；支持慈善事业发展，积极发挥慈善事业在扶贫济困方面的积极作用，完善鼓励回馈社会、扶贫济困的税收政策。① 党的二十大报告强调"构建初次分配、再分配、第三次分配协调配套的制度体系"。②

此外，在推动可持续发展及优化政府组织结构方面，也进行了积极探索与实践，以更好发挥政府作用。

表 3-3 2013 年以来我国政府与市场关系发展脉络

年份	标志性会议或事件	创新与突破
2013	党的十八届三中全会	经济体制改革是全面深化改革的重点，核心问题是处理好政府和市场的关系，**使市场在资源配置中起决定性作用和更好发挥政府作用**；政府的职责和作用主要是保持宏观经济稳定，加强和优化公共服务，保障公平竞争，加强市场监管，维护市场秩序，推动可持续发展，促进共同富裕，弥补市场失灵。

---

① 中共中央文献研究室：《十八大以来重要文献选编》（上册），中央文献出版社 2014 年版，第 537 页；中共中央文献研究室：《十八大以来重要文献选编》（中册），中央文献出版社 2016 年版，第 814—815 页；中共中央党史和文献研究院：《十九大以来重要文献选编》（上册），中央文献出版社 2019 年版，第 33 页。
② 参见习近平：《高举中国特色社会主义伟大旗帜　为全面建设社会主义现代化国家而团结奋斗》，人民出版社 2022 年版。

续　表

年份	标志性会议或事件	创 新 与 突 破
2015	党的十八届五中全会	必须牢固树立创新、协调、绿色、开放、共享的发展理念，必须按照完善和发展中国特色社会主义制度、推进国家治理体系和治理能力现代化的总目标，健全使市场在资源配置中起决定性作用和更好发挥政府作用的制度体系。
2017	党的十九大报告	中国特色社会主义进入新时代，我国社会主要矛盾已经转化为人民日益增长的美好生活需要和不平衡不充分的发展之间的矛盾，着力构建市场机制有效、微观主体有活力、宏观调控有度的经济体制。
2019	党的十九届四中全会	公有制为主体、多种所有制经济共同发展，按劳分配为主体、多种分配方式并存，社会主义市场经济体制等社会主义基本经济制度，既体现了社会主义制度优越性，又同我国社会主义初级阶段社会生产力发展水平相适应，是党和人民的伟大创造。**必须坚持社会主义基本经济制度，充分发挥市场在资源配置中的决定性作用，更好发挥政府作用**，全面贯彻新发展理念，坚持以供给侧结构性改革为主线，加快建设现代化经济体系。
2020	《中共中央、国务院关于新时代加快完善社会主义市场经济体制的意见》	在更高起点、更高层次、更高目标上推进经济体制改革及其他各方面体制改革，构建更加系统完备、更加成熟定型的**高水平社会主义市场经济体制**。坚持正确处理政府和市场关系。坚持社会主义市场经济改革方向，更加尊重市场经济一般规律，最大限度减少政府对市场资源的直接配置和对微观经济活动的直接干预，充分发挥市场在资源配置中的决定性作用，更好发挥政府作用，有效弥补市场失灵。

续 表

年份	标志性会议或事件	创 新 与 突 破
2020	《中华人民共和国国民经济和社会发展第十四个五年规划和2035年远景目标纲要》	坚持和完善社会主义基本经济制度，充分发挥市场在资源配置中的决定性作用，更好发挥政府作用，**推动有效市场和有为政府更好结合**。
2022	党的二十大报告	中国共产党的中心任务就是团结带领全国各族人民全面建成社会主义现代化强国、实现第二个百年奋斗目标，以中国式现代化全面推进中华民族伟大复兴。加快构建新发展格局，着力推动高质量发展。构建高水平社会主义市场经济体制。充分发挥市场在资源配置中的决定性作用，更好发挥政府作用。

注：粗体表示的为重大突破。

三、本节小结

总体来说，这一时期是社会主义市场经济体制的加快完善期，是中国特色政府与市场关系的深化与完善期，也是我国发展进程中极不平凡的时期。改革开放以来，政府与市场"双作用"的发挥及协同效应都逐渐增强，但同时，市场作用和政府作用都还不够强、不够好，都有待进一步改善和强化。于是，基于实践的发展和认识的深化，党的十八届三中全会提出"使市场在资源配置中起决定性作用和更好发挥政府作用"，这又是一次有关政府与市场关系的划时代的重大创新与突破，既体现了社会主义制度优越性，又同我国社会主义初级阶段社会生产力发展水平相适应，为今后我国进一步处理好政府与市场关系做出了方向性的指引，体现了党和人民在马克思主义指导下对人类社会新的更加科学、合理的资源配置方式以及经济社会发展模式的创新性探索。这是个相当辩证的提法，把市场和政府当作一个有机统一的整体来看待，推动有效市场和有为政府更好结合，旨在实现"两只手"的最佳功能组合，正如习近平总书记所说，"努力形成市场作用和政府作用有机统一、相互补充、相互协调、相互促进的格局，推动经济社会持续健康发展"。① 而且，随着中国特色社会主义进入新时代，处理政府与市场关系的中国实践也开启了新时代的新征程。一方面，市场在资源配置中的决定性作用不断增强；另一方面，政府作用的更好发挥不断体现。而且社会主义市场经济体制的加快完善及"双作用"的协同发挥，始终都在党和政府的掌控之中，是党和政府基于人民立场与实践原则有计划、有步骤地整体实施与协调推进的，旨在"让一切劳动、知识、技术、管理、资本的活力竞相迸发，让一切创造社会财富的源泉充分涌流，让发展成果更多更公平惠及全体人民"，充分体现了我们对社会主义经济本质与经济发展规律的不断深入探索和全面把握，也愈加凸显政府与市场关系处理的中国特色与优势。我们也看到，这一时期，尽管面对复杂而深刻变化的外部环境尤其是受到中美贸易摩擦的影响，面对经济转型阵痛凸显的严峻挑战，面对两难、多难问题增多的复杂局面，面对经济社会发展多重目标、多项

---

① 习近平：《在十八届中央政治局第十五次集体学习时的讲话》，《人民日报》2014 年 5 月 28 日。

任务的要求,尽管还存在各种不足、矛盾和问题,[①] 但总的来说,我国经济运行保持在合理区间,延续了总体平稳、稳中有进、结构优化的发展态势,经济实力跃上新台阶,经济发展呈现出增长与质量、结构、效益相得益彰的良好局面,经济社会发展取得了全方位、开创性的巨大成就,发生了深层次、根本性变革,创造了令世人瞩目的"中国奇迹"。具体来说,生产总体稳定,产业持续升级;内需持续扩大,结构不断优化;物价总体稳定,就业继续增加;外贸外资仍较快增长,外汇储备在增加;创新驱动发展成果丰硕,发展新动能快速成长;营商环境持续改善,发展活力增强;着力保障和改善民生成效显著,人民生活持续改善;绿色发展取得扎实成效,生态环境状况逐步好转。如据2018年政府工作报告,2013—2017年的五年来,国内生产总值从54万亿元增加到82.7万亿元,年均增长7.1%,占世界经济比重从11.4%提高到15%左右,对世界经济增长贡献率超过30%;财政收入从11.7万亿元增加到17.3万亿元;居民消费价格年均上涨1.9%,保持较低水平;城镇新增就业6 600万人以上,13亿多人口的大国实现了比较充分就业;消费贡献率由54.9%提高到58.8%;服务业比重从45.3%上升到51.6%,成为经济增长主动力;高技术制造业年均增长11.7%;全社会研发投入年均增长11%,规模跃居世界第二位;科技进步贡献率由52.2%提高到57.5%;日均新设企业由5 000多户增加到16 000多户;脱贫攻坚取得决定性进

[①] 中共中央党史和文献研究院:《十九大以来重要文献选编》(上册),中央文献出版社2019年版,第840页。

展，贫困人口减少 6 800 多万，易地扶贫搬迁 830 万人，贫困发生率由 10.2% 下降到 3.1%；居民收入年均增长 7.4%，形成世界上人口最多的中等收入群体；单位国内生产总值能耗、水耗均下降 20% 以上，主要污染物排放量持续下降，重点城市重污染天数减少一半，森林面积增加 1.63 亿亩，沙化土地面积年均缩减近 2 000 平方公里。据 2023 年政府工作报告，过去五年，我们经受了世界变局加快演变、新冠疫情冲击、国内经济下行等多重考验，如期打赢脱贫攻坚战，如期全面建成小康社会，实现第一个百年奋斗目标，开启向第二个百年奋斗目标进军新征程。我国经济社会发展取得举世瞩目的重大成就，国内生产总值增加到 121 万亿元，在高基数基础上实现了中高速增长，迈向高质量发展；财政收入增加到 20.4 万亿元；粮食产量连年稳定在 1.3 万亿斤以上；工业增加值突破 40 万亿元；城镇新增就业年均 1 270 多万人；外汇储备稳定在 3 万亿美元以上；近 1 亿农村贫困人口实现脱贫，历史性地解决了绝对贫困问题；一些关键核心技术攻关取得新突破，载人航天、探月探火、深海深地探测、超级计算机、卫星导航、量子信息、核电技术、大飞机制造、人工智能、生物医药等领域创新成果不断涌现，科技进步贡献率提高到 60% 以上；高技术制造业、装备制造业增加值年均分别增长 10.6%、7.9%，数字经济不断壮大，新产业新业态新模式增加值占国内生产总值的比重达到 17% 以上，经济结构进一步优化；重大水利工程、高速铁路、高速公路、农村公路、机场容量、发电装机容量及宽带等基础设施加快建设，更加完善；推动区域全面经济伙伴关系协定（RCEP）生效实施，建成全球最大自由贸易区，货物进出口总额年均增长 8.6%，突破 40 万亿元并连续多年居世界首位，吸引外资和对外投资居世界前列；生态环境明显改善，美丽中国建设迈出重大步伐；全国居民人均可支配收入年均增长 5.1%，居民消费价格年均上涨 2.1%，基本养老保险参保人数增加 1.4 亿，覆盖 10.5 亿人，上亿人出棚进楼、实现安居，人民生活水平不断提高。

表 3-4　中国特色政府与市场关系在各时期、各阶段的核心表述、具体举措与小结

		核心表述	市场	政府
第一个时期：探索与过渡期 1978—1992 年，党的十一届三中全会至党的十四大召开之前	第一个阶段 1978—1987 年，党的十一届三中全会至党的十三大召开之前	计划经济为主、市场调节为辅	逐步发挥市场调节作用。1. 恢复与塑造市场主体（扩大企业自主权，扩大农民自主权，恢复发展非公经济）；2. 探索引入市场调节机制，逐步扩大市场调节的范围（推进价格改革）；3. 起步对外开放（从国内与国外双重视野考虑对资源与市场的开发与利用）。	逐步调整政府计划。1. 加强统一认识，坚决对国民经济进行调整；2. 转变经济建设指导思想，力促经济转型发展；3. 改变计划管理方式。

续　表

	核心表述	市　场	政　府
第二个阶段1987—1992年，党的十三大至党的十四大召开之前	计划与市场都是经济手段、内在统一，"国家调节市场，市场引导企业"	进一步扩大和突出市场机制的作用。1.国有企业的经营自主权得以强化；2.价格体制改革加快；3.非公经济快速成长；4.培育和发展资本市场。	计划继续调整，政府管理经济的方式出现多样化和间接化，"宏观调控"首次出现。1.指令性计划退居次要位置；2.综合运用经济、行政、法律多种手段的宏观调控体系初次显现；3.政府机构改革开始推行，以求更好确定政府与市场的职能边界。
小结	传统的高度集中的计划经济体制向社会主义市场经济体制的过渡期，计划（政府）与市场关系的探索期。在党的领导下，基于人民立场与实践原则，围绕社会主义现代化建设，对高度集中的计划经济体制弊端深刻反思，逐渐摆脱了"左"倾思想的束缚，从理论与实践结合上重新探索计划与市场关系，开启了新时期计划与市场关系的中国实践，走的是"摸着石头过河"的渐进式改革之路，"双轨制"为这一时期我国计划与市场关系的主要特征。虽历经一些经济混乱与风波，质疑、倒退与迷茫，也存在一些不彻底性，但最终还是基于唯物史观、唯物辩证法的思考与分析，从社会主义本质上认清了问题、拨正了船头。		

续 表

		核心表述	市　场	政　府
第二个时期：建立与发展期1992—2012年，党的十四大至党的十八大召开之前	第一个阶段1992—2002年，党的十四大至党的十六大召开之前	使市场在社会主义国家宏观调控下对资源配置起基础性作用	市场在资源配置中的基础性作用明显增强。1. 再度"价格闯关"成功；2. 大力培育和发展市场体系；3. 继续深化国企改革，建立现代企业制度，探索公有制与市场经济的结合形式；4. 推进社会福利市场化改革；5. 非公有制经济继续快速发展，多种所有制经济共同发展的所有制格局基本形成；6. 对外开放不断扩大，多层次的对外开放格局基本建立。	政府职能逐渐转变，宏观调控体系初步建立。转变政府职能成了这个阶段改革的突出亮点。1. 改革中央政府专业经济管理部门，减少政府对企业的干预；2. 初步建立宏观经济调控体系，逐步变直接调控为间接调控；3. 实施区域经济协调发展战略；4. 积极推进收入分配制度改革；5. 启动行政审批制度改革。

续　表

	核心表述	市　场	政　府
第二个阶段2002—2012年，党的十六大至党的十八大召开之前	市场基础性作用不断强化，政府职能不断完善	更加尊重市场规律，市场在资源配置中的基础性作用不断强化。1.市场主体平等竞争、共同发展；2.深化国企改革；3.健全现代市场体系。	以"经济调节、市场监管、社会管理和公共服务"为方向，政府职能加快转变、不断完善，行政管理体制改革持续推进，旨在建设服务型政府。1.逐步形成有利于科学发展的宏观调控体系，加强宏观调控机制化建设；2.加快财税体制改革；3.加快收入分配制度改革，密切关注收入差距扩大问题；4.加快转变经济发展方式，强调经济发展质和量的统一；5.提出并深入推进一系列国家发展战略。

续 表

		核心表述	市　场	政　府
	小结		社会主义市场经济体制的建立与完善期,是中国特色政府与市场关系的建立与发展期。在党的领导下,基于人民立场与实践原则,围绕社会主义现代化建设,彻底摆脱了计划经济的羁绊,实现了改革开放新的历史性突破,将我国经济体制改革的目标确立为建立社会主义市场经济体制,打开了中国特色政府与市场关系的崭新格局,是前无古人的伟大创举,是中国共产党人对马克思主义发展做出的历史性贡献。经济体制改革的步伐逐渐加快,政府与市场关系也依据国内外经济社会发展现实需求不断调整,体现了我们对社会主义经济本质与经济发展规律的不断深入探索和全面把握,也愈加体现出政府与市场关系处理的中国特色。	
第三个时期:深化与完善期 2013年至党的十八大尤其是十八届三中全会以来		使市场在资源配置中起决定性作用,更好发挥政府作用,推动有效市场和有为政府更好结合	市场在资源配置中的决定性作用不断增强。1. 加快完善现代市场体系（消费市场、价格机制、要素自由流动、全面深化金融市场改革、建设用地市场、强化科技要素对生产力发展的推动作用等方面）；2. 市场主体平等竞争、取长	政府作用的更好发挥不断体现。1. 健全宏观经济治理体系；2. 深化"放管服"改革；3. 新时代国家发展战略；4. 共建"一带一路"倡议；5. 优化公共服务,缩小收入分配差距；6. 推动可持续发展；7. 优化政府组织结构。

续 表

	核心表述	市 场	政 府
		补短、相互促进与共同发展（全面深化国企改革、支持非公有制经济健康发展、坚持市场主体平等原则）；3.推进全方位、更高水平对外开放。	
小结	社会主义市场经济体制的加快完善期，是中国特色政府与市场关系的深化与完善期。基于"市场与政府'双作用'的发挥及协同效应都在逐渐增强的同时，又都还不够强、不够好，都还有待进一步改善和强化"的现实，在党的领导下，基于人民立场与实践原则，围绕社会主义现代化建设，党的十八届三中全会唯物辩证地提出"使市场在资源配置中起决定性作用和更好发挥政府作用"，又是一次有关政府与市场关系的划时代的重大创新与突破，把市场和政府当作一个有机统一的整体来看待，推动有效市场和有为政府更好结合，旨在实现"两只手"的最佳功能组合，既体现了社会主义制度优越性，又同我国社会主义初级阶段社会生产力发展水平相适应，为今后我国进一步处理好政府与市场关系做出了方向性的指引。而且，随着中国特色社会主义进入新时代，中国特色政府与市场关系也开启了新时代的新征程，社会主义制度的优越性将充分发挥，旨在"让一切劳动、知识、技术、管理、		

续　表

	核心表述	市　场	政　府
	资本的活力竞相迸发，让一切创造社会财富的源泉充分涌流，让发展成果更多更公平惠及全体人民"，充分体现了我们对社会主义经济本质与经济发展规律的不断深入探索和全面把握，也愈加凸显政府与市场关系处理的中国特色与优势。		

第四章 新时代中国政府与市场关系的理论逻辑

市场经济是人类社会共有的一种经济形态,政府与市场关系问题伴随着市场经济发展始终,我国在认识和处理政府与市场关系上遵循着科学而深厚的理论逻辑。以人类社会为立足点,社会主义市场经济是社会化大生产的内在要求;政府与市场关系因不同的历史情境、生成方式、制度要求和发展阶段呈现出不同的组合模式。新时代中国政府与市场关系遵循一般与特殊"双规律",寻求"双作用"的科学定位与"两只手"的最佳功能组合,总体呈现的是"有效市场和有为政府"的辩证统一格局。以上层面紧密相连、有机统一,共同组成逻辑严密、内容完备的理论整体。

第一节 "双作用"的辩证统一是社会化大生产的内在要求

一、基于历史变迁中的学理分析

以唯物史观来关照,生产力决定生产关系,生产关系又反作用于生产力,生产力与生产关系的辩证统一构成了社会生产方式,从这一基础和前提出发考察市场经济及其核心问题"政府与市场关系"才能有清晰的认识。市场经济是生产社会化和商品经济（交换经济）发展到一定高度的产物。展开来说，社会化大生产是现代社会的基本生产方式，且生产力水平越高，生产的社会化越强，交换关系就越深广，市场配置资源作用优势就越明显。但同时，市场经济发展的历史与逻辑也已充分证明，市场并不是万能的，也会失灵，需要协同发挥政府作用来共同促进经济社会发展。这一认识已被越来越多的人认同和遵循。且以人类社会为立足点，不同发展阶段、不同性质的国家对政府与市场关系的选择也会呈现出不同的组合模式，并由此带来不同的结果，也趋向不同的发展方向。这可以从马克思主义理论中得到深刻而清晰的解析。

对政府与市场关系的探讨发端于西方资本主义市场经济，综合看来沿着经济自由主义与政府干预主义两条线路始终存在着不同的选择争论，但随着资本主义市场经济的深化发展，对立程度已不像以前那么鲜明，"市场机制与政府调控"的现代混合已成为主基调。人类发明并利用市场的历史已有几千年，资本主义的出现大大拓展了市场的功能与范围，[1] 也助推着市场经济走向发达阶段，市场也曾一度被理解为资本主义的标签。一直以来，从重农主义到古典自由主义再到现代新自由主义的代表人物，资产阶级经济学家都极为重视市场在资源配置中的地位和作用。客观说，这是人类在经济活动实践中创造的文明成果，是市场经济的一般规律，也是历史必然。但马克思运用辩证逻辑基于资本主义生产方式的本质剖析，将

---

[1] 曹文宏：《建国以来政府与市场关系：基于政治和经济的二维解读》，《东南学术》2014年第6期。

市场作为"资本逻辑"的内生变量进行了更为深度的考察，认为资本家只有借助形式上的市场机制才能不断扩大再生产，进而实现资本增殖和扩张，最终实现利润最大化；而社会化大生产内在地包含着生产社会化的基本要求及其基本矛盾，"资本逻辑"下的市场机制在促进生产力发展的同时又会产生一系列自身难以克服的弊端，如周期性经济危机、生产内部的无政府状态、恶性竞争膨胀、不平等、两极分化及商品拜物教等，甚或致使经济、社会、政治等多重危机交错并存（例如，从1929—1933年资本主义经济危机到20世纪70年代"滞胀"危机、2008年国际金融危机，再到2020年新冠疫情引发的严重经济衰退甚至多重危机交错）。这一悖论和现象，从马克思、恩格斯生活的时代直至今日都存在且以不同形式愈演愈烈。对此，在资本主义国家不同历史时期、不同发展阶段，资产阶级经济学家一直围绕市场失灵及政府作用进行探索并形成了不同的流派，也不断有新理论及新政策产生。比如，20世纪30年代凯恩斯提出"凯恩斯定律"（主张政府通过刺激性的财政政策和货币政策来积极干预和调节私人经济以摆脱经济危机）；70年代新凯恩斯主义主张"适度"的政府干预（基于理性预期假设及对高失业率与高通货膨胀率并存的原因分析）；[①] 90年代以来，保罗·萨缪尔森倡扬"混合经济"（认为"两只手"都重要，"那些希望将政府缩减为警察加灯塔的人只能生活在梦幻的世界中"），[②] 斯蒂格利

[①] 郑尚植、张茜：《经济思想史视域下政府作用的理论争议和实践路径——兼对"更好发挥政府作用"的思考》，《东北财经大学学报》2020年第2期。
[②] 参见［美］保罗·萨缪尔森、威廉·诺德豪斯：《论效率、公平与混合经济》，萧琛译，商务印书馆2012年版。

茨、林德布洛姆、查尔斯·沃尔夫等认为"市场机制需要被管制，政府行为是其发挥作用过程中不可或缺的部分";[①] 近年来，格泽高滋·W. 科勒德克、[②] 格伦·弗顿[③]等开始对"主流经济学"的一些传统戒律和命题尤其是新自由主义经济政策和经济理论发起挑战并对资本主义政治经济体制进行反思和批判。

但总体而言，从马克思主义的视角看，西方资产阶级经济学家还是仅从市场经济一般规律展开讨论，并未从本质上揭示问题，从而也未能从根本上解决问题。比如，仅将经济危机、不平等及两极分化等归结为市场失灵，即因市场缺陷而引起的资源配置无效率，并由此提出要重视政府作用；而并未从根本上认识到，资本主义市场经济中所谓的"市场失灵"虽有"市场缺陷"的一面，但究其根本还是生产社会化与生产资料私有制之间的内在矛盾所致，因而也是社会化大生产条件下资本主义市场经济固有且不可能治愈的。再进一步说，面对市场失灵，资产阶级是为了暂时缓和矛盾以使资本主义生产方式得以延续才寻求政府作用的，采用的一些调节方式无法根本解决问题。对资本主义市场经济中政府失灵问题的剖析虽然在一定程度上触摸到了问题的一些症结（如公共选择理论所释），也同样因囿于资本主义制度框架而未触及资产阶级国家的本质及其历史局限这一深层次根源。因而纵然"诊治药方"不断，西方资本

[①] [美] C. E. 林德布鲁姆：《市场体制的秘密》，耿修林译，江苏人民出版社2002年版，第7—8页。
[②] Grzegorz W. Kolodkok, Market Versus Government in an Age of Globalization, *Whither the World: The Political Economy of the Future*, Palgrave Macmillan, 2014.
[③] Glenn Furton, Adam Martin, Beyond market failure and government failure, *Public Choice*, 2019.

主义国家关于政府与市场关系的认识与实践因其自身局限（根本上立足于"资本逻辑"、维护"资本"的利益）而始终无法突破政府与市场之争的"两难困境"。

具体到中国而言，政府与市场关系始终伴随着当代中国尤其是改革开放以来的经济社会发展实践甚或成为其逻辑主线，且因不同的历史情境、不同的生成方式、不同的制度要求、不同的发展阶段而愈加呈现出中国特色，党对其的认识也随着历史与逻辑的演进不断深化。理论界也一直密切配合国家发展战略，就我国政府与市场关系开展了大量学术研究和学术争鸣，为中国特色社会主义经济建设尤其是经济体制改革做出了重要理论贡献。党的十八大以来，中国特色社会主义进入新时代，理论界对政府与市场关系的研究又达到了一个新高潮，从如何理解"使市场在资源配置中起决定性作用和更好发挥政府作用"到如何推动"新发展阶段有效市场和有为政府更好结合"，进行了热烈、广泛而深入的研究与讨论。总体来说，有共识，有分歧，也有研究的不足。就共识而言，主要体现在以下几点：其一，市场调节和政府调节两种资源配置方式，各有优缺点，要科学确立各自边界；其二，政府与市场关系是动态调整的；其三，政府与市场"双作用"的科学定位及更好结合要坚持社会主义市场经济改革方向，要服务于构建高水平社会主义市场经济体制和推动高质量发展。但也正是在这些看似共识的观点中却存在着具体认识上的模糊和分歧，且有时争论异常激烈，有些纷争甚或直接关涉我国社会主义市场经济改革方向，对于加快完善我国社会主义市场经济体制关系重大。大体来看，一类观点较为主张强化市场作用、弱化政府作用，甚至认为政府发挥作用也取决于"市场决定"

（即仅限于为"市场决定"服务、弥补市场失灵），将强化政府职能视作"国家资本主义"；另一类观点认为市场作用和政府作用是分层面、分领域的，不能作"强市场就一定是弱政府"或"强政府就一定导致弱市场"的简单"二分法"理解，而应将两者看成是相辅相成、辩证统一的有机整体，市场的决定性作用也必须为巩固和发展社会主义基本经济制度服务，社会主义国家的政府是经济发展的领导者、组织者而不仅是弥补市场失灵。还有一种观点认为经济转型离不开"有为政府"，主张"有效市场"与"有为政府"相结合，并提出"中国需要自己的经济学理论"。2018年以来，理论界在继续前期研讨的同时又体现出新的视域和主题，如新时代、新发展阶段、新发展格局及中国式现代化视域下的政府与市场关系，我国政府与市场关系变迁的历程、成就、经验及前景展望，有效市场和有为政府更好结合，以及从具体视角（如现代化经济体系、产业政策、共同富裕、营商环境、收入分配、高质量发展等）的研究，并开始探索政府与市场关系的中国特色或中国模式。

与此同时，为解读"中国奇迹"或"破解中国经济发展之谜"，西方学者也纷纷从政府与市场关系（中国经济体制改革的核心和经济发展的关键）的视角加以阐释，但较多还是囿于西方主流经济学的固化思维，未寻到根本或突破性的整体认识。

那么，对于新时代中国政府与市场关系，究竟如何定位、阐释和建构才更为科学合理、符合中国实际，目前并未形成共识甚或莫衷一是，也远未基于实践经验形成系统化的学说，但却重要且亟须。其实，政府与市场关系不只是一个经济问题，更是一个政治问题，对这对关系的考察与研究既需要历史的视野，也需要哲学的思维。再进一步深入分析，这是一个关于"如何真正理解社会主义、真正理解中国、真正理解社会主义市场经济的深刻理论内涵及本质规定"的重大理论与实践问题，从根本上说，还是需要我们从马克思主义思想资源及人类社会发展史实中去看清本质、找寻规律。

二、社会主义国家能更好发挥市场作用和政府作用

社会化大生产，产生于资本主义社会，但随着人类社会的发展，也已经成为社会主义社会的基本生产方式，在剥除掉资本主义的特性后可以直接为社会主义创造物质财富提供条件，同时愈加体现出这一生产方式在生产资料公有制条件下真正为了社会所有人而生产的终极要求。因此，在社会主义市场经济发展中，要以马克思主义揭示的社会化大生产规律为遵循，让市场作用和政府作用在社会主义国家中更好发挥。

一方面，市场经济是社会化大生产的构成要素和必然要求，这就客观要求社会主义国家加快推动市场的发展与完善，利用市场发展生产力。概言之，社会化大生产通过一定的联系形式使以往狭小而分散的生产变成一个社会生产，其生产的产品变为满足社会需要的产品，即"社会生产—社会产品"。再进一步讲，社会化大生产包括"分"和"联"两个密切相连、互促共进的方面："分"，即愈来愈精细的社会分工，专业化程度不断提高；"联"，即愈来愈密切的社会联系，相互依赖性日益强化。社会分工与社会联系之间的互动机制与趋势既是社会化大生产内在的对立统一运动，也是社会化大生产的本质特征或称基本规律，且随着社会发展及科技进步的不断推进而日益增强。而社会分工之间联系的更大量的形式或说基本形式，则是以产品（商品）为载体、以市场为桥梁的交换—流通过程。生产要素的组合、生产过程的衔接及劳动者的多样化消费，在多数场合都是通过市场来实现的，这就是资源配置过程。因而市场经济是应社会化大生产这种现代社会生产方式之需而生的，是社会化大生产的构成要素和必然要求，是社会化大生产规律使然。而且，市场经济随着社会化大生产程度的提高和范围的扩展而发展着，同时推进着社会化生产力的发展和社会化生产关系的变革。总之，社会化大生产规律客观要求社会主义国家肯定和重视市场在社会主义建设中的地位和作用，加快推动市场的发展与完善，利用市场发展生产力。

另一方面，社会化大生产这个"大"的多维度意涵，又从系统、整体及长远角度客观要求社会主义国家发挥平衡、协调及引导作用，通过有计划、按比例促进经济社会持续健康发展。展开来说，其一，这个"大生产"是由诸多阶段构成的有机统一体，是一个长链条的大过程，并不是一个局部的短环节或片段，也即"生产—交换—分配—消费"及其循环往复这个大生产系统。且这几个环节又是唇齿相依、相互交织的，如"交换从本质上组成生产或作为生产要素包含在生产之内""生产决定分配，分配方式随着生产方式的发展而变化且对生产力和生产关系也具有极大的反作用""只有通过生产资料和消费资料两大部类之间的交换和按比例发展，社会总资本的运动及再生产才能顺畅实现"。此外，在社会化大生产条件下，国民经济各部门之间的联系越来越紧密，相互依赖性、相互促进性也越来越强，这就要求各部门之间一定要形成一定的比例关系、按比例发展，否则极易导致发展失衡乃至经济危机。其二，围绕生产过程还同时存在资本循环，且在一定发展阶段内蕴着"资本逻辑"。一方面，在实行市场经济以及还存在非公有制经济成分的社会主义初级阶段，资本循环还蕴含着借助资本主义生产过程而产生的剩余价值——资本家对劳动力的剥削，而资本家对剩余价值的无限追求又极易产生资本主义生产无限扩大的趋势与工人收入相对甚至绝对减少之间的深刻矛盾以及"私人垄断资本"借助"市场"工具对社会的侵蚀，这也是贫富差距、两极分化产生的重要根源；另一方面，资本总循环是资本的三种形式（货币资本、生产资本和商品资本）的统一、流通和生产的统一、生产和消费的统一及生产与再生产的统一等，每一个环节都需要平衡和协调，都需要按比例进行，否则生产到一定程度整个大生产系统将会紊乱。以上这两方面都要求发挥政府的平衡、协调作用，否则，潜存的问题与矛盾极易借助经济衰退乃至经济危机的形式表现出来。其三，随着生产的发展与交往的扩大，社会化大生产"分联结合规律"要求更大范围的分工和更大范围的市场，从而要求和推动经济全球化。而且基于对"资本逻辑"的辩证分析，马克思主义在为资本主义经济全球化的发生澄清前提，即说明它发生的历史必然性的同时，也为其发展划定了界限，即说明它必然地生产出自身的界限，从而走向自我否定和自我扬弃，也即，共产主义是全球化的终极指向。因而就客观要求社会主义国家高度重视经济全球化中的政府作用，增强国家竞争力，并以社会主义制度的独特优势克服、摆脱"资本逻辑"借助全球化与"逆全球化"工具所造成的剥削与压迫。总之，社会化大生产客观要求社会主义国家发挥好政府的平衡、协调及引导作用，以克服市场盲目、自发调节之局限与不足及"资本逻辑"

之弊端，从根本上规避"资本主义必须经过危机来建立经常被破坏的平衡"。① 这一现象在社会主义国家的出现，就要求从根本上消除贫富差距、两极分化及剥削与压迫等，以实现国民经济按比例发展及经济社会总体发展。

具体到中国而言，中国实行的是社会主义市场经济体制，而且在新时代新征程上正在加快构建高水平社会主义市场经济体制。尤其要深刻认识到，社会主义市场经济的根本前提是社会主义，社会主义市场经济是为人民服务的经济。中国政府是中国共产党领导的、社会主义国家委任的、秉承人民意志的政权管理机构，作为强有力的国家机器对社会经济生活产生积极作用，在推动社会主义市场经济体制建立与完善以"充分利用市场作用解放生产力、发展生产力"的同时又"高度重视党的领导和政府作用，极力克服'资本逻辑'及市场的消极因素"，服务于社会主义建设，最终增进人民福祉乃至人类利益，这是社会化大生产的内在要求。

三、"双作用"的科学定位与"两只手"的最佳功能组合

1. 市场作用和政府作用"双作用"的科学定位

（1）要完整地讲唯物史观和唯物辩证法

从世界观和方法论上来看，正是科学遵循了唯物史观和唯物辩证法（而且，一定要把这两方面都讲全了，才完整），中国特色政府与市场关系才得以开创、形成、发展与完善，在"双作用"的整体把握上，才得以既超越传统（传统的高度集中的计划经济体制下

---

① 《列宁全集》（第3卷），人民出版社1959年版，第566页。

的计划与市场关系）又超越西方（资本主义市场经济体制下的政府与市场关系），才得以使社会主义制度的优越性逐步彰显直至充分发挥。

立足于新时代，我们依然要以唯物史观和唯物辩证法为根本遵循来科学认识和正确处理政府与市场的关系。其一，要遵循生产力与生产关系、经济基础与上层建筑的矛盾运动规律。社会主义市场经济，具有生产力和生产关系双重属性，只有通过社会化生产力与社会化生产关系的有机结合，才能既充分发挥市场经济的优势，又克服市场经济的缺陷，也即发挥社会主义制度和市场经济的双重优势且形成合力。基于此，中国特色政府与市场关系在对"双作用"的整体把握上，也要体现生产力与生产关系、经济基础与上层建筑的矛盾运动规律，将生产力与生产关系、经济基础与上层建筑联系起来考虑，根据不同发展阶段对政府与市场关系进行动态调整。唯此，才能真正实现高质量发展，才能更好推动生产力的高度发展和生产关系的持续优化，社会主义制度的优越性才能充分发挥。其二，要讲求理论与实践相结合。"通过实践而发现真理，又通过实践而证实真理和发展真理。从感性认识能动地发展到理性认识，又从理性认识能动地指导革命实践，改造主观世界和客观世界……这就是唯物辩证法的全部认识论，这就是辩证唯物论的知行统一观。"[1] 改革开放以来，中国共产党人始终坚持在理论与实践的统一和互动中创新与发展我国政府与市场关系。新时代的政府与市场关系，依然要从理论与实践相结合的原则高度，不断深化理论认识

---

[1]《毛泽东选集》（第1卷），人民出版社1991年版，第272页。

与不断推进实践探索。其三,要讲求一般与特殊相结合。从一般来讲,市场决定资源配置是市场经济的一般规律,政府与市场关系的处理必须遵循这条规律,以充分利用市场机制促进资源的最优配置;同时,也要发挥好政府作用,用政府"看得见的手"去弥补市场"看不见的手"的缺陷,这也是实行市场经济的国家在发展经济时要遵循的一般规律,且经济发展现实表明政府扮演着越来越重要的角色,但市场作用和政府作用又是不同的。所以,习近平总书记指出:"在市场作用和政府作用的问题上,要讲辩证法、两点论,'看不见的手'和'看得见的手'都要用好。"① 从特殊来讲,不同的历史情境、不同的生成方式、不同的制度要求、不同的发展阶段等又必然使政府与市场关系呈现出不一样的图景,对政府与市场"双作用"发挥的依据、领域及组合方式上也要考虑一般与特殊这双重层面。因而我们不能把政府与市场的功能固定化、公式化,而是要根据经济社会的发展和客观环境条件的变化,不断调整两者关系,实现政府与市场的最佳功能组合;而且,社会主义市场经济中的政府与市场关系,既会体现出市场经济的一般要求,也会体现出社会主义制度的特殊要求。

基于唯物史观和唯物辩证法的新时代中国特色政府与市场关系将在新的更高的层次上展开,这是一种螺旋式上升的发展。

(2)要着力实现"双作用"之辩证统一

基于实践的发展和认识的深化,党的十八届三中全会提出了"使市场在资源配置中起决定性作用和更好发挥政府作用"这个重

---

① 《加快完善社会主义市场经济体制》,《光明日报》2023年2月24日。

大理论观点,其核心关切也即市场作用和政府作用这个"双作用"之辩证统一关系在社会主义市场经济中如何定位。

如前所述,充分发挥市场在资源配置中的决定性作用和更好发挥政府作用是社会化大生产规律的客观要求,且随着社会的发展和科技的进步,愈加凸显,也愈加可能。对于社会化大生产规律及其对政府与市场"双作用"的客观要求,我们要全面、深刻理解,且从我国实际情况出发加以运用。具体来说,一方面,生产力水平越高,就越需要强化自身的社会化,而生产的社会化越强化,交换关系就越深广,也就越需要高度发达的市场经济,越需要充分发挥市场在资源配置中的决定性作用。另一方面,随着生产社会化程度的增强,国民经济各部门之间的联系越来越紧密、相互依赖性越来越强,而这就愈加需要政府通过科学的宏观调控对经济活动进行有计划的自觉调节与控制,以及坚持与完善中国特色社会主义基本经济制度等更好发挥政府作用,以克服单靠市场机制的自发调节尤其是资本主义制度下经济规律盲目和自发的作用所造成的社会生产内部的无政府状态、恶性竞争膨胀和贫富差距扩大等,从而保证国民经济按比例发展、竞争良性有序及社会生产目的达成等。

再进一步说,政府和市场基本不在同一层面、同一领域发挥作用。就资源配置来讲,市场作用主要体现在微观经济领域,市场决定性作用的充分有效发挥主要涉及市场体系、市场主体和市场秩序这三个方面,也即它客观要求"现代市场体系要完善""市场主体要有活力和创造力""市场秩序要规范";而宏观经济领域及社会、文化、生态、国家安全等领域则应是政府发挥主导作用,而政府作用的更好发挥又能为市场决定性作用的充分有效发挥创造条件和环境（如通过健全宏观调控体系、深化"放管服"改革、实施国家发展战略、共建"一带一路"及"通过加强和优化公共服务与缩小收入分配差距促进共同富裕"等，政府作用的更好发挥正在不断促进市场决定性作用的充分有效发挥）。因而，政府和市场，也就基本不存在所谓的"对立""相互替代"或"此消彼长关系"之说（其实没有可比性），但同时两者又是交融及相互影响的。这就要求我们聚焦于"双作用"辩证统一的最佳功能组合及具体体现，使其"相互补充、相互协调、相互促进"，而究其实质还是要从中国经济社会发展总方向和全局及生产方式整体出发，加强对"更好发挥政府作用"的研究（从根本上说，"市场决定性作用的发挥"也在政府的掌控之中，政府要把握市场经济规律并增强对市场经济的驾驭能力），这是中国特色政府与市场关系的重要特征，也是发挥社会主义制度优越性的必然要求。

2. 市场和政府"两只手"的最佳功能组合

鉴于市场这只"无形的手"和政府这只"有形的手"各有优势与局限，我们就要力图去寻求"两只手"的最佳功能组合，这是基于人类经济活动实践得出的真知。就市场这只手来说，市场在资源配置方面具有天然的优越性，重视市场在资源配置中的作用，强调利用市场调节促进资源的最优配置，早已成为世界各国的共识。这也正是我国建立社会主义市场经济体制的原因所在，即"利用市场经济和市场调节，作为有用的工具，解放和发展社会生产力，为社会主义服务"。但市场在具有优越性的同时又具有局限性，也即市场也会失灵，导致资源配置在某些层面、某些领域的不适用、无效率甚或有害。进一步说，市场作为资源有效配置的基本方式和一种具体制度安排,只能在其最适宜发挥作用的范围和限度内发挥作用,一旦超越了最适宜发挥作用的范围和限度,市场就会失去效用,出现失灵,具体表现在"国民经济的波动与失衡""外部性""垄断""信息的不充分和不对称""公共服务、收入分配及两极分化问题"以及"市场对社会的侵蚀"等方面。正因如此,世界各国在市场调节的领域、力度及方式上又各有主张,且有时差别也较大;而且也越来越重视政府这只手在经济发展中的作用,以矫正和弥补市场失灵。但政府在具有优越性的同时也具有局限性,也会失灵。所以,我们才说,要讲辩证法、两点论,"两只手"都要用好,要发挥"两只手"的最佳功能组合,这是市场经济一般规律使然。而且,更进一步说,作为社会主义国家,我们还要按照马克思主义辩证逻辑的分析理路,以人类社会为立足点,站在历史的高度,以唯物史观和唯物辩证法的世界观和方法论来观照社会主义市场经济中的政府与市场关系,也即在遵循市场经济一般规律的同时,还要充分发挥社会主义制度的优越性来规避和克服"资本逻辑"、市场失灵和政府失灵所造成的弊端和缺陷,在更高层次上优化市场和政府"两只手"的最佳功能组合。总之,"两只手"的功能组合会随着生产方式的发展而变化,也会根据经济社会发展阶段、发展程度及发展环境的不同而呈现出不同的组合模式。

第二节 新时代中国政府与市场关系的内在规律

一、总体规律:社会化大生产规律

以人类社会为立足点,社会化大生产作为现代社会的基本生产方式，内在地包含着生产社会化的基本要求及基本矛盾，其在剥除掉资本主义的特性后可以直接为社会主义创造物质财富提供条件，同时也愈加体现出这一生产方式在生产资料公有制条件下真正为了社会所有人而生产的终极要求。因而，新时代中国政府与市场关系以社会化大生产规律为根本遵循，"充分发挥市场在资源配置中的决定性作用，更好发挥政府作用，推动有效市场和有为政府更好结合"是社会化大生产规律使然。一方面，社会化大生产的"分联结合规律"客观要求市场作为交换—流通过程的桥梁来进行资源配置，市场经济是社会化大生产的构成要素和必然要求，随着社会化大生产程度的提高和范围的扩展而发展着，同时又推动着社会化生产力的发展和社会化生产关系的变革，社会主义与市场经济结合的连接点或说根基就是生产社会化，这就客观要求社会主义国家重视市场在社会主义建设中的地位和作用，加快推动市场的发展与完善，利用市场发展生产力；另一方面，社会化大生产这个"大"的多维度意涵，除了体现其同市场经济的密切关联外，也从系统、整体及长远角度客观要求社会主义国家的政府基于社会主义的本质要求发挥好引导、平衡及协调作用，以克服市场盲目、自发调节之局限与不足及"资本逻辑"之弊端，从根本上打破资本主义周期性危机恶性循环，从根本上消除贫富差距、两极分化及剥削与压迫等现象，从中国经济社会发展总方向和全局及生产方式整体出发通过有计划、按比例促进经济社会持续健康发展，最终增进人民福祉乃至人类利益。[①] 总之，市场作用和政府作用这"双作用"的辩证统

[①] 闫娟：《社会主义市场经济中更好发挥政府作用的内在要求探析》，《毛泽东邓小平理论研究》2021年第4期。

一、协同发挥是社会化大生产规律使然。习近平总书记也特别强调:"我国实行的是社会主义市场经济体制,我们仍然要坚持发挥我国社会主义制度的优越性,发挥党和政府的积极作用。市场在资源配置中起决定性作用,并不是起全部作用。发展社会主义市场经济,既要发挥市场作用,也要发挥政府作用。"① 由此清晰可见,社会主义制度与资本主义制度的根本区别决定了社会主义市场经济与资本主义市场经济及两种不同制度下政府与市场关系的根本区别。②

二、具体规律

1. 遵循市场经济规律

市场在资源配置方面具有天然优越性,政府要高度重视市场在资源配置中的地位和作用,基于市场经济规律积极创造条件和环境推动市场的发展与完善。一方面,将市场经济作为手段和方法来利用,优化资源配置。那么,市场为何能促进资源的最优配置呢?这就缘于价值规律、供求规律和竞争规律这三大市场经济规律的独特作用。改革开放以后,我国就循序渐进地不断强化市场在资源配置中的地位和作用。新时代,又通过加快"破除体制机制障碍及健全公平开放透明统一的市场规则""完善现代市场体系""完善产权制度和要素市场化配置机制""减少政府对市场资源的直接配置和对微观经济活动的直接干预""积极发展混合所有制经济、全面深化国企改革及支持非公有制经济健康发展"及"推进全方位、更高

---

① 习近平:《关于〈中共中央关于全面深化改革若干重大问题的决定〉的说明》,《人民日报》2013 年 11 月 16 日。
② 胡钧:《科学定位:处理好政府与市场的关系》,《经济纵横》2014 年第 7 期。

水平对外开放"等不断增强市场在资源配置中的决定性作用。此外,政府也一直在承担着一些市场做不了、做不好但对市场的快速发展又极为重要的事,如基础设施的建设、基础研究的推动及需求创造的引导等。当前,基于中华民族伟大复兴战略全局和世界百年未有之大变局的不断演化等,党和政府又提出加快构建以国内大循环为主体、国内国际双循环相互促进的新发展格局,在更高水平上统筹利用国内外两个市场、两种资源提升经济活力和效率。另一方面,在鼓励、推动市场快速发展的同时,政府也要对市场的发展加以监管与规范,促其良性、健康、持续发展。这主要体现为以下两点:一是要防止垄断。对此,党和政府非常重视且愈加强化反垄断监管及防止资本无序扩张,未来依然有待科学、全面、深入推进。二是要规范市场秩序。对此,党和政府一直比较重视,尤其是党的十八大以来愈加强化监管,并通过不断健全市场规则及弘扬企业家精神和商业道德为市场运行保驾护航。

2. 遵循经济社会总体发展规律

社会主义建设始终都是一个有政党领导和理论指导的自觉推进过程,有领导有谋划地自觉发展是社会主义的客观要求和重要特点,当然,这一过程的成功要以遵循社会经济发展规律为条件。科学的"计划或规划"在社会主义建设中具有独特作用和重要地位。而且,以生产资料公有制为主体的社会主义经济条件也使得政府易于从经济社会总体发展的需要出发、从满足全体人民根本利益的需要出发进行"计划或规划"。在中华人民共和国成立70多年的发展历程中,我国一直坚持制定与实施五年规划(计划)。党的十八大以来,基于新时代我国所处的新的历史方位、时代特征与具体实际，党中央从中国人民和中华民族的长远利益、全局利益和根本利益考虑，对关系国家经济社会发展全局的一系列有机统一的重大战略进行整体谋划、科学决策和切实推进，越来越注重人民的需要、创新的引领、区域的协同、内外的统筹及人与自然的和谐，如深入实施创新驱动发展战略和由京津冀协同发展、长江经济带发展、粤港澳大湾区建设、长三角更高质量一体化发展及黄河流域生态保护和高质量发展重大国家战略等构成的区域协调发展战略，强调要"完善国家重大发展战略和中长期经济社会发展规划制度"。[1] 此外，基于经济社会总体发展规律要求，政府在推动经济发展的同时也要时刻注意规避、克服"资本逻辑"借助"市场化"及"全球化"工具造成的贫富差距、两极分化及剥削与压迫。党的十八大以来，我国坚持以人民为中心的发展思想，围绕着力保障和改善民生持续推进中国特色社会主义公共服务供给与收入分配制度的发展与完善，使改革发展成果更多更公平惠及人民群众，提出到2035年"人民生活更加美好，人的全面发展、全体人民共同富裕取得更为明显的实质性进展"远景目标。[2]

3. 遵循国民经济按比例发展规律

国民经济按比例发展规律是社会化大生产条件下人类社会共有的客观经济规律。而且，社会生产越发展或说生产的社会化程度越高，就越需要按比例协调发展，否则极易产生经济紊乱甚或危机。

---

[1]《中共中央、国务院关于新时代加快完善社会主义市场经济体制的意见》，http://www.gov.cn/zhengce/2020-05/18/content_ 5512696.htm，2020-05-18。
[2]《中共中央关于制定国民经济和社会发展第十四个五年规划和2035年远景目标的建议》，《人民日报》2020年11月3日。

在实行市场经济的社会，按比例发展规律的实现要借助市场微观调节和政府宏观调控这两种形式。而在社会主义市场经济条件下，因生产资料公有制与生产社会化相适应，社会主义国家的宏观调控能够通过充分发挥社会主义制度优越性克服资本主义市场经济的局限，摆脱生产发展的盲目性和无政府状态，使得按比例发展更具有可能性；而且，越是发挥市场在资源配置中的决定性作用，就越需要科学的宏观调控来增强发展的平衡性、协调性和可持续性。毛泽东高度重视社会主义建设各方面的综合平衡并将其作为一个"战略方针"，强调用马克思主义唯物辩证法来处理好社会主义建设中带有全局性的一系列重大关系。邓小平也提出"通过计划的综合平衡和经济手段的调节……国民经济大体按比例地协调发展"①。党的十八届三中全会指出，"科学的宏观调控，有效的政府治理，是发挥社会主义市场经济体制优势的内在要求"。② 新时代，我国以稳中求进为总基调开始了新一轮宏观调控，宏观经济治理能力不断提高。此外，基于安全发展理念，防范化解重大市场风险尤其是系统性金融风险已成为当前宏观经济治理的重中之重。针对当前国内外金融市场乱象及险象，作为社会主义国家的政府，一定要站稳立场、提高警惕、精准研判，通过科学的政策调控化解国际国内市场风险，打破资本主义周期性危机恶性循环，这是政府责无旁贷的重要职责，也是发挥社会主义市场经济体制优势的内在要求。

---

① 《中共中央关于经济体制改革的决定》，《中华人民共和国国务院公报》1984年第26期。
② 中共中央文献研究室：《十八大以来重要文献选编》（上册），中央文献出版社2014年版，第519页。

三、一般规律与特殊规律的辩证统一

我国在处理政府与市场关系时，既遵循政府与市场关系一般规律，即基于对市场作用的充分肯定，积极利用市场机制促进资源最优配置，同时基于对市场失灵的充分把握更好发挥政府作用，并注意克服政府局限；也遵循政府与市场关系特殊规律，即基于社会主义本质要求，从系统、整体及长远角度发挥好政府的平衡、协调及引导作用，在有效释放市场潜力的同时克服"资本逻辑"与"市场失灵"双弊端。是唯物史观和唯物辩证法的根本体现，也是社会化大生产规律使然。

第三节 个案分析：深化资本市场监管的人民性与规律性

习近平总书记在关于《中共中央关于党的百年奋斗重大成就和历史经验的决议》的说明中提出，要深入研究历史发展规律和大势，树立大历史观。以大历史的视野来观照，资本是历史的产物并在人类社会发展史上发挥着重要作用，马克思主义对资本的认识和把握是唯物辩证的，在肯定资本推动和促进生产力发展的同时深刻揭示了资本追逐价值增殖和利润最大化的本性及逻辑，并展开了批判、利用及超越资本的探索，这在马克思、恩格斯、列宁、毛泽东、邓小平等关于资本的论述中均有体现。改革开放以来，我国一直在从手段和方法层面利用资本焕发活力、加快生产力发展，但党中央从资本市场建立之初就提出要注意市场监管和防范风险。随着

资本市场的深化发展，其文明的一面和野蛮的一面均日益凸显，一方面，随着社会化大生产程度的不断提升和规模的不断扩大特别是新发展格局的不断延展，资本市场愈加成为现代经济的核心，在促进资源有效配置、推动中国经济社会发展方面成效显著；另一方面，资本的逐利本性及监管的不足等也使资本市场乱象丛生且险象环生，各种违法违规行为及垄断和资本无序扩张问题突出且负效应愈加严重。对此，党中央高度重视，强调要平衡发展与规范的关系并对资本市场监管做出了重大决策部署，2021年中央经济工作会议提出要为资本设置"红绿灯"。但从有关各方已有的实践开展和理论研究来看，基本上还是集中于法律、制度或技术层面的探讨，而从价值层面尤其是人民性的视角、基于对资本市场本质和规律的深化认识进行学理化、系统化的探索鲜少，但却重要且亟待加强，更需要有新的高度和深度。

一、资本市场乱象：类别、表现及危害

从中国特色高质量资本市场的要求出发进行系统化、整合性梳理如下：

1. 三大市场违法违规活动层出不穷，且愈加复杂而隐蔽

首当其冲的就是证券市场。股票市场上财务造假、欺诈发行、操纵市场、内幕交易及非法套现等，债券市场上加杠杆博取高收益或"代持"等，基金市场上尤其是私募基金非法集资、侵占或挪用基金资产及伪私募等乱象丛生。且各种违法违规行为经常变换各种花样规避内控、风控或监管，越来越复杂而隐蔽。2020年证监会共办理案件740起，重大案件84件，同比增长34%；2021年又有多

家上市公司或其董事、监事和高级管理人员被立案调查，多名发行审核委员落马（其审过的公司上市即"变脸"）。

信贷和信托市场乱象也较为严重。一些投资者运用从商业银行等金融机构获得的信贷资金设立新企业或子公司，又通过股权质押获得银行信贷，再用信贷资金新设子公司或入股多家子公司甚或收购对象公司（如城商行、农商行等）股权，再质押股权获得银行信贷（之前银保监会公开的15家重大违法违规股东涉6家金融机构）……如此循环往复；P2P、配资平台野蛮生长，"地下钱庄""逃废债""影子银行"问题频发。

2. 垄断和资本无序扩张问题突出，且呈多业混合、多工具混用之势

垄断和资本无序扩张可谓升级版的资本市场乱象，伴随着技术、产业与金融的混业、跨界经营以及多种资本运作工具的综合运用，表现多样且相互交织。就垄断来讲，互联网行业利用平台"流量为王、赢者通吃"的特点及规则违法实施经营集中，垄断巨头滥用市场支配地位，如利用规模（如客户体量大）、技术（如大数据、云计算）和资本优势排除、限制竞争，造成了广遭诟病的"大数据杀熟""二选一""店大欺客"等问题。就资本无序扩张来讲，在资本的推动下通过烧钱以不正当竞争、恶性竞争的方式争流量、冲规模、兼并重组、快速变现甚或上市套现，并形成"攻城略地"的"经典套路""P2P平台金融""共享单车""长租公寓"及"社区购物"等领域资本蜂拥、火拼而又转瞬谢幕就是最佳例证；多工具、多方式套用来循环使用一笔资本实现资本扩张大案多发。

3. 资本市场乱象危害严重，负效应需高度警惕

资本市场乱象丛生，严重背离了市场规则和发展资本市场的初衷，其背后彰显的是资本的逐利本性带来的资本和市场自身难以消解的负效应。

其一，遏制创新和活力。市场竞争规律驱动着市场主体必须积极主动地想方设法进行创新以提高产品和服务的竞争力和市场占有率，但如果市场上充斥着大量通过违法违规行为就能快速"暴富"的现象，必然会遏制甚或扼杀整个社会的创新性和发展活力。

其二，损害市场竞争秩序。各种乱象严重危害着市场竞争的充分、公平和有序，如数据造假、操纵市场、扼杀式并购、经营者集中、滥用市场支配地位、垄断协议、封闭领地及不公平价格行为和限定及附加不合理条件交易等。

其三，侵犯市场主体合法利益。股市中小投资者财富被疯狂洗劫、信托产品无法兑付、平台经济领域巨量客户资金难以收回或押金未偿还以及中小微市场主体生存空间受挤压等问题频发，严重损害了广大中小微企业、个体工商户、投资者和消费者的合法权益。

其四，诱发系统性风险。各种现象层出不穷且不同金融工具、技术工具及不同产业相互嵌套，垄断和资本无序扩张与平台的虹吸效应相互助推，并不断延伸运作空间至各领域，逐渐加大并增加了诱发系统性金融风险甚至经济社会风险的概率。

其五，加剧收入分配差距和不平等。为了追求超额利润，资本借助"市场化"工具无序扩张并形成垄断，甚或变换各种花样绕开监管疯狂"割韭菜""剪羊毛"，提高劳动强度（如"996""007"），加剧了收入分配差距和不平等。

此外，资本市场乱象也越来越激化社会矛盾并助长浮躁、投机、逐利的社会风气和不良价值取向，最终影响着经济发展、社会稳定和国家安全，危害了人民根本利益。无疑，这一切都表明"强化资本市场监管刻不容缓"。

二、人民性的内涵及资本市场的本质与规律

从根本上防止资本市场乱象，需要我们从人民性的高度和资本市场本质与规律的深度上强化认识。

1. 人民性及其对资本市场监管的内在要求

民为邦本，本固邦宁；政之所兴，在顺民心。中华优秀传统文化非常强调人民性，这一思想也恰与马克思主义不谋而合。马克思主义始终秉持人民性认识经济现象并提出解决问题的根本路径和方法。习近平总书记强调，马克思主义是人民的理论……学习马克思，就要学习和实践马克思主义关于坚守人民立场的思想……这是尊重历史规律的必然选择，要求共产党人坚守人民性。人民性具有强大而深刻的历史逻辑、理论支撑和政治价值，为资本市场监管提供了精神要义、价值旨归和方法遵循。

针对资本市场乱象，习近平总书记多次强调要保护好投资者、消费者权益，要为各类市场主体特别是中小企业创造广阔的发展空间。强化资本市场监管的人民性，是社会主义市场经济体制对资本市场的内在要求，也是区别于资本主义市场经济体制下资本市场监管的特殊要求。面对资本尤其是"大资本"利用垄断和无序扩张及各种违法违规行为"大赚特赚"甚或"独享收益"使亿万劳动人民乃至国家利益严重受损这一现象，我们一定要强化资本市场监管的人民性。具体来说，其一，要确保资本市场"不偏向"，服务于经济社会发展全局和全体人民共同富裕；其二，要保护好广大市场主体特别是中小投资者、消费者合法权益；其三，要大力严查严惩资本市场各类违法违规行为；其四，要保证资本市场的公平、透明、有效和有序；其五，要牢牢守住不发生系统性金融风险的底线；其六，要形成全体人民积极参与的强大监管合力。

2. 资本市场的本质与规律

对资本尤其是大规模资本的运用，是现代经济最显著的特征之一。因而在新时代、新发展阶段，我们一定要不断深化对资本市场本质和规律的认识，认清资本的两面性，唯物辩证地分析其为人类社会发展带来的文明化和野蛮化双重影响和趋势。

一方面，借助投融资工具及市场机制，资本市场能将不用于消费的资本聚集起来投入最有效的用途，提高整个社会的资源利用率，将生产可能性边界向外推移，有助于经济快速增长、推动科技创新、优化产业结构及更好满足居民财富管理需求等，在新发展格局中具有重要战略作用。

另一方面，资本的本性和逻辑又极易造成资本市场自身难以克服的弊端，如前述一系列违法违规及垄断和无序扩张（尤其是在市场化工具及科技手段的助力下更呈"指数级"扩张之势）乱象，给经济社会带来巨大伤害。正如马克思曾深刻揭示的，"一旦有适当的利润，资本就胆大起来……甚至冒绞首的危险"。[①]

因而，我们既要注重发挥好资本市场在服务发展大局方面的积

[①]《资本论》（第1卷），人民出版社1975年版，第829页。

极作用，又要坚决强化对资本市场的监管以极力克服其消极作用，两手并重、两手都要硬，以中国特色社会主义制度的独特优势驾驭好资本市场。

三、深化资本市场监管的人民性与规律性：理念和制度

1. 理念层面

其一，坚持党的全面领导。经济工作是中心工作，资本市场又是经济的核心，党的领导当然要在中心工作和核心领域得到充分体现，这是我国资本市场监管的应有之义、显著特征、最大优势和根本保证。要坚持政治引领、突出政治功能，强化党建对资本市场监管的"方向引领""力量聚合"与"业务促进"作用。

其二，坚持服务发展大局。这是资本市场的逻辑起点和天职，也是防范化解系统性金融风险的根本举措。新时代大国资本市场监管就要确保资本市场"为实体经济服务，满足经济社会发展和人民群众需要"，防止资本无序扩张和违法违规"造富"。

其三，坚持"大保护"理念。资本市场身系广大人民群众尤其是市场主体的利益，在一定程度上也影响着人民日益增长的美好生活需要以及共同富裕的实质推进。资本市场监管要从这种高度上来深刻认识自身的使命和目标，切实保护广大市场主体合法利益以及广大人民群众切身利益。

其四，坚持"四化"原则。要坚持市场化、法治化、专业化和系统化这"四化"原则。要敬畏市场，遵循市场经济规律，不能随意干涉，更不能越俎代庖，并探索市场化监管机制；要敬畏法治，夯实法治基础，完善立法、严格执法、公正司法并确保三者高效而

顺畅衔接；要敬畏专业，广泛征求各方意见和建议，注重参考他国有益经验教训，注重适应金融科技要求，注重集中统一监管与分类差异监管有机结合；要基于整体性和关联性进行系统设计，发挥好政府、社会、行业、企业多层面作用，构建全过程、全方位、全员"大监管"格局。

其五，坚持唯物辩证法。资本市场监管是一场涉及面极广、触及利益极深且极为复杂的系统工程，迫切需要唯物辩证法这一思想武器。要讲求理论与实践相结合，要讲求一般与特殊相结合，要统筹发展和安全，要坚持"稳中求进"总基调。

2. 制度层面

资本市场乱象丛生很大程度上与监管制度不完善密不可分，亟须完善和发展中国特色现代资本市场监管制度。可从事前、事中和事后这三个时段或说维度系统构建具体制度体系，形成一个紧密相连、相互协调的完整链条。

其一，事前监管制度。事前重在市场准入和事先控制，侧重完善市场准入、发行、注册、交易、退出等各环节基础制度及配套体系建设；完善负面清单、权力清单和责任清单内容体系并删减或变更与之冲突的监管规定；加强常态化教育制度建设，引导督促各类市场主体服从党的领导、服务发展大局；加强全国统一、实时共享的信用制度和信息化平台建设。

其二，事中监管制度。事中重在状态维持和过程控制，侧重以透明度为核心完善信息披露制度，保障信息的真实、充分、对称和及时；完善市场竞争、反垄断和防止资本无序扩张监管体制机制；基于"一委一行两会"基本架构建立健全全社会协同监管机制；全面构筑各类市场主体尤其是中小投资者合法权益保护制度体系,形成全流程、全方位、立体化保护格局;完善上市公司治理和内控制度及中介机构勤勉尽责制度,厚植优秀行业文化。

其三,事后监管制度。事后重在稽查执法和结果管理,侧重全面落实"零容忍"要求,再加大罚款、赔偿、禁业及刑事责任等处罚力度,强化震慑和惩戒效应,实现"从不敢、不能到不想";加大重点领域和关键环节监测和查处力度,尤其对经济社会发展影响大、群众反映强烈、易发高发的领域;完善主动退市和强制退市相结合的退市制度体系,实现市场化、法治化和常态化,清除害群之马;健全全面信息公开机制,接受全社会监督与制约。

还要保障法律法规与创新措施的一致性,制度体系完善与制度执行力提升同推进,顶层设计与基层探索相结合,形成上下联动、左右协同的全国"一盘棋"体制机制,保障监管的系统性、整体性和协同性。

此外,也要积极主动顺应新一轮科技革命变化及需求,快速、充分而有效地运用大数据、人工智能、区块链等技术,强化科技监管,推动科技赋智与赋能,加快提升资本市场数字化、智能化监管能力和水平。

中国的经济和社会正在经历"一次大考",中国的资本市场也正在这一大考面前不断深化发展、走向成熟。强化资本市场监管的人民性与规律性,是新时代中国特色高质量资本市场监管的内在要求和重要特征,也是大国资本市场监管应有的样态。面对中华民族伟大复兴战略全局和世界百年未有之大变局,我们一定要以习近平新时代中国特色社会主义思想为指导,坚持唯物史观,坚持唯物辩证法、两点论,在全面建设社会主义现代化国家新征程中,从构建新发展格局、推动高质量发展、促进共同富裕的战略高度出发,从中国特色高质量资本市场的要求出发,基于对人民性与规律性的深刻、充分认识,科学把握资本市场监管正确路向,推进监管体系和监管能力现代化,推动资本市场回归本源、更好地服务于发展大局。唯此,中国资本市场方能行稳致远、走出中国特色和中国气势且日益强大。这也是人类社会发展规律使然。[①]

[①] 闫娟:《深化资本市场监管的人民性与规律性探析》,《理论导刊》2022年第12期。

第五章 新时代中国政府与市场关系的实践逻辑

第一节 新时代中国政府与市场关系取得的非凡成就

党的十八大以来,站在新的历史方位,中国特色政府与市场关系深化发展、不断完善。党的十八届三中全会提出"使市场在资源配置中起决定性作用和更好发挥政府作用",又是一次有关政府与市场关系的划时代的重大创新与突破。随后,党的十八届五中全会、十九大、十九届四中全会、十九届五中全会、二十大及《中共中央、国务院关于新时代加快完善社会主义市场经济体制的意见》(以下简称《意见》)和《中华人民共和国国民经济和社会发展第十四个五年规划和2035年远景目标纲要》(以下简称《纲要》)根据新形势新要求不断加以强调及展开,以"推动有效市场和有为政府更好结合"。[1] 与此同时,实践上的探索也逐步展开。下面主要从市场在资源配置中决定性作用不断增强和政府作用的更好发挥不断体现两个维度加以阐述。

---

[1] 《中华人民共和国国民经济和社会发展第十四个五年规划和2035年远景目标纲要》,http://www.xinhuanet.com/2021-03/13/c_1127205564.htm,2021-03-13。

一、市场在资源配置中的决定性作用不断增强

1. 现代市场体系建设取得长足进展

党的十八大以来,我国现代市场体系建设取得长足进展,一方面,我国已全面放开商品市场,基本上形成了全国统一、开放的商品市场体系;另一方面,多样化、多层次的生产要素市场也在加快形成,生产要素的市场化配置也明显增强。市场在资源配置中的决定性作用日益增强,市场发展环境持续改善。[1]

其一,在消费市场方面。多举措促进形成强大国内市场,商品服务供给日益丰富,新型流通业态、流通模式和流通技术迅猛发展,统一市场和城乡流通体系基本形成、不断完善,消费规模不断扩大,消费动能持续释放,消费结构持续升级,消费模式不断创新,城乡消费更加协调,社会消费品零售总额快速增长(2021年我国社会消费品零售总额为44.1万亿元,比2012年增长1.1倍,年均增长8.8%),我国已成为全球第二大消费市场,[2] 超大规模市场优势更加明显。习近平总书记指出:"中国将增强国内消费对经济发展的基础性作用,积极建设更加活跃的国内市场,为中国经济发展提供支撑,为世界经济增长扩大空间。""要建立起扩大内需的有效制度,释放内需潜力,加快培育完整内需体系,加强需求侧管理,扩大居民消费,提升消费层次,使建设超大规模的国内市场成

---

[1]《以高标准市场体系建设推动高质量发展》,《经济日报》2021年2月1日。
[2]《我国已成为全球第一贸易大国、全球第二大消费市场》,《人民日报》2019年9月30日。

为一个可持续的历史过程。"①

其二，在价格机制方面。推进水、石油、天然气、电力、交通、电信等领域价格改革，完善农产品价格形成机制，加快要素价格市场化改革，注重发挥市场在价格形成中的决定性作用，政府定价范围主要限定在重要公用事业、公益性服务、网络型自然垄断环节。同时，不断加大价格监测监管力度和深化反不正当竞争。据国家发展改革委数据，党的十八大以来，我国价格改革取得重大突破性进展，全社会商品和服务价格市场化程度已达97.5%。

其三，在要素自由流动方面。2019年9月9日召开的中央全面深化改革委员会第十次会议审议通过了《关于推进贸易高质量发展的指导意见》和《关于促进劳动力和人才社会性流动体制机制改革的意见》，强调要"促进国际国内要素有序自由流动、资源高效配置、市场深度融合"，要"破除妨碍劳动力、人才社会性流动的体制机制弊端，促进劳动力和人才有序社会性流动"；2020年3月30日，《中共中央、国务院关于构建更加完善的要素市场化配置体制机制的意见》进一步提出"破除阻碍要素自由流动的体制机制障碍，扩大要素市场化配置范围，健全要素市场体系，推进要素市场制度建设，实现要素价格市场决定、流动自主有序、配置高效公平"，并对劳动、资本、技术、数据等要素市场的培育、发展及资源配置做出了详细规定。②

---

① 《2021年我国社会消费品零售总额达44.1万亿元 比2012年增长1.1倍》，《人民日报》2022年10月3日。
② 《中共中央、国务院关于构建更加完善的要素市场化配置体制机制的意见》，http://xkzj.mofcom.gov.cn/article/myszh/llyzc/202107/20210703179034.shtml，2021-07-03。

其四,在全面深化金融市场改革方面。着力通过打造高质量金融来服务高质量经济发展的一系列重大决策部署和改革举措陆续推出,金融供给侧结构性改革不断深化,如资本市场基础性制度加快完善,全面实行股票发行注册制,全面深化资本市场改革多方面重点任务落地,多层次金融体系不断健全,金融对重点领域和薄弱环节支持力度持续加大,金融服务实体经济的能力(特别是给予小微、初创和民营企业的信贷支持和金融资源支持)进一步增强,同时,通过完善金融监管框架、有效清理处置不良资产等举措加大防控金融风险的力度,通过加快金融业对外开放步伐不断提高金融市场国际化程度。同时,党中央强调要平衡发展与规范的关系,要为资本设置"红绿灯",要加强和完善监管,加快建立规范、透明、开放、有活力、有韧性的资本市场,[1] 这是完善社会主义市场经济体制的内在要求。[2] 我国资本市场在新时代发生深刻的结构性变化,在提升资源配置效率、激发市场主体活力、提升上市公司质量等方面作用进一步发挥,服务经济发展实现量质双升。[3] 而且,高水平制度型开放稳步推进,A股纳入国际知名指数并不断提升比重,近五年外资通过QFII/RQFII及深股通持有创业板股票市值增长超过

---

[1] 《中共中央、国务院关于新时代加快完善社会主义市场经济体制的意见》,http://www.gov.cn/zhengce/2020-05/18/content_ 5512696. htm,2020-05-18。
[2] 《习近平主持召开中央全面深化改革委员会第二十一次会议强调 加强反垄断反不正当竞争监管力度 完善物资储备体制机制 深入打好污染防治攻坚战 李克强王沪宁韩正出席习近平主持召开中央深改委第二十一次会议》,http://www.news.cn/2021-08/30/c_ 1127810407. htm,2021-08-30。
[3] 易会满:《努力建设中国特色现代资本市场》,《求是》2022年第15期。

11倍。①经过30多年特别是党的十八大以来的改革发展,我国资本市场已进入建设中国特色现代资本市场的新阶段。

其五,在建设用地市场方面。围绕"农村集体经营性建设用地出让、租赁、入股""征地范围、征地程序及被征地农民保障""国有土地使用""土地增值收益在国家、集体、个人间的分配"及"完善土地租赁、转让、抵押二级市场"等改革土地管理制度,逐步建立城乡统一的建设用地市场,以增强土地管理灵活性,使优势地区有更大发展空间。

此外,围绕"建立健全鼓励原始创新、集成创新、引进消化吸收再创新的体制机制""健全技术创新市场导向机制""建立产学研协同创新机制"及"加强知识产权运用和保护,健全技术创新激励机制"等深化科技体制改革。

2. 各类市场主体平等竞争、相互促进与共同发展

党的十八大以来,党中央始终坚持"两个毫不动摇",采取多种举措促进各类市场主体平等竞争、相互促进与共同发展,以激发各类市场主体活力和创造力。

具体来说:一方面,通过积极发展混合所有制经济、完善国有资产管理体制、完善国有资本经营预算制度、推动国有企业完善现代企业制度等多种举措全面深化国企改革,推动国有资本做强做优做大,并适应市场化、国际化形势要求,加快建立市场化经营机制,促进国有企业同市场经济深度融合、向高质量发展转型稳步推

---

① 《全球投资者大会近距离全方位展现中国资本市场 聚焦高水平对外开放》,《21世纪经济报道》2023年6月3日。

进，国有企业在发展质量和效益方面得到明显提升，国有经济布局结构调整也成效明显。如"在2013年至2018年实施混改的央企子企业中，混改后实现利润增长的企业超过七成""党的十八届三中全会以来，国资委累计完成1957户'僵尸企业'处置和特困企业治理的主体任务，总体工作进展达95.9%""虽然受多种不确定性因素的影响，但中央企业通过改革与创新，2019年前8月依然实现营业收入19.4万亿元、同比增长5.4%"。①截至2023年，国企改革三年行动主要目标任务已经完成，目前正按照党的二十大指引的新方向和新部署巩固深化三年行动成果及谋划新一轮深化国企改革行动，推动国有企业为以中国式现代化全面推进中华民族伟大复兴做出新的更大贡献；中国特色国有企业现代公司治理不断完善，在完善公司治理中不断加强党的领导，不断健全创新市场化运营机制，国企活力更充沛；通过重组整合、打造现代产业链"链长"、推进瘦身健体等一系列措施，国有资本布局结构实现整体性优化，打造一大批龙头企业、区域领军企业，中央企业涉及国家安全、国计民生等关键领域收入占比超70%，国有经济战略支撑作用进一步凸显，国有企业主责主业优势进一步增强；2022年，中央企业累计实现营业收入39.4万亿元，同比增长8.3%；2022年前11个月，地方监管国有企业实现营业收入33.7万亿元，同比增长8.1%……随着改革向纵深推进，国有经济竞争力、创新力、控制力、影响力、抗风险能力不断增强。②

---

① 《央企前8月实现营业收入19.4万亿元　同比增长5.4%》，《证券日报》2019年9月18日。
② 《改革再深化　持续释放国企活力》，《人民日报》2023年2月18日。

另一方面，明确提出支持非公有制经济健康发展，具体规定及做法如坚持权利平等、机会平等、规则平等，废除对非公有制经济各种形式的不合理规定，消除各种隐性壁垒，制定非公有制企业进入特许经营领域具体办法，鼓励非公有制企业参与国有企业改革，鼓励发展非公有资本控股的混合所有制企业，鼓励有条件的私营企业建立现代企业制度等；强调要坚持市场主体平等原则，国家保护各种所有制经济产权和合法利益，保证各种所有制经济依法平等使用生产要素、公开公平公正参与市场竞争，同等受到法律保护，依法监管各种所有制经济。[1] 2023 年，习近平总书记强调："党中央始终坚持'两个毫不动摇'、'三个没有变'，始终把民营企业和民营企业家当作自己人。"党中央对民营经济健康发展的关心、重视和一贯支持，为广大民营企业家增添了信心和力量，极大激发了非公有制经济活力和创造力。新时代十年来，我国民营企业数量从 2012 年的 1 085.7 万户增长到 2022 年的 4 700 多万户；民营经济贡献了 50% 以上的税收，60% 以上的国内生产总值，70% 以上的技术创新成果，80% 以上的城镇劳动就业；在国家级专精特新"小巨人"企业中，民营企业占比超过 80%……。[2] 数据和事实充分证明，我国民营经济展现出旺盛生命力，不仅没有弱化，而且在不断壮大；不仅没有离场，而且正在走向更加广阔的舞台。[3]

3. 全方位、高水平对外开放稳步推进

中国实行更加积极主动的开放战略，开放的大门越开越大且内

---

[1] 中共中央文献研究室：《十八大以来重要文献选编》（上册），中央文献出版社 2014 年版，第 516—517 页。
[2]《谱写民营经济发展新篇章》，《人民日报》2023 年 4 月 6 日。
[3]《促进民营经济发展壮大》，《人民日报》2023 年 4 月 25 日。

外联动、东西互济，全方位、高水平对外开放稳步推进，更大范围、更宽领域、更深层次对外开放格局正在加快形成，经贸大国地位日益巩固。

其一，在利用外资和对外投资方面。我国愈加成为外商投资的热土，利用外资规模不断扩大，吸收外资金额在世界排名中进入世界前列（2018 年我国吸收外资 1 383 亿美元，居全球第二位；2022 年中国实际使用外资金额 12 326.8 亿元人民币，规模再创历史新高）。中国贸促会新近调查显示，98.2% 的受访外资企业和外国商协会对 2023 年中国经济发展前景抱有信心，表示将继续在华投资。全球投资者通过"真金白银"持续"加仓"，为中国经济投下"信任票"，中国吸引外资和外商青睐中国的"双向奔赴"正在继续。① 对外投资合作后来居上，2018 年对外直接投资达 1 430 亿美元（居世界第二位），截至 2018 年底，我国对外投资存量接近 2 万亿美元，境外中资企业有 4.3 万家。2020 年，面对新冠疫情冲击，中国对外直接投资逆势上扬、量质齐升，对外直接投资 1 537.1 亿美元，同比增长 12.3%，流量占全球比重超过 20%，流量规模首次位居全球第一，在全球直接投资中的影响力不断扩大；2023 年我国对外投资出现持续增长态势。总体来说，我国克服各种外部环境的不利影响，对外投资平稳发展，稳中有进，充分彰显了中国开放型经济新体制的韧性和活力，为经济全球化及全球经济复苏和发展提供了更多正能量。国内国际两个市场、两种资源联通度持续提高。②

---

① 《中国实际利用外资规模再创新高，全球投资者纷纷表示——"我们将持续增加在华投资"》，《人民日报·海外版》2023 年 3 月 11 日。
② 《对外投资彰显开放决心》，《人民日报》2021 年 11 月 24 日。

其二，在参与全球经济治理方面。我国参与全球经济治理能力不断增强且日益成为完善全球治理的重要引领，始终做全球共同开放的重要推动者、全球治理改革的积极贡献者。如"作为深受欢迎的国际公共产品和国际合作平台，共建'一带一路'倡议得到了一百五十一个国家和三十二个国际组织的积极响应（这些国家和国际组织与我国签署了两百多份合作文件），也得到了国际社会的高度评价""支持多边贸易体制，推动世界贸易组织改革""构建面向全球的高标准自由贸易区网络，同二十六个国家和地区签署十九个自贸协定""在二十国集团、亚太经合组织、金砖国家等平台发出中国声音，提出中国主张，推动建设开放型世界经济，推动构建人类命运共同体"。①

其三，在对外贸易方面。我国已成为全球第一贸易大国、外汇储备第一大国，对全球经济增长贡献率年均达 30%，是世界经济格局中最为稳定、最具活力、最有韧性、最富成长性的动力源和压舱石。② 且贸易结构不断优化，持续推动进口与出口、货物贸易与服务贸易、贸易与双向投资、贸易与产业协调发展及数字贸易快速发展；目前我国服务贸易尤其是高附加值、高技术含量的知识密集型服务贸易快速发展且逆差明显下降，在体制机制及新数字技术变革的引领下不断拓展广度和深度，已成为贸易发展新的引擎。《全球服务贸易发展指数报告2022》显示，中国服务贸易综合指数全球排

---

① 《我国已成为全球第一贸易大国、全球第二大消费市场》，《人民日报》2019 年 9 月 30 日。
② 任鸿斌：《坚定不移推进高水平对外开放 以中国新发展为世界提供新机遇》，《红旗文稿》2023 年第 5 期。

名第九位,首次进入前十。2012—2021年的10年间,中国服务贸易规模增长了40.1%,连续8年稳居世界第二服务贸易大国地位。①

当前,我国已成为140多个国家和地区的主要贸易伙伴,货物贸易总额连续6年居全球第一,利用外资连续5年居全球第二,对外投资居世界前列。我国开放指数全球排名从第47位跃升至第39位。进博会、广交会、服贸会越办越好,"投资中国就是投资未来"成为普遍共识。② 习近平总书记在党的二十大报告中强调,"我们实行更加积极主动的开放战略……形成更大范围、更宽领域、更深层次对外开放格局……中国坚持对外开放的基本国策,坚定奉行互利共赢的开放战略,不断以中国新发展为世界提供新机遇,推动建设开放型世界经济,更好惠及各国人民"。③ 中国不断扩大对外开放,不仅发展了自己,也造福了世界。

二、政府作用的更好发挥不断体现

1. 宏观经济治理体系不断完善

基于新时代高质量发展的内在要求,中国突破传统宏观调控框架,提出"宏观经济治理",这是对宏观调控的进一步完善与升级。党的十八大以来,中国经济发展进入新常态,国际环境风云变幻,政府把"稳中求进"作为工作总基调,统筹"稳增长、促改革、调结构、惠民生、防风险",综合运用财政政策、货币政策、就业政

---

① 《全球服务贸易发展指数报告2022》。
② 任鸿斌:《坚定不移推进高水平对外开放 以中国新发展为世界提供新机遇》,《红旗文稿》2023年第5期。
③ 参见习近平:《高举中国特色社会主义伟大旗帜 为全面建设社会主义现代化国家而团结奋斗》,人民出版社2022年版。

策、产业政策、土地政策、投资政策、消费政策、环保政策、区域政策及法律法规等多种手段和工具，坚持不搞"大水漫灌"，注重多种调控方式的灵活运用，体现了前瞻性、长期性、结构性和协同性的战略要求，体现了经济和社会、总需求和总供给、短期和长期、国内和国际、发展和安全、稳定持续和改革创新等"相结合、有机统一"的辩证思维，体现了宏观经济治理的系统观、全局观及在多重目标中寻求平衡，体现了国家发展规划的战略导向作用，体现了加强和完善党对宏观经济治理体系的集中统一领导，体现了重视加强国际宏观经济政策协调及全球宏观经济治理中的大国担当，[①]目标更宏大、内涵更丰富、领域更宽广，具有鲜明的中国特色。如强化改革在宏观调控中的作用，更加注重通过供给侧结构性改革推进结构调整、优化、升级及可持续，进而提高全要素生产率，主要体现为"三去一降一补"政策，即去产能、去库存、去杠杆、降成本、补短板；积极财政"加力提效"，大规模减税降费政策陆续出台、层层推进、落实落细，如2019年稳定实施了力度空前的2万亿减税降费政策，包括深化增值税改革、小微企业普惠性税费减免、个人所得税专项附加扣除等，落实到位、效应凸显，数据显示，2019年1—8月，全国税收收入同比下降0.1%，增速同比回落13.5个百分点（从主要税种来看，国内增值税增长4.7%，增幅同比回落8.9个百分点；企业所得税增长3.6%，增幅同比回落9.3个百分点；进口货物增值税、消费税下降6.9%；个人所得税下降30.1%），2023年全年新增减税降费和退税缓税缓费超4.2万亿元

[①]《为什么强调要健全宏观经济治理体系》，《学习时报》2022年11月25日。

(创历史新高)且注重多政策协同,①减税降费政策多重红利向供给和需求两端持续深度释放,对激发市场活力、降低企业负担、提振市场信心、稳住经济大盘发挥了极为重要的作用,市场主体反映积极,其中小微企业和制造业企业获益尤为明显;②及时、综合运用普遍降准和定向降准政策工具,双箭齐发,加大逆周期调节力度,增加资金供给,降低银行资金成本,引导进一步降低实体经济特别是小微、民企融资成本;③此外,"通过多部门联合、多举措并用,保障猪肉、水果、蔬菜等农产品生产供应,保持物价总体稳定""通过侧重公平的再分配政策、转移支付等,防止贫富差距扩大""通过深入落实'就业优先'政策、促进加工制造业等吸纳劳动力较多的产业发展等,促进高校毕业生和农民工创业、就业,保持社会的相对充分就业""通过综合运用多种政策措施及法律法规防控金融、房地产等市场风险"及"统筹协调国内国外两个市场、两种资源"等,精准施策加大力度确保经济稳定持续发展及改革发展成果更多更公平惠及人民,以满足人民日益增长的美好生活需要。

2."放管服"改革持续深入推进

党的十八大以来,我国"放管服"改革切实、深入、持续推进,"简政放权、放管结合、优化服务"三管齐下,取得了一系列

---

① 《2023年减税降费的"红包"如何延续和完善?财政部回应》,www.163.com/dy/article/HUOLRSA5051497H3.html。
② 《税改步入快车道 减税红利深度释放》,《经济参考报》2019年9月24日。
③ 《全面与定向降准双箭齐发,逆周期调节力度加码》,http://www.yicai.com/news/100324291.htm,2019-09-08。

阶段性成果，市场化、法治化、国际化的营商环境持续优化，为经济社会持续健康发展提供了强劲动力、营造了良好环境，综合效应不断显现。中国营商环境全球排名不断上升，据世界银行发布的《全球营商环境报告 2020》，中国营商环境全球排名已跃升至全球第 31 位。国务院提出，以世行评价为契机，"倒逼"我国营商环境的进一步优化。① 从市场与政府"双作用"的发挥来看，一方面，政府着力通过"放管服"改革为发挥"市场的决定性作用"开路、清障、除弊、搭台，释放了制度红利，极大激发了市场的活力和创造力，新增市场主体呈现出量增质优的良好态势，国内市场巨大潜力不断释放；另一方面，"放管服"改革是政府自身刀刃向内的一场深刻革命，凸显了以人民为中心的发展思想，是"更好发挥政府作用"的鲜明体现，政府职能深刻转变，政府现代化治理能力和治理水平显著提升。

其一，在简政放权方面。针对政府对微观经济运行干预过多、管得过死及有些方面又管不到位等问题，最大限度减少政府对市场资源的直接配置，着力减少政府的微观管理和直接干预，向市场、社会和基层政府放权，推出一批标志性、支柱性改革举措，如持续深化行政审批制度改革，大幅取消和下放行政审批事项，简化行政审批程序，缩短行政审批时限，建立规范的行政审批管理制度；全面实行清单管理制度，包括市场准入负面清单、政府权力清单和政府责任清单；全面深化工商登记、注册资本等商事制度改革，逐步简化注册资本登记，实行多证合一，开展"证照分离"改革试点工

---

① 丁邡、逄金辉、乔靖媛：《我国"放管服"改革成效评估与展望》，《宏观经济管理》2019 年第 6 期。

作，清理规范中介服务等。

其二，在放管结合方面。坚持放管并重，建立纵横联动协同管理机制，实现责任和权力同步下放、放活和监管同步到位；创新和加强事中事后监管，全面实行"双随机、一公开"，推行"互联网+监管"，推进综合行政执法，加快社会信用体系建设，通过"一站式""一窗式""一网式"等推进政府信息共享，探索实施统一市场监管，提高了监管效能和公正性；加强价格监管和食品药品等安全监管。

其三，在优化服务方面。大力推行"互联网+政务服务"，实现部门间数据共享，加快推进国务院部门和地方政府信息系统互联互通以形成全国统一政务服务平台；加强政务服务标准化建设，实施《政务服务中心进驻事项服务指南编制规范》《政务服务中心服务现场管理规范》和《政务服务中心服务投诉处置规范》国家标准，以规范政务服务行为、提升政务服务效能、预防和治理政务服务领域的权力腐败。

大幅减税降费与"放管服"改革并举，有效降低了制度性交易成本和生产经营成本；进一步扩大开放与"放管服"改革并举，开放倒逼了改革，改革助推了开放，两者互促共进，如自贸试验区的改革经验与成效。

总之，在党中央和国务院的带领下，各地结合实际积极探索，涌现出了许多独具特色、深受企业和群众欢迎的便民利企好经验好做法，比如，"三张清单管理制度""不见面审批""一枚公章管审批""全程代办""多证合一""证照分离""双随机、一公开""最多跑一次""一网通办""一门式、一窗式"政务服务等；而且，一些中西部省份主动对标沿海发达地区营商环境，通过为企业提供更优服务及降低成本等来吸引投资，发达地区也在进一步切实推进创新举措改善营商环境，北京市、上海市推出的现行法律框架下国家政策支持、做法科学、经验成熟、成效明显的优化营商环境改革举措在全国范围内复制推广。2019年10月8日，国务院常务会议审议通过《优化营商环境条例（草案）》，将近年来"放管服"改革中的有效经验做法上升为法规，以政府立法为各类市场主体投资兴业提供制度保障。党的二十大以来，围绕构建高水平社会主义市场经济体制，"各地推出一系列举措，提升面向市场主体和人民群众的政务服务效能，着力推动已出台政策落地见效"。[①] 就成效来看，坚持新发展理念，围绕推动高质量发展，"放管服"改革三管齐下，各项措施有力，改革的巨大威力和市场的无限潜力充分释放，综合效应不断显现：一方面，通过"除烦苛之弊、施公平之策、开便利之门"的整体推进落实，切实营造了良好的发展环境，放活了市场、助力了企业，促进了市场主体自由平等发展和公平竞争，从各项主要经济指标、市场主体总数及市场主体满意度等方面来看，极大地激发了市场活力、发展动力和社会创造力，营商环境持续改善且国际排名大幅跃升，对稳增长保就业、税基扩大、新旧动能接续转换、经济结构优化升级及提升开放型经济水平等都发挥了关键支撑和助推作用，对顶住复杂严峻的国内外形势下持续加大的经济下行压力起到了极其重要的作用；另一方面，政府着力提升服务效能，建设人民满意的法治政府、创新政府、廉洁政府和服务

[①]《"放管服"改革促高质量发展》，《经济日报》2022年12月28日。

型政府，长期存在的"重审批、轻监管、弱服务"及"政府职能缺位、错位、越位"等突出问题得以逐步破解，政府治理理念及方式方法不断创新，政府职能深刻转变，政府现代化治理能力和治理水平显著提升。

3. 新时代国家发展战略的引领作用不断强化

站在新的历史起点上，党中央高度重视新时代国家发展战略的引领，对关系国家经济社会发展全局的一系列重大战略进行整体谋划、科学决策和切实推进，且愈加注重人民的需要、创新的引领、区域的协同、内外的统筹及人与自然的和谐。下文就创新驱动发展战略和区域协调发展战略作一阐释：

(1) 创新驱动发展战略。党中央将"创新"作为引领发展的第一动力，作为五大新发展理念之首，摆在国家发展全局的核心位置，深入实施创新驱动发展战略，"坚持面向世界科技前沿、面向经济主战场、面向国家重大需求、面向人民生命健康，加快实现高水平科技自立自强"，① 加快推进创新型国家建设、世界科技强国建设，为建成社会主义现代化国家提供强大支撑。创新驱动发展之核心要义就是靠创新来转变发展方式和动力，增强经济的内生动力，实现经济发展质量变革、效率变革、动力变革，提高全要素生产率。同时，创新驱动发展战略实施与供给侧结构性改革相互融合、协同推进，推动了产业价值链从中低端转向中高端、推动了实体经济转型升级和强劲发展、推动了绿色发展，促进了产业基础高级化、产业链现代化和产业深度融合，着力打造具有战略性和全局

---

① 参见习近平：《高举中国特色社会主义伟大旗帜　为全面建设社会主义现代化国家而团结奋斗》，人民出版社2022年版。

性的高水平产业链，着力培育现代产业体系，从而促进了经济结构的优化升级和高质量发展。而其中，既有市场机制在资源配置方面优势的有效发挥，也有作为市场主体的企业和企业家的自主性和创造性发挥，更有党和政府在政策方面的引导、支持和强力推动，如财政扶持力度不断加大，2017 年，国家财政科技拨款为 8 383.6 亿元（是 1980 年的 130 倍），规模以上工业享受研发费用加计扣除减免税和高新技术企业减免税的企业分别达到 2.44 万家和 2.42 万家（分别是 2009 年的 3.3 倍和 3.5 倍），减免金额分别达到 570 亿元和 1 062 亿元，[1] 2021 年全社会研发经费是 2012 年的 2.7 倍，[2] 国家和地方科技成果转化引导基金成立且规模不断扩大，在支持符合国家产业政策和需求的行业及领域、引导社会资本支持科技成果转化及帮助中小科创企业渡过难关等方面都发挥了积极成效；不断消除阻碍创新的体制机制障碍，建立鼓励创新、包容审慎的市场监管体系，持续优化政务服务，营造平等、公平、法治、便利的市场环境；央地促科技成果转化政策密集推出，具体管理制度及相关法律法规也逐步修订完善（从中央层面来说，《促进科技成果转移转化行动方案》的出台、《促进科技成果转化法》的修订与《实施〈促进科技成果转法〉若干规定》的出台形成了科技成果转移转化工作"三部曲"，而《国家技术转移体系建设方案》第一次提出了国家技术转移体系的概念；从地方层面来说，促科技成果转化政策更是"遍地开花"，相继出台新修订的促进科技成果转化条例），因地制

---

[1]《从"国家账本"70 年变迁看国富民强》，《经济参考》2019 年 9 月 5 日。
[2]《新时代十年的伟大变革彰显中国经济强大韧性和活力》，《光明日报》2022 年 8 月 31 日。

宜地切实营造有利于创新的政策和制度环境，不断强化以企业为主体、市场为导向、产学研"深度融合"的技术创新体系建设，促进科技成果转移转化，加强科技与经济紧密结合，着力从资金链、产业链、服务链和人才链的协同推进上全面疏通创新驱动发展"最后一公里"梗阻，打通创新链、应用链和价值链。最终成效也是显著的，全球创新指数排名10年间上升了22位（位列全球第12位），高速铁路、5G网络等技术世界领先，载人航天、火星探测等领域实现重大突破，深海、深空、深地、深蓝等领域抢占一批科技制高点，"中国芯""智能造""未来车""数据港"等硬核技术加快发展，[1] 一项项重大民生工程顺利落地（如C919大型客机飞上蓝天、鲲龙AG600试飞成功、港珠澳大桥主体工程全线贯通、复兴号奔驰在祖国广袤的大地上等），一批科技型、创新型企业奋然崛起，广大制造企业正在努力朝着一流、具有核心竞争力的国际化制造业企业集团迈进。正如习近平总书记所言："中国制造、中国创造、中国建造共同发力，继续改变着中国的面貌。"[2]

（2）区域协调发展战略。党的十八大以来，党中央深入实施区域协调发展战略，统筹推进西部大开发、东北全面振兴、中部地区崛起、东部率先发展战略以及京津冀协同发展、长江经济带发展、粤港澳大湾区建设、长三角一体化发展、黄河流域生态保护和高质

---

[1]《新时代十年的伟大变革彰显中国经济强大韧性和活力》，《光明日报》2022年8月31日。
[2]《国家主席习近平发表二〇一九年新年贺词》，https://www.gov.cn/gongbao/content/2019/content_5358672.htm，2018-12-31。

量发展等重大国家战略。这些区域协调发展的重大国家战略，基于新发展理念的指引，日益体现出了"大市场、更高效""新动能、更充分""谋全局、更平衡""重生态、更绿色"的四大特点和优势。展开来说，其一，按照客观经济规律调整完善区域政策体系、健全市场一体化发展机制，促进了商品和生产要素合理流动和高效集聚，推动了统一开放竞争有序的商品和要素市场加快形成，有效发挥了集中力量办大事的制度优势和超大规模的市场优势——这个"双优势"，资源配置效率全面提高，"大市场、更高效"特点和优势日益凸显。其二，遵循唯物辩证法，因地制宜地加快布局各类战略平台，发挥各地区比较优势，增强创新发展动力，全方位培育区域发展新动能，促进各地区发展更加充分，"新动能、更充分"特点和优势日益凸显。其三，运用整体思维，全面、协调、系统地从全局上谋划全国区域协调发展，突破原有的地域局限，架构起区域协调发展的体制机制及多样化的平台和载体，加强地域间的互联、互补、互动与协同，从更大范围、更高层次、更深程度、更广领域和更远眼光上探索建立有中国特色的资源共享、优势互补、合作共赢、共同发展的区域协调发展模式，以谋求"全局"与"一域"的长远共同发展，"谋全局、更平衡"特点和优势日益凸显。其四，牢固树立绿色发展理念，从中华民族伟大复兴和永续发展的长远利益考虑，坚持走生产发展、生活富裕、生态良好的文明发展道路，站在国家的、全局的角度谋划"长江经济带发展"与"黄河流域生态保护和高质量发展"重大国家战略，以共抓大保护、不搞大开发为导向，以生态优先、绿色发展为引领，综合考虑生态效益、经济效益和社会效益，因地制宜地探索符合不同流域段、不同省情区情的高质量发展道路,"重生态、更绿色"特点和优势日益凸显。①新时代十年来,在这些重大国家战略的引领下,我国区域协调发展取得历史性成就、发生历史性变革。数据显示,中部和西部地区生产总值占全国的比重,由 2012 年的 21.3%、19.6%提高到 2021 年的 22%、21.1%;东部与中、西部人均地区生产总值比分别从 2012 年的 1.69、1.87 下降到 2021 年的 1.53、1.68,区域发展差距逐步缩小。当前,我国区域发展形势稳中向好,区域协调发展战略的牵引作用愈加显现,区域发展平衡性协调性持续增强,铺展开一幅充满生机活力的画卷。②习近平主席在二〇二三年新年贺词中这样描述:"沿海地区踊跃创新,中西部地区加快发展,东北振兴蓄势待发,边疆地区兴边富民。"③

4. 共建"一带一路",高质量发展加快推进

着眼于中国与世界双重向度、顺应中国与世界发展大势,中国提出了共建"一带一路"倡议(即"丝绸之路经济带"和"21 世纪海上丝绸之路"),力求携手共同打造政治互信、经济融合、文化包容的利益共同体、命运共同体和责任共同体,得到了国际社会的积极响应及诸多国家和地区的合作共建,取得了显著成效。

从具体实践展开看,其一,相较于传统发展援助机构,中国政

---

① 《习近平在深入推动长江经济带发展座谈会上的讲话》,http://www.xinhuanet.com/2018-06/13/c_1122981323.htm,2018-06-13;《创作新时代的黄河大合唱——记习近平总书记考察调研并主持召开黄河流域生态保护和高质量发展座谈会》,http://www.xinhuanet.com/2019-09/20/c_1125016904.htm,2019-09-20。
② 《深入实施区域协调发展战略》,《人民日报》2023 年 2 月 21 日。
③ 《国家主席习近平发表二〇二三年新年贺词》,https://www.gov.cn/gongbao/content/2023/content_5736705.htm,2022-12-31。

府充分发挥其强有力的机构能力，建立政府层级机构助力设计和实施共建"一带一路"倡议，以政策协调为牵引，全力调动和协调各类资源并激发大众热情，以更大规模、更快速度和更高效率推进共建"一带一路"倡议落地生根。其二，充分依靠中国与有关国家既有的双多边机制，借助既有的、行之有效的区域合作平台，不断丰富和完善"一带一路"合作平台、机制与方式，同时与国际和地区组织的发展和合作规划对接、同各国发展战略对接，促进了区域经济要素有序自由流动、资源高效配置、市场深度融合、市场主体活力激增、产业结构优化升级及各国经济政策沟通与协调等。其三，基于在通路、通航的基础上通商的理念，推进基础设施互联互通和国际大通道建设，为发展中国家大量基础设施建设提供了资金、技术和设备，共同建设区域和跨大陆桥运输走廊及其他基础设施网络，大批基础设施项目落地生根。其四，为满足"一带一路"建设的巨额融资需求，中国于 2014 年 12 月设立了 400 亿美元的丝路基金（SRF），筹建了六家国际金融机构（如法定资本为 1 000 亿美元的亚洲基础设施投资银行（AIIB）），加强同国际金融机构合作和金融政策协调以吸引国际资金共建开放多元共赢的金融合作平台。而且，相较于西方国家提供的贷款，中国提供的是无政治附带条件的贷款，以帮助发展中国家克服发展障碍、提高整体投资率及促进经济增长，使发展中国家能获得更好的经济回报。

总之，在党和政府的引领、推动与强力支持下，"一带一路"建设将中国的产能、技术、资金及经验等方面优势转化成了合作与市场优势，为中国与沿线国家之间的互利合作注入了新的活力，有力推动了中国与沿线国家合作的深度、广度与效度，充分发挥了中国政府集中力量办大事的制度优势和超大规模的市场优势，实现了互利共赢、共同发展，成效显著。一方面，对沿线国家而言，让沿线国家普遍受益，推动了沿线各国发展战略的对接与耦合，给各国民众带来了实实在在的就业、创收等实惠，促进了投资和消费，同时增进了沿线各国人民的人文交流与文明互鉴；另一方面，对中国而言，大幅提升了中国贸易投资自由化便利化水平，促进了中国产能过剩问题解决，为寻找新的经济增长和社会就业引擎搭建了平台，助推了中国企业创新水平与企业能级的提升及"走出去"战略的实施，因而，其不仅是中国实行全方位、高水平对外开放的一大创新，也是促进中国全面深化改革的重要一环。此外，"一带一路"建设遵循了全球化发展规律，推动建设开放型世界经济，推动形成开放、多元、稳定的世界经济秩序，作为对中国与世界新的增长动能和发展路径的一种创新性探索，有助于推动世界经济从复苏走向强劲、可持续、平衡和包容增长，有助于推动建立更加平等均衡的新型全球发展伙伴关系，有助于促进世界的和平与繁荣。

综上，就政府与市场关系而言，共建"一带一路"倡议是在马克思主义理论指导下，通过创新区域合作及全球发展理念与理论，对"使市场在资源配置中起决定性作用和更好发挥政府作用"的深刻诠释和生动实践，体现了马克思主义的社会化大生产、世界市场及全球化理论，体现了中国马克思主义基于对马克思主义经典作家思想的科学把握和破解时代难题的创新性探索，彰显了中国以人类社会为立足点，运用唯物史观和唯物辩证法在处理政府与市场上的中国智慧、中国方案与中国标准，有效发挥了社会主义制度在全球发展和人类文明中的独特优势和积极作用。

5. 以人民为中心不断优化公共服务和缩小收入分配差距

党的十八大以来，习近平总书记多次深刻阐述了"坚持以人民为中心的发展思想"，指出："我们的人民热爱生活，期盼有更好的教育、更稳定的工作、更满意的收入、更可靠的社会保障、更高水平的医疗卫生服务、更舒适的居住条件、更优美的环境……人民对美好生活的向往，就是我们的奋斗目标。"① 党紧紧围绕着力保障和改善民生、促进社会公平正义，充分发挥政治优势和制度优势，将公共服务和收入分配作为满足人民对美好生活需要的应有之义和重要内容统筹推进，不断加强和优化公共服务，不断缩小收入分配差距，取得显著成效。

一方面，加强和优化公共服务。主要体现在以下方面：公共服务体系不断完善，公共服务共建能力和共享水平不断提高，基本公共服务均等化持续推进，国有资本对公益性企业的投入及在提供公共服务方面做出更大贡献，创新公共服务提供方式，政府购买公共服务力度不断加大，公共服务管理体制不断完善。从具体领域来说，如深化医药卫生体制改革，实行医疗、医保、医药联动改革，建立覆盖城乡的基本医疗卫生制度和现代医院管理制度，全面推开公立医院综合改革，坚持公益属性；建设以居家为基础、社区为依托、机构为补充的多层次养老服务体系，加大基本养老、基本医疗等保障力度，建立统一的城乡居民基本养老、医疗保险制度；坚持教育优先发展，财政性教育经费占国内生产总值比例持续超过4%，

---

① 中共中央文献研究室：《十八大以来重要文献选编》（上册），中央文献出版社2014年版，第70页。

深化教育教学改革,推进城乡义务教育一体化发展,发展更加公平更有质量的教育,努力办好人民满意的教育;更好解决群众住房问题,落实城市主体责任,改革完善住房市场体系和保障体系,继续推进保障性住房建设和城镇棚户区改造以保障困难群体基本居住需求,稳步推进房地产税立法;强化基层公共文化服务,加快发展文化事业。总体来说,加强和优化公共服务工作在整体推进落实中政府职责不断强化且成效显著,基于2018年政府工作报告中"过去五年工作回顾",2013—2017年,教育事业全面发展,社会养老保险覆盖9亿多人,基本医疗保险覆盖13.5亿人,棚户区住房改造2 600多万套,农村危房改造1 700多万户,上亿人喜迁新居,织就了世界上最大的社会保障网,基本公共服务均等化水平稳步提高,人民福祉不断增进,人民群众获得感和幸福感不断增强。[1] 在此基础上,2018年以来,政府持续增加民生投入,着力保基本、兜底线、促公平,提升公共服务水平,推进基本公共服务均等化,在促进教育公平和质量提升、提升医疗卫生服务能力、加强社会保障和服务及丰富人民群众精神文化生活等方面多措并举持续推进,在发展中不断增进民生福祉。[2] 另一方面,改革收入分配制度,缩小收入分配差距。积极构建初次分配、再分配、第三次分配协调配套的制度体系,不断改善收入和财富分配格局。主要体现在以下方面:规范初次分配,坚持按劳分配原则,完善按要素分配的体制机制;坚持在经济增长的同时实现居民收入同步增长、在劳动生产率提高

---

[1] 中共中央党史和文献研究院:《十九大以来重要文献选编》(上册),中央文献出版社2019年版,第302—314页。
[2]《2023年政府工作报告》。

的同时实现劳动报酬同步提高；完善企业工资集体协商制度；拓宽居民劳动收入和财产性收入渠道；加大税收、社会保障、转移支付等调节力度和精准性；规范收入分配秩序，不断完善收入分配调控体制机制和政策体系；发挥第三次分配作用，引导、支持有意愿有能力的企业、社会组织和个人积极参与公益慈善事业，① 积极发挥慈善事业扶贫济困积极作用，完善鼓励回馈社会、扶贫济困的税收政策。②

基于 2023 年政府工作报告中"过去五年工作回顾"，五年来，各级政府坚持过紧日子……腾出的资金千方百计惠企裕民，全国财政支出 70% 以上用于民生；强化就业优先政策导向，把稳就业作为经济运行在合理区间的关键指标，实施失业保险基金稳岗返还、留工培训补助等政策；将养老保险单位缴费比例从 20% 降至 16%，同时充实全国社保基金，储备规模从 1.8 万亿元增加到 2.5 万亿元以上。2018—2022 年，人民生活水平不断提高。居民收入增长与经济增长基本同步，全国居民人均可支配收入年均增长 5.1%；居民消费价格年均上涨 2.1%；新增劳动力平均受教育年限从 13.5 年提高到 14 年；基本养老保险参保人数增加 1.4 亿人、覆盖 10.5 亿人；基本医保水平稳步提高；累计改造棚户区住房 4 200 多万套，上亿人出棚进楼、实现安居。特别是，十年来我国居民消费价格涨幅稳

---

① 参见习近平：《高举中国特色社会主义伟大旗帜 为全面建设社会主义现代化国家而团结奋斗》，人民出版社 2022 年版。
② 中共中央文献研究室：《十八大以来重要文献选编》（上册），中央文献出版社 2014 年版，第 537 页；中共中央文献研究室：《十八大以来重要文献选编》（中册），中央文献出版社 2016 年版，第 814—815 页；中共中央党史和文献研究院：《十九大以来重要文献选编》（上册），中央文献出版社 2019 年版，第 33 页。

定在2%左右的较低水平,既维护了市场经济秩序、为宏观政策实施提供了空间,又有利于更好保障基本民生。①

第二节 新时代中国政府与市场关系面临的现实问题与挑战

一、市场决定性作用发挥中的现实问题与挑战

市场决定资源配置主要涉及三个方面:市场体系、市场主体和市场秩序。

1. 现代市场体系还不够完善

当前我国市场体系存在生产要素市场发展滞后以及市场不够"统一和开放"、市场竞争不够"充分、公平和有序"、市场秩序不够规范、市场机制作用发挥不够充分等问题,与完善的现代市场体系尚存在一定差距。

其一,生产要素市场发展相对滞后、不规范。主要体现为以下几点:各类生产要素市场体系不健全、发展不均衡,技术市场、信息市场、城乡统一的建设用地市场等仍不发达;要素市场化配置不足,政府对生产要素的控制放开得不够;要素自由流动不畅;要素配置效率不高,要素闲置和大量有效需求得不到满足并存。对各类生产要素市场具体分析如下:

(1) 金融市场。从目前金融市场的发展情况看,尚存在以下不足与问题:第一,资本市场体系不够完备、供给不足,融资结构尚

---

① 《2023年政府工作报告》。

需改善。间接融资的比例过大,企业杠杆率太高,利息负担太重,因而为便于企业以低成本、高效融通资金,当前亟须建设多层次的完善的资本市场,给投资者、给企业提供多元的投资场所、多种投资工具及完善的资本市场机制。第二,不良资产的市场规模持续上升,亟须快速发展与完善不良资产交易市场。由于受经济金融体系运行周期性特征、经济结构调整、经济增速放缓、金融监管趋严、金融资产分类管理加强和企业抗风险能力较弱等因素影响,不良资产的市场规模持续上升。第三,服务实体经济功能不完善问题凸显,亟须进一步协调和强化金融业与实体经济之间的融合关系。以间接融资为主的金融服务、以大中型银行为主的金融机构以及政策安排、技术支撑、激励约束机制等相对不够健全,这些体制性问题致使信贷供需不平衡,尤其是缺少能与中小微、初创、科技创新、"三农"和民营企业相匹配的"下沉式"服务能力,形成了"融资难、融资贵"问题。[①] 第四,金融监管制度体系、责任意识及监管能力与党中央要求相比仍有一定差距,有效防范化解金融风险的治理体系和治理能力亟须增强。金融市场的秩序不稳及异常波动加大,金融不良资产规模持续上升,金融机构经营运作的合法、合规、稳定、高效制度体系不够完善,部分中小券商风控机制和合规管理仍然缺位,相关从业人员的专业化水平、结合中国实际的反应能力和职业道德尚需再提高,这些现存问题亟须进一步加强金融监管。此外,金融市场的法制化、透明化、市场化和国际化程度还有待进一步提高。

---

① 《优化配置科创板服务经济高质量发展》,《经济日报》2019 年 9 月 10 日。

（2）劳动力和人才市场。劳动力和人才自由流动不畅甚或受阻，是困扰经济社会高质量发展的大问题。当前，我国劳动力和人才社会性的自由有序流动受户籍限制及与之相关的社会保障、限房、限学籍、限车等的阻碍太大，致使局部的劳动力、人才短缺与失业并存，制约了劳动力和人才资源的优化配置和高效利用。对此，2019年9月9日，中央全面深化改革委员会第十次会议明确强调要"破除妨碍劳动力、人才社会性流动的体制机制弊端，促进劳动力和人才有序社会性流动"。① 据笔者就某地的实地调研，经济迅速发展与人才储备枯竭矛盾凸显，人才短缺已成为制约经济发展的关键因素，虽然当地制定了许多优惠政策，但人才供应问题并未从根本上解决，人才引进仍是难点，尤其是高新技术企业对人才短缺这一问题的感受更为强烈（如我们实际走访调研的某产业孵化园内只有一家高新技术企业，其他企业均未获评"高新技术企业"的直接原因在于科技创新意识不强，根本原因是缺乏高精尖技术研发人才）。

（3）土地和房地产市场。当前我国土地市场不完善、城乡土地市场发展不平衡不统一，特别是集体建设用地基本被排斥在土地市场之外等问题亟待解决。如长期以来，我国农村建设用地的征用很不规范，土地出让方即农民与地方政府间存在不平等关系，地方政府在土地征用中违背市场原则，利用土地征用和出让差价获取大量财政收入，形成了"土地财政"现象，而农民的合法土地权益被大量侵占。其中一个非常重要的原因就是未能建立起规范的城乡统一

---

① 《习近平主持召开中央全面深化改革委员会第十次会议强调　加强改革系统集成协同高效　推动各方面制度更加成熟更加定型》，http://www.xinhuanet.com/politics/2019-09/09/c_1124979267.htm，2019-09-09。

的建设用地市场。① 因而当前亟须探索如何在保证土地集体所有制的前提下合理有效运用市场机制推进城乡统一的建设用地市场建设,促进土地资源的优化配置和高效利用。就房地产市场来看:第一,部分热点城市和区域中心城市依然存在住房供需矛盾突出、土地市场热度回升及房价上涨过快。如部分热点城市住房供需结构性、区域性矛盾突出,优质教育资源集中、配套设施完善或具有城市群发展概念的区域房价上涨压力较大曾引发社会高度关注。② 人民群众最急需的中小套型普通商品住房供给依然相对不足;重购买轻租赁,住房租赁制度不完善、市场不成熟;土地的城镇化跟不上人的城镇化,人地分离、供需错配,导致一二线城市高房价、三四线城市高库存。第二,从供给主体来看,市场供给方面依然存在开发商垄断供给现象、多主体供给格局尚未形成,住房保障方面也未形成多种社会力量广泛参与的局面。此外,保障房建设和商品房市场的结合还不够良好,如何实现两者有机联动亟须探索。

(4) 技术市场和信息市场。当前,我国技术市场和信息市场发展相对滞后。就技术市场和技术要素的利用来说,科技创新成果市场化转换率不高,产业化较落后,不仅造成了科研资源的严重浪费,也直接影响到了企业的技术创新能力,这与我国技术市场不够发达和规范有很大关系。就信息市场和信息要素的利用来说,新一轮信息技术革命日新月异,但相较之,信息市场发展却相对缓慢,

---

① 邱海平:《使市场在资源配置中起决定性作用和更好发挥政府作用——中国特色社会主义经济学的新发展》,《理论学刊》2015年第9期。
② 《如何看待未来房地产市场发展态势》,http://www.xinhuanet.com/2019-04/23/c_1124406313.htm,2019-04-23。

这无疑会影响到信息要素对经济社会发展的推动作用。因而面对全球竞争压力不断加剧，"新一轮科技革命和产业变革加速推进且日益成为大国战略博弈的重要战场""社会日益信息化，信息资源在经济社会发展中的作用日益增强"及"我国经济发展方式加快转变"的现实，我们亟须应时代之需，加强技术市场和信息市场建设，以充分发挥市场机制在技术、信息资源配置方面的优势。

其二，市场机制作用发挥不够充分，市场体系离"统一开放、竞争有序"尚有一定差距。如市场的统一和开放度还不够，市场竞争还不够充分，市场秩序还不够规范，公平开放透明统一的市场规则还不够健全等。

（1）保护主义借助各种壁垒阻碍资源自由流动问题尚存，妨碍了全国统一开放、竞争有序市场的形成。部门保护主义和地方保护主义在一定程度上依然存在，借助乱设卡、乱收费、对外的价格歧视、对内的保护性扶持、原材料产地封锁市场及本地资源就地加工等多种形式或壁垒，形成市场垄断和行政垄断双垄断，造成市场的分割和封锁，阻碍商品和要素的自由流通，妨碍了全国统一开放市场的形成。① 其实，这是垄断本地本部门的市场，是一种有违公平竞争的不正当竞争行为，阻碍了市场内在机制的发育和市场整体功能的生成，并由此阻碍经济结构调整、产业结构优化升级及资源配置的效率和公平性，同时削弱了国家宏观调控力度，加剧了市场的无序混乱状态，助长了"寻租"的滋生等，严重影响现代市场体系的健康发展，也是长期影响我国经济发展的关键因素之一。因而如

---

① 邱海平：《使市场在资源配置中起决定性作用和更好发挥政府作用——中国特色社会主义经济学的新发展》，《理论学刊》2015年第9期。

何打破各种壁垒,通过区域协调一体化发展,盘活资源,促进资源的优化配置和高效利用尚待全面、深入推进落实。

(2)城乡分割的二元市场结构问题尚存。总体来说,农村的市场化进程慢于城市的市场化进程,尤其是城乡之间生产要素市场尚未能实现有效对接,加上城乡之间固有的体制约束,使得近年来城乡二元市场结构尤其是二元生产要素市场问题愈发凸显。因而,当前亟须加快推进城乡统一的现代市场体系建设。

(3)国内外市场双向开放面临挑战。根据市场经济和全球化发展的一般规律,完整意义上的现代市场体系,国内外市场应当是双向开放的,这是促进生产力发展的必然要求。从国内市场的对外开放看,我们一直在不断推进全方位、更高水平对外开放,而与此相适应,诸多领域的对外竞争和承受风险能力仍亟待提高(如金融市场、技术市场、信息市场等),以便于安全而高质量地对外开放。从国际市场对我国的开放看,某些发达国家和地区对我们的歧视性政策还没有消除,各种不平等的限制、制裁时有发生,美欧日等发达国家严格限制中国企业进入其军工和高新技术产业部门以及近期中美经贸摩擦就是明证。①

(4)公平开放透明的市场规则还不够统一和完备,市场机制作用发挥还不够充分。在市场准入方面,相对缺乏统一完善、公开透明的规则,且各地方之间也存在宽严程度的不同;② 市场的开放度

---

① 钱伟刚:《论中国特色社会主义市场经济资源配置方式——从政府和市场的统分视角批判新自由主义》,《经济社会体制比较》2018年第3期;袁恩桢:《从市场的基础性作用到决定性作用的演变》,《毛泽东邓小平理论研究》2014年第1期。
② 邱海平:《使市场在资源配置中起决定性作用和更好发挥政府作用——中国特色社会主义经济学的新发展》,《理论学刊》2015年第9期。

还不够高,市场准入的领域和范围还不够充分,既有所有制限制,又有行政审批障碍,还有企业大小、资本规模的壁垒,在许多领域民营企业进入还面临诸多限制等。① 在市场运行方面,相关法律法规体系还不够健全,不规范的交易行为还较多,信用体系建设相对滞后;有些领域竞争的规则和程序透明度还较低,招投标及采购环节潜规则盛行;市场不充分竞争、不正当竞争、恶性竞争和过度竞争同时并存,垄断现象、暴利现象、投机现象、诱骗欺诈现象、"霸王条款"现象以及"不找市场找市长"现象依然还在一定程度、一定范围、一定领域存在;市场中介组织发育相对滞后、不够规范、资质水平不高及无序竞争等问题,影响了其良好作用的发挥;有相当一部分商品或服务的价格还没有完全实现由市场决定,如水、石油、天然气、电力、交通、通信、大宗农产品等,必须进一步推进价格改革,放开竞争性环节价格,进一步完善主要由市场决定价格的机制。②

2. 市场主体发展现存问题与困境

我国市场主体快速发展,③ 但同时也存在一些问题与困境,更面临一些较为严峻的内外双重挑战(从外部环境看,经济全球化遭遇波折,多边主义受到冲击,国际金融市场震荡,特别是中美经贸

---

① 洪银兴:《基于完善要素市场化配置的市场监管》,《江苏行政学院学报》2018年第2期。

② 邱海平:《使市场在资源配置中起决定性作用和更好发挥政府作用——中国特色社会主义经济学的新发展》,《理论学刊》2015年第9期。

③ 《国新办举行市场主体登记注册改革发展40年新闻发布会》,http://www.scio.gov.cn/xwfbh/xwfbfh/wqfbh/37601/39539/index.htm,2018-12-25;国家市场监管总局:《对所有市场主体一视同仁、平等对待》,https://finance.qq.com/a/20181105/014980.htm,2018-11-05。

摩擦给一些企业生产经营、市场预期带来不利影响；从内部环境看，发展不平衡不充分的一些突出问题尚未解决，我国经济仍旧处于换挡期、阵痛期和消化期的"三期叠加"）。总体来说，面对的是两难多难问题增多的复杂局面，① 亟待在全面深化改革中继续完善，以向高质量发展转型稳步推进。

其一，国有企业改革与发展中的问题与不足。党的十八大以来，随着改革步入深水区，国企改革既有一些需要进一步推进的方面，也有一些需要警惕的方面。

（1）新一轮产权制度改革中的分歧与风险。国企产权制度应是探索全民产权的有效实现形式，这是与我国基本经济制度有效实现形式的探索紧密联系在一起的。然而，当前对国企产权制度的新一轮深化改革认识分歧很大，在一定程度上影响了改革实践的顺利有效推进，也加大了改革的风险与复杂性。有些观点认为，当前我国国企产权是不清晰的，说是全民所有，实际上谁都没有占有，因此，国企难以与市场经济相融合，而要实现国有产权清晰，就必须要将产权量化到个人，甚或试图直接将国企从市场经济的主体中排除出去；有些观点极度否认国企效率，由此得出结论"国企是市场经济不合格的主体"。② 因而在某些观点看来，谈到产权制度改革，要依据西方现代产权理论。按照这种理论，唯有私有产权才是明晰的，才有产权人提高企业效益的激励动机，这是永恒的唯一有效率的产权形式；而"全民所有就是无所有""只要国企产权属于全

---

① 中共中央党史和文献研究院：《十九大以来重要文献选编》（上册），中央文献出版社2019年版，第838—845页。
② 赵锦辉：《中国国有企业70年发展回顾与展望》，《山东社会科学》2019年第9期。

民，就永远是不明晰的、低效的"。由此形成的改革设计，不是完善国有企业的全民产权实现形式，而很可能是假"产权多元化"、实行"公司制""混合制"之名，用私资、外资来分解、控制甚至消化掉全民产权。① 对此，马克思主义所有制理论早已指出，产权的本质不是抽象的法律意义上的财产权利，而是现实的所有权关系，即生产资料归谁实际占有、支配、使用和受益所反映的全部经济关系。不同所有权关系性质的决定因素，是劳动者与生产资料相结合的不同社会方式。在社会主义社会，"生产资料的全国性集中"的社会主义国有经济，成为"由自由平等的生产者的各联合体所构成"的公有制经济最重要的"全国性"基础。② 回顾历史，苏东国家通过"休克疗法"将大量国有资产私有化，结果是培养了一批权贵寡头、国家经济命脉也由外国资本把控，由此迅速摧毁了本国的国有企业，导致大量国有资产流失、经济迅速倒退、社会两极分化、人民生活水平下降，部分东欧国家还沦为西方发达国家的附庸。就我国国企改革实践来看，利用"两权分离"带来的制度便利把国企搞成私企的实例也不少。2018 年全国性互联网民间融资平台"暴雷"事件中暴露出不少国有资产管理公司对投资企业资产经营事项不管不问，造成人民群众受骗、国有资产受损的恶果。因而西方主流经济学的产权理论、企业理论研究的是私人资本如何在要素约束下实现利润最大化，不宜指导中国的国企改革。国企的所有制结构在很大程度上决定了社会制度的性质，国企的改革方向要与中

---

① 宋方敏：《我国国有企业产权制度改革的探索与风险》，《政治经济学评论》2019 年第 1 期。
②《马克思恩格斯选集》（第 3 卷），人民出版社 1995 年版，第 130 页。

国社会制度的不断完善相一致，要用马克思主义产权理论指导我国新一轮产权制度改革。此外，如何跳出政府权力"收放"的思维窠臼，在理顺所有权与经营权的关系、全民所有者与其"代理人"即政府的关系以及政府与市场的关系的基础上，真正实现"活而不乱"，亟须深入探索并进行理论与制度建构。

（2）如何从理论内涵及制度建构上把握好混合所有制经济的社会性质，从而确保其真正成为基本经济制度有效而重要的实现形式，尚未做出统一而完善的探索。混合所有制经济是指不同性质的所有制经济成分结合为一体的经济形式。中央逐步将发展国有资本、集体资本和非公有资本等参股的混合所有制经济，作为在改革中探索公有制经济的多种有效实现形式的任务明确提出来。习近平总书记讲得更加清楚："国有资本、集体资本、非公有资本等交叉持股、相互融合的混合所有制经济，是基本经济制度的重要实现形式""有利于国有资本放大功能、保值增值、提高竞争力""这是新形势下坚持公有制主体地位，增强国有经济活力、控制力、影响力的一个有效途径和必然选择"。[①] 我们要以此为指导，理解和推进我国国有企业混合所有制改革。而当前有关混合所有制改革的理论与实践均未对此做出统一而完善的探索，亟待加强。同时，也要对当前一种比较流行的论调即"把国企混合所有制改革的意义归结为解决国有企业政企不分、机制不活、效率不高、腐败高发等问题，认为只有引入非公资本，企业治理结构才能有效优化，激励约束机制才能健全"进行辩证批判与澄清；并对如何靠多资混合形成

[①]《习近平谈治国理政》，外文出版社 2014 年版，第 116 页。

一种新的"共融"优势（即如何在一个有机体中同时发挥国有企业在国家战略、资源、技术、人才等方面的优势和民营企业适应市场竞争的灵活性、主动性、创新性等方面的优势）进行切实探索。此外，也要警惕国企"混改"中可能存在的风险。

（3）要完成国有资本做强、做优、做大及使国有企业成为具有全球竞争力的世界一流企业的宏大目标，当前还存在诸多困难与挑战，亟待克服与应对。展开来说，主要体现在以下三个方面：第一，如何既确保国有经济在关系国家安全和国民经济命脉的重要行业和关键性领域保持绝对控制力，又防止其僵化固化，并通过供给侧结构性改革继续清理"僵尸"企业，推动产业结构优化升级以持续优化国有经济在国民经济体系中的战略性布局。第二，如何不断优化国企的现代企业治理结构，促进国有企业的治理体系和治理能力现代化，进而提升国企的市场决策、运营及风险把控能力。第三，地方国企尚存实力较弱、布局较散、规模较小、市场化程度不高、开放性不够、创新能力不强、发展质量和效益不高及债务负担过重等问题，如何通过资源整合、战略重组、市场化运营机制引入、资本市场作用发挥、创新发展、混合所有制改革及进一步扩大对外开放等将其做强、做优、做大。此外，国有企业与职工之间的劳动关系还不够规范，国家、企业和劳动者个人三者之间的利益关系还有待进一步调整，国企内部激励机制还不够完善，产权制度改革中的双向监管制度和法律安排还不够完善，产权制度改革与国企人事制度改革如何更好协调以对接新体制机制还有待进一步探索，国企改革如何对接国家发展战略及国企改革的顶层设计与各省市落地实践的有机结合还有待进一步探索，分类改革、管控与全国层面经验推广的有机结合还有待进一步探索,如何发挥国企改革中的党建引领作用及党性和企业家精神如何有机结合还有待进一步探索,如何聚焦新旧动能转换向融先进制造业和现代服务业为一体的综合性集团目标迈进还有待进一步探索,如何进行全球布局并切实提升国企的核心竞争力和品牌影响力还有待进一步探索等。[①]

其二,民营企业改革与发展中的问题与困境。主要体现在以下六个方面:(1)不少民营企业治理模式相对落后,亟待向现代企业制度转型升级。(2)不少民营企业还是以"短期行为"为主,缺乏战略谋划和长效运作机制,尤其是缺乏围绕和对接国家战略的意识和能力。(3)不少民营企业自主创新能力还不够强,产品和服务品质还不够高。关键核心技术短板问题凸显,严重依赖进口的高端芯片、基础软件、关键零部件、重大装备、重要原材料等面临风险逐渐增多,面对我国经济已进入以高质量发展为特征的新时代以及不断扩大开放的内外环境,亟须把握世界新一轮科技革命和产业变革大势,聚焦新旧动能转换,坚持创新引领发展,培育壮大新动能,强化基础研究和技术创新能力尤其是自主研发能力和关键核心技术攻关,培育专业精神,善于运用新技术、新业态、新模式改造提升传统产业及做大做强新兴产业集群,不断增强自身的活力、创新力和竞争力,打响高质量的中国品牌和中国特色。(4)不少民营企业

[①] 董小麟:《在深化改革中加快完善现代市场经济体系》,《发展改革理论与实践》2018年第2期;张鑫:《第四届国有企业改革与发展论坛学术综述》,《山东社会科学》2019年第9期;王丽颖:《国企改革中的几个重点问题及其解决路径——以吉林省16家国有企业改革为视角》,《税务与经济》2019年第4期;权小锋、双丽:《江苏省国有企业改革面临的突出问题及解决对策》,《学术交流》2019年第4期;徐金忠:《改革步入深水区 资产腾挪进行时 上海国资系统相关权属关系将密集调整》,《中国证券报》2019年10月17日。

还是处于"各自为战"的竞争态势,单打独斗。要破解此题,亟须在党和政府的引领及支持下,打破地域、行业和所有制等各种壁垒,通过区域联盟、产业联盟、技术联盟等方式向抱团发展、集群发展、协同发展转变,以促进资源整合、优势互补和共同发展,做大做强中国民营企业总体实力。(5)经营发展中存在较多困难和压力。如中国劳动力成本上涨,低成本劳动力的传统优势正在快速削弱;融资难、融资贵问题尚未有效缓解,尤其是设备投资的融资难问题较为凸显;用电、用工、物流等方面成本较高,企业税费负担依然较重。(6)一些地方新增市场主体生存与发展面临要素制约严重问题,突出表现在人才、资金和土地指标方面。[1] 此外,民营企业违法违规经营现象依然普遍存在。

3. 市场乱象丛生

改革开放以来,我国社会主义市场经济快速发展并取得了巨大成就的同时,市场乱象也较为严重,在一定程度上阻碍了配置资源的有效性和公平性,也影响了社会主义市场经济的健康持续发展。以马克思主义唯物史观、唯物辩证法的世界观和方法论来观照,其深层次的根源是"资本逻辑"借助"市场化工具"造成的,也即是"资本逻辑"与市场失灵的结合作用;当然也存在较为严重的"寻租"与腐败及政府监管的"缺位"和"不到位"问题。就当前我国市场乱象的具体表现,着重从以下五个领域进行阐述:

(1)商品市场领域。在商品市场上,假冒伪劣乃至有害有毒商

---

[1] 省政府发展研究中心调研实践组:《关于我省新增市场主体运营状况调查及建议的调研报告》,http://www.ahszgw.gov.cn/system/2018/11/14/011382889.shtml,2018 - 11 - 15;笔者2018年在辽宁省某中等发达城市的实地调研。

品、发布虚假广告、散播虚假信息、控制生活必需品货源、联手炒作、哄抬物价、各种形式的诱骗欺诈经营等行为时有发生且屡禁不止，损害市场主体尤其是消费者合法权益，严重扰乱市场秩序。这些基本上是那些私商为了赚快钱大钱，违法违规经营造成的。比如，在最关涉人民身体健康的食品生产领域，有的厂家尤其是大量家庭作坊，为了降低成本、骗卖商品，赚取高额利润，违反国家生产标准和生产管理规范，在生产原材料中加入各种各样的严重危害人民身体健康的添加剂或掺假调配，且生产环境和卫生条件很差，完全不符合国家生产管理的相关规定……被曝光的类似现象比比皆是。

（2）房地产市场领域。房地产开发企业、物业服务企业、房地产中介机构、金融机构及媒体等各类房地产市场主体行为乱象丛生，如一些关于房地产市场调控的不实信息在网上散布、流传，扰乱房地产市场调控；一些房地产开发企业在资质证书、拿地、商品房预售许可、出售配建保障性住房、工程质量安全、闲置土地和炒地、捂盘惜售、哄抬房价等方面存在违法违规行为；一些房地产中介机构通过发布虚假信息、伪造证明材料、违法违规收费甚或利用隐瞒、诱骗和恐吓手段等方式违法违规提供中介服务；一些金融机构在房地产信贷业务管理方面存在违法违规行为。[①] 近年来，某房地产企业为了快速消化库存土地以回笼现金，采用了被业内认为几乎是不可能完成的"高周转"模式，致使工程质量不保、安全

[①] 《北京整治房地产市场乱象 10 家经纪机构被查处》，http://www.xinhuanet.com/local/2019-07/27/c_1124806257.htm，2019-07-27；《"稳"仍是房地产市场主基调》，《经济日报》2019 年 8 月 16 日。

事故频发，引起社会高度关注，也遭到政府安监部门处罚。最值得深思的是其背后经营运作的逻辑，从表象看是"看到了房地产市场的商机后，高负债—疯狂拿地—疯狂高周转（设计—建设—出售—回笼资金—疯狂拿地）—高增长—高负债—疯狂扩张……背后的沉重代价是，工程质量堪忧—安全事故频发—员工尤其是高管的极限劳动、极大压力与过度焦虑……以及相关股民利益受损"；而从深层根源来看，却正如马克思所揭示的，是"资本逻辑"为贪求剩余价值、实现资本增殖最大化而借助"市场化工具"违背常理的无限扩张，不仅以牺牲质量和安全为代价，也体现了资本对雇佣劳动的统治与奴役，其实质是资本的本性和资本逻辑使然。

（3）金融市场领域。近年来，上市公司信息造假现象严重，欺诈、操纵股市行为及金融诈骗大案频现，"割韭菜"现象影响恶劣，违法攫取高额利润的贪婪之心强烈，对市场的敬畏之心缺失；P2P平台等互联网金融野蛮生长，问题频出；违规场外配资现象高发，且杠杆比例更高、隐蔽性更强等使风险加大，严重扰乱证券市场秩序，亟须加强监管；保险中介机构违规运营，亟须清核整顿。以信托为例，我国信托公司治理结构很不完善，信托投资公司（即"影子银行"）通过与银行合作，变相发放贷款，一旦出现违约就由银行兜底，潜在风险很大，比如前几年发生的"中诚信托 30 亿元信托项目到期不能偿还"事件。①

（4）医疗卫生领域。医疗卫生，是关系人民群众健康和国家安

---

① 李乃杰：《构建现代市场体系关键在于激活市场主体活力——访中国人民大学常务副校长、法学专家王利明》，《理论视野》2014 年第 6 期。

全的大事。然而，近年来医疗卫生领域违法违纪乱象丛生，引起了社会和政府高度关注，全国各级医疗卫生监督机构也加大了监督执法力度。以被社会高度关注的疫苗案件为例，2016年山东非法经营疫苗系列案件被查处，2018—2019年吉林长春长生公司问题疫苗案件被查处。长生生物科技股份有限公司作为一家主营业务为人用疫苗产品研发、生产和销售的企业，违法生产、销售疫苗，给人民群众带来了极大伤害，也严重扰乱了市场秩序，被监管部门处罚，随后负面效应在资产市场发酵，股价连遭重创，股民也深受其累。这起问题疫苗案件是一起疫苗生产者逐利枉法、违反国家药品标准和药品生产质量管理规范、编造虚假生产检验记录、地方政府和监管部门失职失察、个别工作人员渎职的严重违规违法生产疫苗的重大案件，情节严重，性质恶劣，造成严重不良影响，既暴露出监管不到位等诸多漏洞，也反映出疫苗生产流通使用等方面存在的制度缺陷。① 再比如，《我不是药神》这部批判现实主义的电影揭示的事实在现实生活中也在一定程度上存在着，更引起了我们以人类社会为立足点，对"异化""科学技术与人类""企业或资本的动机与运作逻辑"及社会主义的应对等问题的深刻反思。

（5）学前教育和基础教育领域。学前教育和基础教育是关系人民切实利益、由人民共享的基本公共服务，也是事关国家发展大计、具有重要战略地位的铸魂工程，具有鲜明的公共性特征。然而，近年来"资本逻辑"借助"市场化工具"在学前教育和基础教育领域疯狂扩张，严重影响了人民在学前教育和基础教育领域的

---

① 《政治局常委会听取长生问题疫苗案件调查及有关问责情况汇报》，《经济日报》2018年8月16日。

获得感、幸福感和安全感，人民的满意度很低。展开来说，由于公办幼儿园供不应求，公办小学质量参差不齐，私立幼儿园和私立小学收费便逐渐增多且学费昂贵、安全隐患突出，较多私立学校为了抢生源和所谓的优秀升学业绩"超纲教学、超前学习，强化应试教育"的不良行为，又催生了学前教育和基础教育阶段过于膨胀而畸形的校外教育培训市场（补课机构泛滥），这反过来又造成了家长的恐慌、焦虑以及被动的、跟风的、无奈的需求或选择，更影响了孩子的健康成长，且似乎慢慢演变成了难以根治的社会顽症。① 校外教育培训市场背后则是"资本逻辑"借助"市场化工具"疯狂扩张，使学前教育和基础教育的公共性逐渐减少甚至丧失，使教育异化并侵蚀着整个社会。虽然政府屡次提出严令整治，却收效甚微，来自利益产业链和既得利益者的阻力巨大。此乱象值得警惕和深思。

以上诸多市场乱象，折射出的无非是"资本逻辑"下的市场机制（也即"资本逻辑"与市场机制的结合）产生的自身难以克服的弊端。正如马克思在《资本论》中所说："一旦有适当的利润，资本就胆大起来。如果有百分之十的利润，它就保证被到处使用；有百分之二十的利润，它就活跃起来；有百分之五十的利润，它就铤而走险；为了百分之一百的利润，它就敢践踏一切人间法律；有百分之三百的利润，它就敢犯任何罪行，甚至冒绞首的危险。"②

---

① 杜玲玲：《基于家长满意度调查的学前教育公共服务评价研究》，《当代教育论坛》2016年第4期；傅文晓：《"入园难"问题背后的资本博弈》，《教育评论》2019年第1期。
② 《马克思恩格斯文集》（第5卷），人民出版社2009年版，第871页。

而这些现象和问题的存在，是违背社会主义本质的。因而我们不可能，也不能寄希望于用所谓彻底市场化的办法来解决，唯一可以寻求的有效"药方"是充分发挥社会主义制度的优越性加以规避与克服，如坚持和完善社会主义基本经济制度及更好发挥政府作用，坚持以人民为中心的发展思想。

二、更好发挥政府作用中的现实问题与挑战

1. 宏观经济治理面临的问题与挑战

（1）来自经济"新常态"及外部环境的压力与挑战。2013年以来，中国宏观经济治理面临的首个挑战是应对反危机刺激政策退出后经济内生增长动力不足和长期积累的结构性矛盾和风险。[1] 展开分析：其一，从投资来看，投资增长总体乏力，传统产业相对饱和，但基础设施互联互通和一些新技术、新产品、新业态、新商业模式的投资机会大量涌现。其二，从消费来看，传统消费热点下降、需求减少，新的消费需求有待释放和挖潜，消费需求出现个性化、多样化和高品质的特点，而现实却是高质量产品供给不足，由此造成了中国国内消费需求严重外流，更进一步说，人们日益增长的对美好生活的需要未能得到较好满足。其三，从出口来看，我国低成本比较优势也发生了转化，必须加紧培育新的比较优势。其四，从经济增速来看，GDP由2013年的7.8%逐年降至2016年的6.7%，从高速增长转为中高速增长。其五，从经济结构来看，根据马克思主义国民经济按比例发展规律分析，存在一定程度的国民

---

[1] 宋瑞礼：《中国宏观调控40年：历史轨迹与经验启示》，《宏观经济研究》2018年第12期。

经济比例失调，主要表现在产业结构失衡（第三产业发展相对滞后，尤其是与发达国家相比还有明显差距；农业基础薄弱，劳动生产率低，农业内部产业结构、产品结构不合理，农产品的商品率低，农业增产农民增收难度加大；工业内部结构不合理，经济效益不高，工业产品价格持续下降，生产要素成本上升，部分行业如煤炭、石灰和钢铁等产能严重过剩，传统产业结构升级缓慢，新兴产业发展不足，许多产业一般产品过剩与高技术产品短缺并存，工业产业结构的变动严重滞后于社会需求结构的变化，如许多高级钢材，汽车、飞机等专用钢材严重依赖进口）、就业结构性失衡（地区、行业及群体之间失衡）、投资与消费结构性失衡（投资对经济增长的拉动远高于消费，消费长期跑偏、需求放缓）。其六，从经济发展方式与动能来看，经济发展方式比较粗放，企业技术水平不高、科技创新能力不足、竞争力相对缺乏，经济发展长期依靠投资驱动和要素驱动，亟须转向创新驱动。其七，从城乡、区域及收入分配差距来看，不均衡、差距拉大现象凸显，大量生产要素向城市、向发达地区集聚，城乡、区域、行业等收入差距都较大，在一定程度上加剧了贫富分化。其八，从风险隐患来看，资本市场基础性制度还不完善，地方债务高企，金融等领域仍存在一些风险隐患。[①] 总体来说，供需矛盾凸显，过剩与短缺并存，发展中不平衡、不协调、不可持续问题突出，经济增速换挡、结构调整阵痛、新旧动能转换相互交织，影响了经济社会持续、健康、协调高质量发

---

① 中共中央文献研究室：《十八大以来重要文献选编》（下册），中央文献出版社2018年版，第259页。

展,也会妨碍共同富裕目标的实现。① 从外部环境来看,全球经济复苏乏力,需求疲软,世界主要经济体的经济增速趋势显现出差异化的趋势;历经 2008 年国际金融危机后,美、欧、日等发达国家开始反思过于追求金融产业发展的经济发展模式的弊端与不足,并进一步思考虚拟经济与实体经济、服务业与工业之间的关系及其在经济发展中的作用,最终都选择了"再工业化"战略,制造业全球产业链面临重新布局,这无疑将对中国的产业结构调整和国际竞争力产生一定影响;② 资本主义国家的新自由主义推动和主导的"逆全球化"趋势愈演愈烈,造成经济全球化进程倒退,致使世界范围内的两极分化、不平等加剧,经济、社会、政治等多重危机交错并存,全球治理赤字日益成为摆在全人类面前的严峻挑战。内外环境的双重压力和挑战,使得宏观经济治理难度增大,对实施宏观调控也提出了新的更高要求。

(2) 宏观经济治理体系现存问题与不足。当前我国宏观经济治理体系还存在一些认识与实践方面的问题,亟待进一步探索。

一方面,对于中国特色宏观经济治理体系的理论建构相对不足,对理论范式、认知框架、相关概念及调控目标与手段等方面的认识还存在争议。我国宏观经济治理体系是在马克思主义理论指导

---

① 《中央经济工作会议在京举行》,http://www.xinhuanet.com//politics/2014-12/11/c_1113611795.htm,2014 - 12 - 11;张霞、李成勋:《我国市场经济宏观调控的路径指向——基于〈资本论〉中的按比例发展理论》,《毛泽东邓小平理论研究》2018 年第 7 期;郑涛等:《中国宏观调控体系的演变与改进》,人民出版社 2017 年版,第 246—251 页。
② 郑涛等:《中国宏观调控体系的演变与改进》,人民出版社 2017 年版,第 242—246 页。

下基于中国发展实践需求逐步形成的,体现了对马克思主义唯物史观、唯物辩证法及社会化大生产规律等基本原理的发展和应用,应将之置于中国特色社会主义政治经济学理论体系下加以阐释与建构,廓清相关逻辑关系。就这一点而言,目前并未形成广泛共识,也未进行充分理论建构。而且,现实表明,西方发达国家形成的那套运转多年、似乎相对成熟的宏观调控政策体系已屡屡失效,更不完全适用于中国。自改革开放尤其是党的十八届三中全会以来,我国实施的宏观经济调控已越来越不同于西方经济学理论体系中的宏观调控(既区别于其以财政政策和货币政策为主的旨在熨平短期经济波动的"需求管理政策",也区别于西方经济学中供给学派的主张),而且在理论支撑、制度环境、现实应对和未来目标上也越来越具有鲜明的中国特色,体现出独特优势,比如,着眼于总供给和总需求在结构和总量上的综合平衡,综合运用财政政策、货币政策、就业政策、产业政策、土地政策、投资政策、消费政策、环保政策、区域政策及法律法规等多种工具和手段,注重区间调控及在区间调控基础上定向调控、相机调控、精准调控、适时适度预调微调等多种调控方式的灵活运用,强化了改革在宏观经济治理中的作用,更加注重通过供给侧结构性改革推进结构调整、优化、升级及可持续,大规模减税降费政策使积极财政"加力提效"。总体来说,根据马克思主义政治经济学理论,我国宏观经济治理不仅要促进经济增长和熨平经济波动,还要促进经济结构协调、生产力布局优化及生产力与生产关系相互适应等,体现出了前瞻性、长期性、结构性和协同性的战略要求,体现出了经济和社会、总需求和总供给、短期和长期、国内和国际、稳定持续和改革创新等"相结合、有机统一"

的辩证思维。其实，西方学者已经开始对西方主流经济学理论缺陷进行反思①并提出"向中国学习宏观调控"。但我们自身对中国特色宏观经济治理体系的经验总结和规律提炼还不够，亟待加强。

另一方面，如何有效处理当前我国宏观经济治理实践中的各种矛盾问题，科学把握当前我国宏观经济治理实践中的各种辩证统一关系，尚需继续探索。展开来说，其一，如何辩证把握长期与短期、总量与结构、供给与需求、生产力与生产关系、经济与社会之"相结合、有机统一"关系，以此进一步创新与完善中国特色宏观经济治理体系，尚需继续探索。比如，党中央提出以供给侧结构性改革为主线的宏观调控新思路，用改革的思路与办法来改善宏观调控，寓改革于调控之中。而供给侧结构性改革势必会引起生产关系和上层建筑的变革，如相关的财税制度、金融制度、土地制度、所有制和企业制度等必然会有所调整，同时也势必会引起不确定性和制度成本（如由改革带来的相关交易成本包括摩擦成本和实施成本的增加）上升，在短时期内也会带来一些问题、风险和阵痛（如短期经济下行压力增大、失业增加、居民收入下降、市场预期不稳等），故需要创新宏观调控以应对供给侧结构性改革短期附带的问题和长期的高质量要求。② 此外，面对当前内外因素致使的宏观经济下行压力，如何在推进长期供给侧结构性改革的同时，再通过以财政政策和货币政策为主的总需求管理对经济波动进行逆周期调节，将稳定经济的短期增长和提高经济的长期增长率有机结合、统

---

① 张晓晶：《试论中国宏观调控新常态》，《经济学动态》2015 年第 4 期。
② 杜秦川：《供给侧结构性改革下创新宏观调控的方向》，《宏观经济管理》2018 年第 6 期。

筹考虑，也有待进一步探索。这既是我国国情所需，也是国际宏观调控经验所指（如日本过去十几年宏观调控政策效果不佳的一个重要原因在于只使用总需求政策，而缺乏供给侧结构性改革的有力配合）。① 其二，如何基于各种政策工具和手段的特点及作用范围，辩证把握多种政策工具和手段的最佳功能组合，尚需继续探索。政策工具和手段多管齐下，是我国宏观经济治理体系的显著特征和优势所在，但也要注意各种政策工具和手段使用"度"的把握及相互配合。比如，为了应对 2008 年国际金融危机的冲击，面对全球范围内经济急剧下滑的困境，我们及时采取了积极的财政政策和适度宽松的货币政策，迅速实施以"4 万亿"投资计划为代表的一揽子反危机刺激政策，强有力的宏观调控帮助中国经济迅速企稳、率先复苏，也对世界经济起到了"压舱石"的作用，总体来看是成功的；但这种具有较强行政色彩的"刺激政策"式的财政政策也存在一些弊端，带来一些"后遗症"，如物价快速上升、房价等资产价格迅猛上涨、产能过剩、经济结构失衡加剧、地方债务高企及围绕工程项目的"寻租"与腐败高发等，致使后来又不得不再付出代价去化解前期刺激政策累积的一些深层次矛盾，即需要度过一段"前期刺激政策消化期"。又如，近十余年来，中国房地产调控政策虽是打组合拳，但总体来说，还是以行政手段使用居多，经济手段、法律手段以及土地制度和收入分配制度等相关配套措施没有很好跟上，市场机制作用的发挥不够充分，政策的前瞻性、及时性和有效性体现不足，多种手段和工具有效组合的长效机制还有待探索。再

---

① 袁志刚：《中国经济何以再迎一波长期增长》，《人民论坛》2019 年第 3 期。

如，产业政策是中国宏观经济治理体系中创新性的政策工具，在引导产业发展方向、促进产业结构优化方面能够发挥一定调节作用，但如何谨慎适当使用以及如何实现其与短期调控手段和市场竞争机制进行科学区分与有效配合，还有待探索。

此外，如何实现中央与地方及多元宏观经济治理主体间的协同，如何增强宏观经济治理的科学化、机制化及透明化，如何增强宏观经济治理的社会参与度，如何改善预期引导和管理，如何做好风险防控及后期问题处理等，都还有待继续探索。

2. 深化"放管服"改革中的问题、困境及短板

近年来，我国"放管服"改革切实、深入推进，取得了一系列阶段性成果，为经济社会持续健康发展提供了强劲动力，营造了良好环境，综合效应不断显现。但同时存在着观念束缚、素质提升、能力不足、利益藩篱、制度制约等方面问题、困境及短板，与国际一流营商环境、高质量发展要求和人民群众的期盼相比依然存在一定差距。如"重审批、轻监管、弱服务"之顽疾并未根除，在一定程度、一定范围、一些地域也还存在，"放""管""服"三方面都还不够好，亟待进一步提质增效，且也存在"放""管""服"三者链条脱节、聚合力不够的问题；尚未形成全国上下联动、左右协同的"一盘棋"改革合力，① 既存在"最先一公里"问题，也有"中梗阻"问题，还存在"最后一公里"问题，② 地

---

① 王湘军：《国家治理现代化视域下"放管服"改革研究——基于5省区6地的实地调研》，《行政法学研究》2018年第4期。
② 丁邡、逄金辉、乔靖媛：《我国"放管服"改革成效评估与展望》，《宏观经济管理》2019年第6期。

方探索还较散乱,进展差距较大,标准不统一,统一而协同的整体推进相对不足,各地、各部门间的交流互鉴及成功经验在全国的复制推广也还不够,在一定程度上使本应取得的改革成效打了折扣。

(1) 具体来看,在简政放权、市场监管和优化服务三方面体现出的问题、困境及短板。第一,在简政放权方面。其一,"官本位"思想及传统的管制型政府思维仍未彻底改变,① "选择性放权"现象普遍存在。比如,含金量高的权力不愿下放,不必要的环节不愿精简,② "放掉的大多是需要担负重大责任、权力特征弱、含金量低、操作繁杂的权力",这就使得不少抑制市场、社会活力的"关键性权力"仍被留存下来,改革大打折扣。③ 实地调研也显示,一些政府部门仍然管了很多不该管的事,企业投资经营和群众创业创新仍然深受显性或隐性准入壁垒之苦、行政许可和变相审批之累。其二,审批环节多、耗时长、内容重复问题依然存在,行政审批效率仍有较大提升空间。比如,根据实地调研情况,对保留下来的各种审批项目的要件、材料、程序、环节等的删减重视不够,使得很多审批项目在这些方面依旧繁杂,审批时间还是比较长,有的审批只是由"万里长征"变成了"千里长征"。④ 同时在项目审批中"审图""评估"环节也存在内容重复、中介费高、审批慢等一系

---

① 张枫逸:《简政放权"玩花样"根在部门利益作祟》,《中国纪检监察报》2015年8月30日。
② 李坤轩:《新时代深化"放管服"改革的问题与对策》,《行政管理改革》2019年第6期。
③ 王湘军:《国家治理现代化视域下"放管服"改革研究——基于5省区6地的实地调研》,《行政法学研究》2018年第4期。
④ 同上。

列问题。① 其三，企业对行政审批制度改革中诸多创新性举措的知晓度不高，对其实施的全面性和实效性评价也不高，落地问题依然普遍存在。就笔者的实地调研来看，很多企业对于目前正在推行的诸多创新性举措，如"全程代办""网上审批""不见面审批""四级审批与监管"及"一个窗口受理、一站式办理、一条龙服务"等的具体内容知之甚少，对其实施的全面性和实效性评价也不高。审批事项未全部进厅办理及部分进驻窗口审批事项体外循环问题依旧存在，对体外循环的行政审批行为也缺乏有效监管。其四，"证照分离"改革有待统一、规范。② 第二，在市场监管方面。总体来说，与"放管并重"的要求相比，市场监管还较弱，责任落实还不够到位，不作为与乱作为并存，监管意识、监管力量、监管主体、监管方式、监管重心、监管机制及监管的公正性、规范性和有效性等方面都还不同程度地存在一些问题与不足。具体来说，其一，从监管意识来看，依然存在以审代管、重审批轻监管、无利不管和放而脱管等问题。③ 其二，从监管力量来看，"大市场、小队伍"现象普遍存在，比如，安监、环保、食药监等领域监管任务点多、线长、面广，基层缺少专业人才，监管力量明显不足。④ 其三，从监管主体来看，市场主体、行业组织、公民等除政府外其他利益相关

---

① 张占斌、孙飞：《改革开放 40 年：中国"放管服"改革的理论逻辑与实践探索》，《中国行政管理》2019 年第 8 期。
② 顾杰、何崇喜：《下硬功夫打造好发展软环境》，《中国行政管理》2019 年第 4 期。
③ 张占斌、孙飞：《改革开放 40 年：中国"放管服"改革的理论逻辑与实践探索》，《中国行政管理》2019 年第 8 期。
④ 李坤轩：《新时代深化"放管服"改革的问题与对策》，《行政管理改革》2019 年第 6 期。

方在市场监管中的"监管主体"地位体现不足,政府自身监管机构也较为分散,有待整合。[①] 其四,从监管方式来看,监管方式方法创新不足,如在适应针对"四新"经济(即新技术、新产业、新业态、新模式经济)的市场监管方面、在适应市场主体数量迅速增长的现实任务方面、在运用现代信息技术改进监管方式方面等。其五,从监管重心来看,事中事后监管相对滞后,"双随机、一公开"执行还不够到位。其六,从监管机制来看,纵横互联互通的协调联动监管机制不完善。第三,在优化服务方面。总体来说,目前政务服务质量距离企业和群众的期盼还有一定差距,亟待优化。具体来说,其一,政务服务流程还不够优化,离"一网、一门、一次"还存在一定差距。[②] 如笔者在实地调研中了解到,较多企业认为"即使通过网上审批,纸质资料也要提交上去,形同虚设,网上审批不能完全达到,反而多了一个流程""不见面审批还是一种理想状态,信息数据互联互通不到位,达不到信息共享"。其二,"互联网+政务服务"还未完全落地,实效性有待提升。全国"互联网+政务服务"平台建设管理分散、系统繁杂、数据标准不一、数据共享不畅、业务协同不足等问题仍较为普遍,区域分化明显,整体运行机制不够顺畅,未能发挥整体效能。其三,政务服务标准化程度还不够高。比如,政务服务体系及政务服务平台建设还不够统一、完善,政务服务平台功能发挥欠佳,镇街便民服务中心、村级便民服

---

① 王湘军:《国家治理现代化视域下"放管服"改革研究——基于5省区6地的实地调研》,《行政法学研究》2018年第4期。
② 丁邡、逄金辉、乔靖媛:《我国"放管服"改革成效评估与展望》,《宏观经济管理》2019年第6期。

务点发展不均衡,部分工作人员服务意识不强、业务能力滞后、工作效率低下情况依然普遍存在。其四,中介服务不够规范,涉企收费仍有较大清理空间。①

(2)从总体来看,深化"放管服"改革在进一步推进与落实中面临的问题、困境及短板。第一,深化"放管服"改革进一步推进遭遇现行法律法规制约,亟须突破。比如,就笔者的实地调研来看,某地"容缺审批+企业承诺"举措在具体实施过程中,因受制于部分现行法律法规的掣肘,推行难度较大,甚或担着"违法"改革的责任和风险;在事中、事后监管环节,相关主管部门在具体工作开展方面,尤其是创新性举措开展,也受制于部分现行法律法规的掣肘,某些举措推行难度较大,存在着"有执法权,无执法主体"的问题;在事前审批与事中、事后监管的衔接方面也存在现行法律法规与体制机制改革新举措不统一、不协调的问题。法律法规的立改废未及时跟上,"简政放权"在实际推行过程中因受制于现行法律法规的制约而存在着阻力和困难。正如有的学者所说,"一些富有改革精神的地方政府迫切期望通过放权切实推动当地经济社会的发展,但其改革的紧迫感与主动性'常常走到既定法律法规面前就不击而懈'"。② 第二,"信息孤岛"现象严重,部门协同乏力。其一,"信息孤岛"现象严重。比如,就笔者的实地调研来看,虽然近年来政府跨部门信息共享取得了一定成效,但受传统行政观

---

① 李坤轩:《新时代深化"放管服"改革的问题与对策》,《行政管理改革》2019年第6期。
② 石亚军:《简政放权提质增效须加速法律法规的立改废》,《中国行政管理》2016年第10期;王湘军:《国家治理现代化视域下"放管服"改革研究——基于5省区6地的实地调研》,《行政法学研究》2018年第4期。

念、信息交换缺乏统一的规范机制、数据库标准不统一、信息储存的时间节点不一致、技术利用不充分、激励机制缺失等因素的影响,在各个部门和区域纷纷建立自身信息平台的同时,却没有实现政府部门内部信息的互联互通和高效流动,政府信息资源在各个部门间的有效利用和充分共享依然受到一定阻碍,多网融合存在困难,"互为牵制"现象仍严重存在。其二,部门协同乏力。比如,就笔者的实地调研来看,虽然近年来各政府部门间的协同机制正在向多元化、灵活化、规范化和制度化逐步迈进,但有些工作难以切实推进或进展缓慢。一方面,部门间职责权限关系界定不明确,受部门权力化的限制和约束及部门利益影响,跨部门协同意识仍然滞后,主动合作的意识不足,从大局出发对协同合作的重要性认识不足。另一方面,跨部门协同长效机制不健全,管理细节化和精致化不足,没有将部门间合作常态化,跨部门协同的实施主要依据问题的大小及领导的重视程度来定,缺乏规范化的制度保障,加上缺乏相关的跨部门协同绩效考核,约束力和强制力都尚显不足。[①] 第三,纵向链条没有完全打通、理顺,县区基层政府的接权能力略显不足,致使"简政放权"落实不够到位。据笔者实地调研发现,其一,基于"简政放权"原则的"省—市—县区—镇街道"纵向政务服务链条没有完全打通、理顺。比如,市里特别是省里有些旧的规章制度没废除,致使县区有些创新举措,行政审批制度改革及招

[①] 李坤轩:《新时代深化"放管服"改革的问题与对策》,《行政管理改革》2019 年第 6 期;张占斌、孙飞:《改革开放 40 年:中国"放管服"改革的理论逻辑与实践探索》,《中国行政管理》2019 年第 8 期;宋林霖、赵宏伟:《论"放管服"改革背景下地方政务服务中心的发展新趋势》,《中国行政管理》2017 年第 5 期。

商引资等方面便民利企之创新举措会受到上层体制机制上的掣肘。其二，县区基层政府的接权能力略显不足。虽然地方政府已经采取多种措施力求保障基层政府的接权能力，但从实施现状和成效来看，区县基层政府的接权能力仍略显不足，对下放的权力"接不住""用不好"。① 比如，市县同权后，权力和事项从市级下沉到县区及镇街道，但机构设置、人员安排、技术支撑、资金支持及基础设施等还没有相应跟上，致使改革落地难、效果不理想，这种状况亟待改变。

3. 人的自由全面发展和共同富裕指向下的公共服务与收入分配：问题与挑战

实现个人的自由全面发展和社会共同富裕，是马克思、恩格斯设想的未来共产主义社会的基本特征，也是马克思主义一以贯之的最高理想目标和终极追求。马克思主义经典作家在《共产党宣言》中明确把共产主义社会的生产目的概括为"扩大、丰富和提高工人的生活"，深刻阐述道："在共产主义社会里，已经积累起来的劳动只是扩大、丰富和提高工人的生活的一种手段。"② 而且，马克思主义是从生产力发展和生产关系变革的辩证统一、目的和手段的辩证统一这两个维度对共同富裕加以阐述的。基于此终极指向，公共服务应该是全体人民共同享有的、高质量的，收入分配应该是公平的。党的十八大以来，党坚持以人民为中心的发展思想，紧紧围绕着力保障和改善民生、促进社会公平正义，不断加强和优化公共服

---

① 李坤轩：《新时代深化"放管服"改革的问题与对策》，《行政管理改革》2019年第6期。
② 《马克思恩格斯文集》（第2卷），人民出版社2009年版，第46页。

务、不断缩小收入分配差距。但在取得显著成效的同时，依然面临着诸多问题与挑战。

（1）当前我国公共服务供给中的问题与挑战。随着中国特色社会主义进入新时代，人民对公共服务的需求也出现了新变化，愈加体现出高品质、多层次、多样化、个性化、精准化和智慧化的特点，愈加体现出对公共服务供给的公平、民主、回应性及均等化的关注，愈加体现出对更好的教育、更稳定的工作、更满意的收入、更可靠的社会保障、更高水平的医疗卫生服务、更舒适的居住条件、更优美的环境的期待。总之，人民对高质量公共服务的向往和需要日益增长。然而，以此来关照，当前我国公共服务供给的水平与质量尚待进一步提升，不充分、不均衡及供给方式等方面问题突出，尤其是基本公共服务领域；而且，诸多调查数据也显示"人民群众对公共服务供给的满意度并不高"，尤其体现在学前和基础教育、医疗卫生和住房保障等领域。

其一，供给还不够充分。据相关研究及统计数据，当前我国公共服务供给不充分，尚不足以满足人民对美好生活的需要，而且这又直接影响了我国居民最终消费率偏低，进而导致内需不足。如国家统计数据显示，虽然近年来教育、医疗卫生等领域公共服务支出占财政总支出的比重小幅上涨，其他公共服务支出占比基本处于相对平稳的状态并未发生太大的变化，而且这一数据与国际货币基金组织和世界银行提供的相关数据——中等收入国家在教育、医疗和社会保障等领域的公共支出占财政支出之比（平均54%）相比，与经济合作组织国家相比，还有一定差距。也正如有些学者所指出的，"公共供给与公共需求之间存在着较大的差距，尤其在医疗、教育、住房、社会保障等方面表现得尤为突出""国家财政预算对公共服务投入比例仍保持在较低水平上,而公民对此的需求总量却显著增长,服务供给总体呈现短缺的格局""有关资料显示,我国居民最终消费率在世界主要国家中长期偏低,其重要原因之一在于社会公共服务特别是基本公共服务供给不到位……即期消费的不足导致内需不足"。① 因而,总体来说,我国公共服务的支出仍然处于较低水平,公共服务供给不充分问题仍有待解决,这也是适应高质量发展要求、满足人民日益增长的美好生活需要的必要选择。

其二,供给还不够均衡。据相关研究及统计数据,虽然近年来基本公共服务均等化在不断推进落实中取得了较多阶段性进展,也有较大改善,但当前我国城乡、区域、人群间公共服务供给不平衡问题依然较为突出,二元分割现象依然存在,并日益成为制约经济社会及区域全面协调与可持续发展的显著影响因素。从不同层面展开来说,主要体现为:城市与农村、发达地区与欠发达地区之间的公共服务供给水平差距依然很大,城乡之间资源向城市集中,区域之间资源向发达的东部地区集中,这一点在教育和医疗卫生事业中表现尤为突出;偏远农村地区、边疆地区、少数民族地区公共基础设施建设依然滞后,基本公共服务供给水平较低;② 就各省(直辖市)辖区城市(区县)之间公共服务供给均等化程度而言,中国东北地区、中部地区省份的公共服务均等化程度较高,而西北地

---

① 冯金钟:《对我国公共服务供给侧结构性改革的思考》,《宏观经济管理》2017年第8期。
② 同上。

区、东南地区部分沿海省份的公共服务供给差异较大；就各地区间人均公共财政支出的具体差异而言，人均科技支出、人均环保支出差异较大，最高值是最低值的两倍之多，人均教育支出、人均社保支出也存在较为严重的非均等化问题；就人群来说，流动人口在流入地生育、就医、养老的比例不断上升，对相关公共服务需求持续增长，[1] 但户籍等各种限制致使流动人口与户籍人口所享受的公共服务存在较大差异。

其三，供给方式中的问题与挑战。理论与实践均表明，政府组织、市场组织和社会组织在公共服务供给中各具优势，三者根据各自的优势"合作"供给公共服务最有利于提升公共服务的质量和水平，也最有益于满足人民群众对公共服务多层次、多样化和个性化的需求。也正因如此，党的十八大以来，党和政府强调要创新公共服务供给方式，更多地利用社会力量，加大政府购买公共服务力度，加快形成改善公共服务的合力，以实现公共服务领域资源的优化配置。而就在人们推行公共服务供给方式创新的热情日益高涨且对其寄予极高期待和厚望之时，医疗卫生、基础教育、住房保障、公共交通、城市水务等诸多领域公共服务供给方式改革与创新（也即公共服务的市场化、社会化改革）实践中种种矛盾、问题和困境却日益凸显（如"寻租"与腐败、利益共谋、私人垄断、公共性不足甚或丧失、公共服务质量堪忧、国有资产流失、社会资源闲置及社会矛盾与冲突等），使得我国公共服务市场化、社会化改革遭受着各种责难、质疑甚或否定，改革

---

[1] 国家卫生和计划生育委员会流动人口司：《中国流动人口发展报告2017》，中国人口出版社2017年版，第3—8页。

与创新的进一步推进也面临着诸多挑战。展开来说，主要体现为：就"主体基础"而言，政府购买、合作供给的有效推进必须要具备一定的"主体基础"，即"既要有大量的、能承担起公共服务供给职责的市场组织和社会组织存在，又要确保其存在于充分竞争的环境中"，而现实是有资质的供给主体还不够多，社会力量还未被有效"激活"，市场体系还不够完善，充分有效竞争的"合作"供给格局尚未形成；就"政府的角色与责任"而言，公共服务供给方式改革与创新有效推进的关键因素和必要前提是政府角色的科学定位与政府责任的充分履行，作为公共利益的代表者和守护者，政府在公共服务供给方式改革与创新过程中承担着设计、引导、监管、评估、协调、促进、支持与帮助等职责，而不是"一卖了之"，更不是政府责任的"卸载"，但现实中问题尚存。此外，公共服务供给方式改革与创新中乱象丛生及公共服务市场化"不足"与"过度"市场化同时并存的现象，也是亟须我们深度理性反思的问题。

（2）当前我国收入分配中的问题与挑战。党的十九大报告提出，新时代是全国各族人民团结奋斗、不断创造美好生活、逐步实现全体人民共同富裕的时代。① 以此宏伟目标来观照，当前我国收入分配中还存在诸多问题，面临着一定挑战。

其一，收入分配差距依然较大。据相关研究及统计数据，虽然近年来收入分配制度改革取得了阶段性进展，但收入分配差距较大问题并没有发生明显的改善，并成为我国收入分配制度改革中面临

---

① 中共中央党史和文献研究院：《十九大以来重要文献选编》（上册），中央文献出版社2019年版，第8页。

的最为重点的问题。① 这几乎已成为学界的共识和热烈讨论的问题。如林毅夫指出,随着我国经济社会发展进入新阶段,受改革不彻底、制度不健全、调控不到位等诸多因素的影响,收入分配呈现出比例失衡、差距拉大的趋势,一些弊端逐渐暴露出来,成为整个中国社会关注的焦点。②国家统计局公布的数据显示,改革开放后,我国城乡、地区、行业及居民间收入差距开始扩大,基尼系数不断上升,在20世纪90年代中期就超过了0.4的警戒线,并总体呈现出上升趋势,我国由一个收入较为平等的国家转变为一个收入差距较大的国家。据一些学者的相关研究,我国官方估算的基尼系数还算是偏低的;而且,基尼系数反映的只是居民收入流量差距的对比,如果从居民财富存量来看,这种差距会更大。③

其二,收入分配格局依然不够合理。合理的收入分配格局是影响经济社会可持续发展的关键因素,"从国际经济发展的经验来看,一个社会最合理的收入分配格局是建立一个以中等收入群体为主的橄榄型收入分配格局"。④ 党的十八届三中全会提出"努力缩小城乡、区域、行业收入分配差距,逐步形成橄榄型分配格局"。⑤ 然

---

① 徐充、胡炅坊:《新时代我国收入分配改革的现状、导向及对策研究》,《福建师范大学学报(哲学社会科学版)》2019年第6期。
② 林毅夫:《解读中国经济》,北京大学出版社2018年版,第23页。
③ 张车伟、赵文:《我国收入分配格局新变化及其对策思考》,《北京工业大学学报(社会科学版)》2018年第5期;北京师范大学政府管理学院、北京师范大学政府管理研究院:《2017中国民生发展报告——发展为民生之本》,北京师范大学出版社2018年版,第33—35页。
④ 托马斯·皮凯蒂:《21世纪资本论》,巴曙松等译,中信出版社2014年版,第68—69页。
⑤ 中共中央文献研究室:《十八大以来重要文献选编》(上册),中央文献出版社2014年版,第537页。

而，据相关研究及统计数据，当前我国的收入分配格局距离这一目标还有一定差距。① 展开来说，从居民收入分配差距来看，总体居民收入分配差距中城乡居民收入差距最大，其次是农村居民内部收入差距，城市居民收入差异最小；从区域收入分配差距来看，东部地区收入分配相对公平，而西部地区收入差距最大；从行业收入分配差距来看，第三产业收入不平等状况最为严重；② 从各种数据来看，中低收入群组比重仍然偏大，中等收入群体发育仍然不足（目前我国这一比重尚不到30%，与发达国家相比还有较大差距）；③ 从政府、企业和居民部门在初次分配中所占比例来看，居民部门占比较低的状况未能得到有效改善；从劳动报酬占比来看，劳动报酬占初次分配总收入的比重仍然偏低。

其三，收入分配秩序依然不够规范。主要体现在以下几方面：制度漏洞及商品拜物教等致使大量灰色收入产生，这不仅引发了严重的分配不公问题，还扭曲了正常的要素报酬价格，严重降低了要素的使用效率，造成了要素配置的不合理④（这在土地要素、自然

---

① 宋树仁、钟茂初、孔元：《中国居民收入分配格局的测度及其演进趋势分析》，《上海经济研究》2010年第2期；钟茂初、宋树仁、许海平：《中国收入分配格局的刻画及其"倒钻石型"现状》，《经济体制改革》2010年第1期；陈宗胜、高玉伟：《论我国居民收入分配格局变动及橄榄形格局的实现条件》，《经济学家》2015年第1期；徐充、胡炅坊：《新时代我国收入分配改革的现状、导向及对策研究》，《福建师范大学学报（哲学社会科学版）》2019年第6期。
② 刘伟、王灿、赵晓军等：《中国收入分配差距：现状、原因和对策研究》，《中国人民大学学报》2018年第5期。
③ 黄泰岩：《2018年中国经济研究热点排名与分析》，《经济学家》2019年第5期。
④ 张亮：《我国收入分配领域改革：进展、问题及政策建议》，《发展研究》2018年第10期。

资源及国有资产资本化的过程中均有体现)①；在非公有制经济中，"资本逻辑"与"市场失灵"的结合极易，也经常引发收入分配不公甚或加剧两极分化，也正因此，有学者提出"研究分配问题必须从生产资料所有制出发，这是研究分配问题的一个方法论原则"；②国内垄断资本通过与行政权力及跨国公司结合，获得更加有利的生产条件，从而获得更多垄断利润；国内高收入群体与国际短期套利资本结合，通过非生产性套利行为赚取中低收入者的收入。③

---

① 徐充、胡炅坊：《新时代我国收入分配改革的现状、导向及对策研究》，《福建师范大学学报（哲学社会科学版）》2019年第6期。
② 周新城：《研究分配问题必须从生产资料所有制出发——研究分配问题的一个方法论原则》，《当代经济研究》2018年第1期。
③ 黄泽清、陈享光：《国际资本流动与我国各收入群体收入份额的变动——基于帕尔玛比值的分析》，《经济学动态》2018年第8期。

第六章　新时代中国政府与市场关系的中国特色、基本经验与世界意义

基于前述思想基础及历史逻辑、理论逻辑与实践逻辑的梳理与分析，可以得出：改革开放特别是党的十八大以来，在马克思主义指导下，在中国共产党领导下，基于人民立场，遵循唯物史观和唯物辩证法，我国政府与市场关系已经走出了中国特色，并形成了一些基本经验，世界意义也愈加彰显。对此及基于此所产生的创新性和所具有的优势进行总结与提炼，有助于我们不断深化对新时代新征程上政府与市场关系的认识。

第一节　中国特色：遵循社会化大生产规律的"双作用"辩证统一

新时代中国特色政府与市场关系，遵循社会化大生产规律，充分发挥市场在资源配置中的决定性作用，更好发挥政府作用，力求通过政府与市场"双作用"辩证统一的协同，推动形成"有效市场和有为政府更好结合"的格局。

"双作用"的辩证统一是社会化大生产规律的客观要求。一方面，社会化大生产是现代社会的基本生产方式，社会化大生产的

"分联结合规律"客观要求市场作为交换—流通过程的桥梁,这就是市场对资源的配置过程,市场经济是社会化大生产规律使然;另一方面,如前所述,社会化大生产这个"大"的多维度意涵,除了体现了其同市场经济的密切关联外,也充分体现了其从系统、整体及长远角度对政府要发挥平衡、协调及引导作用的内在客观要求,国民经济按比例发展是社会化大生产条件下共有的客观经济规律,需要发挥市场与政府的双重作用。

改革开放特别是党的十八大以来,我国关于政府与市场关系演进的历程与逻辑,充分体现了市场作用和政府作用"双作用"基于社会化大生产规律要求的辩证统一,且都在朝着更好的方向逐渐增强、协同前行。展开来说,首先,在探索与过渡期,"双轨制"成为这一时期我国计划与市场关系的主要特征,一方面,通过"恢复、塑造与发展市场主体(如扩大国有企业自主权、扩大农民自主权、恢复发展非公经济)""推进价格体制改革""起步对外开放"及"培育和发展资本市场"等多方面的改革举措,探索引入市场调节机制,逐步扩大市场调节的范围和突出市场机制的作用;另一方面,逐步调整政府计划(如对国民经济进行调整,转变经济建设指导思想、力促经济转型发展,改变计划管理方式),政府管理经济的方式出现多样化和间接化(指令性计划退居次要位置,综合运用经济、行政、法律等多种手段的宏观调控体系初次显现,开始推行政府机构改革以求更好确定政府与市场的职能边界)。其次,在建立与发展期,经济体制改革的步伐逐渐加快,政府与市场关系也依据国内外经济社会发展现实需求不断调整,一方面,更加尊重市场规律,市场在资源配置中的基础性作用从明显增强到不断强化,具体体现为：再度"价格闯关"成功，大力培育、发展及不断健全现代市场体系，深化国企改革，非公有制经济继续快速发展，市场主体平等竞争、共同发展，推进社会福利市场化改革，对外开放不断扩大，多层次的对外开放格局基本建立；另一方面，服务型政府加快建设，具体体现为：从逐渐转变政府职能到加快转变、不断完善政府职能，从初步建立宏观调控体系到逐步形成有利于科学发展的宏观调控体系、加强宏观调控机制化建设，从积极推进收入分配制度改革到加快收入分配制度改革，从实施区域经济协调发展战略到提出并深入推进一系列国家发展战略，启动行政审批制度改革，加快财税体制改革，加快转变经济发展方式，在公共产品和公共服务供给方面也不断加大投入及改革力度，行政管理体制改革作为深化改革的重要环节持续推进。再次，在深化与完善期，"使市场在资源配置中起决定性作用和更好发挥政府作用"的提出又是一次有关政府与市场关系的划时代的重大创新与突破，一方面，市场在资源配置中的决定性作用不断增强，具体体现为：加快完善现代市场体系（加快形成企业自主经营、公平竞争，消费者自由选择、自主消费，商品和要素自由流动、平等交换的现代市场体系，着力清除市场壁垒，提高资源配置效率和公平性，如在消费市场、建设用地市场、价格机制、要素自由流动、全面深化金融市场改革及强化科技要素对生产力发展的推动作用等方面），促进市场主体平等竞争、取长补短、相互促进与共同发展（如通过积极发展混合所有制经济、完善国有资产管理体制、完善国有资本经营预算制度、推动国有企业完善现代企业制度等多种举措全面深化国企改革，通过坚持权利平等、机会平等、规则平等的具体规定及做法支持非公有制经济健康发展,通过"保护各种所有制经济产权、合法利益,保证各种所有制经济依法平等使用生产要素、公开公平公正参与市场竞争、同等受到法律保护,依法监管各种所有制经济"等坚持市场主体平等原则),推进全方位、更高水平对外开放(如推出一系列进一步扩大对外开放新举措,妥善应对中美贸易摩擦,不断增强参与全球经济治理能力,推动建设开放型世界经济,推动构建人类命运共同体);另一方面,政府作用的更好发挥不断体现,具体体现为:健全宏观经济治理体系(以"稳中求进"为总基调,统筹"稳增长、促改革、调结构、惠民生、防风险",着眼于总供给和总需求在结构和总量上的综合平衡,综合运用财政政策、货币政策、就业政策、产业政策、土地政策、投资政策、消费政策、环保政策、区域政策及法律法规等多种手段和工具及灵活运用多种调控方式),深化"放管服"改革(切实、深入、持续推进"简政放权、放管结合、优化服务",提升政府现代化治理能力和治理水平,打造市场化、法治化、国际化、便利化的营商环境,为经济社会持续健康发展提供强劲动力),实施新时代国家发展战略(对关系国家经济社会发展全局的一系列重大战略,如创新驱动发展战略、区域协调发展战略等进行整体谋划、科学决策和切实推进,且不同战略之间的互补与融合也较强,共同构成一个有机统一的整体),提出共建"一带一路"倡议(中国着眼于中国与世界双重向度、顺应中国与世界发展的历史大势,提出了共建"一带一路"倡议,聚焦互联互通,通过创新区域合作及全球发展理念与理论,实现互利共赢、共同发展),加强和优化公共服务,缩小收入分配差距,促进共同富裕(坚持以人民为中心的发展思想,紧紧围绕着力保障和改善民生，充分发挥政治优势和制度优势，使改革发展成果更多更公平惠及人民群众，力求不断满足人民日益增长的美好生活需要、不断促进社会公平正义，为实现共享发展和促进共同富裕提供强大保证），推动可持续发展及优化政府组织结构等方面。

政府与市场"双作用"的协同发挥，也取得了显著的经济社会发展成效，创造了令世人瞩目的"中国奇迹"。经济活力被大幅度释放，社会生产力水平明显提高，经济实力跃上新台阶，人民生活显著改善，如经济总量已居世界第二位，人均 GDP 已位列中等偏上国家行列，全球第一贸易大国、外汇储备第一大国、全球第二大消费市场，利用外资和对外投资均居世界前列，对外贸易总额已位列世界第一，制造业规模居全球首位，是全世界唯一拥有全部工业门类的国家，对世界经济增长贡献率超过 30%；经济运行保持在合理区间，延续着总体平稳、稳中有进、结构优化的发展态势，经济发展呈现出增长与质量、结构、效益相得益彰的良好局面；基本上形成了全国统一、开放的商品市场体系，多样化、多层次的生产要素市场也在加快形成；产业结构持续优化，第三产业占据主导地位，服务业比重不断上升至过半比重并成为经济增长主动力，新兴产业蓬勃发展，传统产业加快转型升级，高技术产业、装备制造业增速明显快于一般工业，全社会研发投入规模跃居世界第二位；着力保障和改善民生成效显著，实现了比较充分就业，人民生活持续改善；绿色发展取得扎实成效，生态环境状况逐步好转；更大范围、更宽领域、更深层次对外开放格局正在加快形成，参与全球经济治理能力不断增强且日益成为完善全球治理的重要引领，在发展自身的同时也造福了世界。

总之，新时代中国政府与市场关系，既体现了"遵循经济规律，高度重视市场在资源配置中的作用，强调通过充分发挥市场的优势促进资源的最优配置"，又体现了"基于对市场弊端及资本逻辑的理性认识，高度重视发挥政府在经济社会全面发展中的积极作用，强调更好发挥政府作用"，唯物辩证地看待市场和政府各自在资源配置中的优越性与局限性，强调遵循社会化大生产规律，力求通过"双作用"辩证统一的协同推动有效市场和有为政府更好结合。正如习近平总书记所说："在市场作用和政府作用的问题上，要讲辩证法、两点论，'看不见的手'和'看得见的手'都要用好，努力形成市场作用和政府作用有机统一、相互补充、相互协调、相互促进的格局，推动经济社会持续健康发展。"[1]

第二节 基本经验

一、坚持马克思主义指导

马克思主义是我们党和国家的指导思想，坚持马克思主义指导是我国国家制度和国家治理体系的显著优势。按照马克思主义的观点，政府与市场关系，必须以人类社会为立足点，从生产方式这一基础和前提出发，才能够得到说明。而且，基于马克思主义辩证逻辑的分析理路，不同的历史情境、生成方式、制度要求及发展阶段，势必会使中国的政府与市场关系呈现出不一样的图景。事实也表明，自改革开放特别是党的十八大以来，在马克思主义指导下，

---

[1] 习近平：《在十八届中央政治局第十五次集体学习时的讲话》，《人民日报》2014年5月28日。

中国特色政府与市场关系基于对传统经济体制弊端的深刻反思不断发展与完善，在"双作用"的整体把握上也愈加超越资本主义市场经济的局限，体现出社会主义制度的优越性，是对人类社会新的更加科学、合理的资源配置方式以及经济社会发展模式的创新性探索，整个历史与逻辑的演进充分体现了马克思主义的立场、观点和方法。

其一，以马克思主义理论整体把握我国政府与市场关系历史与逻辑演进。我国对政府与市场关系的探索始终以人民立场为根本立场，以唯物史观和唯物辩证法为世界观和方法论，呈现的是一个以共产主义为旨归、以社会主义经济建设本质和规律探寻为核心主题的螺旋式上升的发展历程，有效市场和有为政府协同前行、辩证统一，体现了既一脉相承又与时俱进的思想理论演进历程。我国关于政府与市场关系的处理充分体现了对马克思主义经典作家关于政府与市场关系创新性成果的运用，新时代中国政府与市场关系处理尤其要坚持习近平新时代中国特色社会主义思想指导。

其二，遵循社会化大生产规律，顺应人类社会的本质属性和发展趋势。按照马克思主义的观点，以人类社会为立足点，社会化大生产是现代社会的基本生产方式，内在地包含着生产社会化的基本要求及基本矛盾，市场经济是社会化大生产的构成要素和内在要求，社会主义与市场经济结合的连接点或说根基是生产社会化，社会主义市场经济是市场经济的高级阶段。一方面，社会化大生产的"分联结合规律"客观要求市场作为交换—流通过程的桥梁；另一方面，社会化大生产也从系统、整体及长远角度客观要求政府发挥好引导、平衡及协调作用。因而"使市场在资源配置中起决定性作用和更好发挥政府作用"是社会化大生产规律的客观要求,体现了人类社会的本质属性和发展趋势。

其三,基于马克思主义国家学说,充分发挥政府的积极作用。我国政府作为中国共产党领导的、社会主义国家委任的、秉承人民意志的政权管理机构始终对社会经济生活产生积极作用。比如,在处理政府与市场关系时,始终坚持人民立场,注重在发展经济的同时保障和改善民生以实现发展成果更多更公平惠及全体人民、促进共同富裕,坚持和完善社会主义基本经济制度以保障"国民经济有计划按比例发展""市场决定性作用的更好发挥""劳动人民成为生产资料和生产过程的主人""'更好地满足劳动人民各种需要'的社会生产目的达成",从第一个时期的"调整政府计划及政府管理经济的方式"到第二个时期的"转变政府职能"再到第三个时期的"健全宏观经济治理体系、深化'放管服'改革、实施国家发展战略、共建'一带一路'倡议、'优化公共服务'、'缩小收入分配差距'",遵循市场经济规律并不断增强政府对市场经济的驾驭能力,以促进经济社会健康协调可持续发展和社会主义制度优越性的充分发挥。

其四,以人类社会为立足点,唯物辩证地把握资本、市场与全球化。重视市场在资源配置中的作用,引入、培育并不断扩大市场机制的作用,坚持公有制主体地位并通过不断深化国企改革积极探索公有制与市场经济的结合形式,鼓励、支持和引导非公有制经济健康发展,促进多种所有制经济市场主体平等竞争、共同发展的所有制格局形成,不断完善现代市场体系并形成更大规模的市场,在充分发挥市场在资源配置中的决定性作用的同时也注重更好发挥政府作用，从国内与国外双重视野考虑对资源与市场的开发与利用，加快构建新发展格局，遵循全球化发展规律，不断扩大全方位、更高水平对外开放，推动建设开放型世界经济，推动构建人类命运共同体，参与全球经济治理能力不断增强等。总之，一方面，我们充分释放资本、市场与全球化的生产力潜能以促进社会生产力的不断增长，为人的自由全面发展的逐步实现奠定必要前提和基础；另一方面，我们又极力避免与遏制资本的野蛮化趋势、市场的弊端及"资本逻辑"主导下新自由主义的全球化及逆全球化所带来的危害，如社会生产内部的无政府状态、恶性竞争膨胀、周期性的经济危机、不平等加剧、普遍奴役、两极分化严重、贫富差距扩大以及商品拜物教等，促进人的自由全面发展完全实现。

二、坚持党的全面领导

"中国共产党领导是中国特色社会主义最本质的特征，是中国特色社会主义制度的最大优势"，[①] 也是我们正确认识和处理政府与市场关系的根本保证和最大优势。党是总揽全局、协调各方的，经济工作是中心工作，政府与市场关系又是我国经济体制改革的核心，党的领导当然要在中心工作和核心领域得到充分体现。事实也证明，政府与市场关系始终是在党的领导下，围绕着中国如何建成社会主义现代化强国而不断调整与演变的，党对于这个问题的认识也是随着历史与逻辑的演进而不断深化的，并取得了重大创新与突破。其实，早在新民主主义时期，以毛泽东为代表的中国共产党人

---

① 《中国共产党第十九届中央委员会第四次全体会议公报》，http://www.xinhuanet.com/politics/2019-10/31/c_1125178024.htm，2019-10-31。

就体现出了其关于发展多种经济成分和利用市场调节的思想；在新中国过渡时期和社会主义建设初期，党在领导社会主义经济建设的实践中提出了诸多符合中国实际的重要论断，并对建立符合中国实际的经济体制展开了创新性探索，且形成了诸多符合当时中国实际的有关"政府（计划）与市场关系"的正确认识。20 世纪 70 年代末，以邓小平为代表的中国共产党人从社会主义现代化建设的大局出发，领导人民拉开了我国改革开放的序幕，开启了我国经济体制的深刻变革，也开启了我国计划（政府）与市场关系的新格局，在不同场合、从不同角度对计划（政府）与市场关系的有关问题进行了理论上的思考和阐发及实践探索中的积极推进。党的十八大以来，基于实践的发展和认识的深化，站在新时代这个新的历史起点上，以习近平同志为主要代表的中国共产党人根据新形势新要求明确提出"充分发挥市场在资源配置中的决定性作用，更好发挥政府作用，推动有效市场和有为政府更好结合"，又是一次有关政府与市场关系的划时代的重大创新与突破，为我国进一步处理好政府与市场关系做出了方向性的指引及根本要求。尤其在发展道路的指引、发展方式的转变、发展现实的定位、发展目标的确定及发展战略的谋划等方面，都是在党的领导下进行的，这是科学处理我国政府与市场关系的当然前提和背景。因而一定要坚持党的全面领导，发挥好党的领导核心作用，这些都是资本主义国家做不到的，也是我们正确认识和处理政府与市场关系的优势。

三、坚持社会主义本质

中国特色社会主义是社会主义，这是方向、是本质、是前提。

确保国家始终沿着社会主义方向前进，是我国国家制度和国家治理体系的显著优势。马克思主义经典作家对共产主义社会的最本质特征作了精辟阐述："代替那存在着阶级和阶级对立的资产阶级旧社会的，将是这样一个联合体，在那里，每个人的自由发展是一切人的自由发展的条件，"[1] 并通过对资本主义生产方式、经济运动规律及其发展趋势的考察，揭示了未来共产主义社会的基本经济特征：人的自由全面发展，生产资料公有制，生产力的高度发展，共同富裕，按劳分配和按需分配，对生产实行有计划的调节。正是基于对共产主义最本质特征的准确理解和把握，邓小平提出："社会主义的本质是解放生产力，发展生产力，消灭剥削，消除两极分化，最终达到共同富裕。"[2] 党的十八大以来，新时代中国政府与市场关系始终体现着以社会主义本质规定为基本前提、利用市场机制服务于社会主义经济发展。

其一，从生产力的高度。党领导人民实事求是地从生产力的高度、从中国式现代化建设的大局出发深化认识政府与市场关系，真正遵循社会化大生产规律，从理论与实践结合上不断创新探索政府与市场关系，开启了中国政府与市场关系的新时代实践。随着党的十八届三中全会提出"使市场在资源配置中起决定性作用和更好发挥政府作用"，经济体制深化改革的步伐逐渐加快，政府与市场关系也依据国内外经济社会发展现实需求不断调整，始终把市场和政府当作一个有机统一的整体来看待，"双作用"也都在逐渐增强、变好，旨在实现有效市场和有为政府的更好结合，既体现了社会主

---

[1]《马克思恩格斯文集》（第2卷），人民出版社2009年版，第53页。
[2]《邓小平文选》（第3卷），人民出版社1993年版，第373页。

义制度优越性，又同我国社会生产力发展水平相适应，不断解放生产力、发展生产力，经济社会发展绩效显著，并逐步打开了新时代中国特色政府与市场关系的崭新格局。

其二，发挥社会主义制度和市场经济的双重优势且形成合力。社会主义市场经济是市场经济的高级阶段，通过社会化生产力与社会化生产关系的有机结合，在政府与市场"双作用"的协同上，既力求充分发挥市场经济的优势，又力求克服市场经济的缺陷，也即发挥社会主义制度和市场经济的双重优势且形成合力。习近平总书记强调："坚持社会主义市场经济改革方向，不仅是经济体制改革的基本遵循，也是全面深化改革的重要依托。"[1] 党的十九届四中全会又突破性地将社会主义市场经济体制作为我国的一项基本经济制度。社会主义市场经济的理论内涵、本质特征及特殊规律对我国政府与市场关系始终具有内在规定性。

其三，始终坚持公有制主体地位，将坚持和完善公有制为主体、多种所有制经济共同发展作为处理政府与市场关系的基本前提和根本原则。通过完善国有资产管理体制、国有资本经营预算制度、国有企业现代企业制度及深化混合所有制改革和国有经济布局及战略性调整等，不断增强国有经济竞争力、创新力、控制力、影响力、抗风险能力，做强做优做大国有资产，促进国有企业同市场经济深度融合、向高质量发展转型稳步推进。依据不同阶段的生产力发展水平调整所有制发展理论与政策，实现了社会主义公有制与市场经济的有机结合，以力求实现国民经济有计划按比例发展、市

---

[1] 中共中央文献研究室：《十八大以来重要文献选编》（上册），中央文献出版社 2014 年版，第 552 页。

场决定性作用的更好发挥、劳动人民成为生产资料和生产过程的主人及更好地满足劳动人民各种需要的社会生产目的达成。

其四，对生产实行有计划的调节，健全科学的宏观调控体系。作为社会主义国家的政府，中国政府始终从中国经济社会发展总方向和全局及生产方式整体出发，不断健全宏观调控体系，完善宏观经济治理，提高其对市场经济的驾驭能力，从而确保社会生产过程和生产关系处于人们有意识有计划的控制之下及社会各种需要之间按适当的比例合理分配社会劳动。党的十八届三中全会将保持宏观经济稳定作为政府的一项主要职责，并强调指出，"科学的宏观调控，有效的政府治理，是发挥社会主义市场经济体制优势的内在要求"。[1] 党的二十大进一步强调"健全宏观经济治理体系"。[2] 政府把"稳中求进"作为工作总基调，统筹"稳增长、促改革、调结构、惠民生、防风险"，综合、灵活运用多种政策及法律法规引导经济行为，调控宏观经济。

其五，缩小收入分配差距，加强和优化公共服务，促进共同富裕。社会主义市场经济体制改革在取得巨大成就的同时，也出现了居民收入差距扩大、两极分化等问题。对此，党坚持和完善以按劳分配为主体、多种分配方式并存的收入分配制度，不断深化中国特色社会主义收入分配制度改革；坚持和完善中国特色社会主义公共服务体系和管理体制，加强和优化公共服务，不断提高公共服务供

---

[1] 中共中央文献研究室：《十八大以来重要文献选编》（上册），中央文献出版社 2014 年版，第 519 页。
[2] 参见习近平：《高举中国特色社会主义伟大旗帜　为全面建设社会主义现代化国家而团结奋斗》，人民出版社 2022 年版。

给能力和质量。总之,党坚持以人民为中心的发展思想,紧紧围绕着力保障和改善民生,充分发挥政治优势和制度优势,使改革发展成果更多更公平惠及人民群众,力求不断满足人民日益增长的美好生活需要,不断促进社会公平正义,为实现共享发展和促进共同富裕提供强大保证,人民福祉不断增进,人民群众获得感和幸福感不断增强。

四、基于人民立场与实践原则不断向更高层次推进

人民立场与实践原则,这两方面必须放在一起说,才能完整、准确阐释中国特色政府与市场关系生成与演进的深层逻辑,才能凸显我国政府与市场关系既有别于传统的高度集中的计划经济体制下的政府与市场关系,也有别于资本主义市场经济中的政府与市场关系,才能寻到中国特色政府与市场关系的创新性之根源。人民立场是马克思主义政治经济学的根本立场,是中国特色社会主义政治经济学理论体系的逻辑主线,揭示了中国特色社会主义经济的本质属性。实践原则作为认识论和方法论之根本原则,是马克思主义最基本、最首要且一以贯之的原则,也是马克思主义科学性和生命力的根本保证。习近平总书记强调,"马克思主义是人民的理论……要学习和实践马克思主义关于坚守人民立场的思想""马克思主义是实践的理论……实践性是马克思主义理论区别于其他理论的显著特征"。[①]

改革开放以后,随着我国经济体制改革的不断推进,政府与市场"双作用"逐渐增强,为新时代中国特色政府与市场关系的深化

[①] 习近平:《在纪念马克思诞辰 200 周年大会上的讲话》,《人民日报》2018 年 5 月 5 日。

与完善奠定了坚实基础、创造了有利条件；但同时，又呈现出"市场化不足与过度市场化并存，政府职能错位、越位和缺位并存"及"发展不平衡、不协调、不可持续"等问题。于是，站在人民立场，基于实践的发展和认识的深化，党又陆续提出"使市场在资源配置中起决定性作用和更好发挥政府作用""推动有效市场和有为政府更好结合"，把市场和政府当作一个有机统一的整体来看待，既要体现社会主义制度优越性，又要同我国社会生产力发展水平相适应，开启了新时代中国特色政府与市场关系的新征程。

展开来说，党的十八届三中全会唯物辩证地提出"使市场在资源配置中起决定性作用和更好发挥政府作用"，就是针对当时经济社会发展实践迫切要求做出的新的科学判断，是又一次有关政府与市场关系的划时代的重大创新与突破，把市场和政府当作一个有机统一的整体来看待，旨在实现"两只手"的最佳功能组合，既要体现社会主义制度优越性，又要同我国社会生产力发展水平相适应；而且，随着中国特色社会主义进入新时代，中国特色政府与市场关系也开启了新时代的新征程，一方面，市场在资源配置中的决定性作用不断增强，另一方面，政府作用的更好发挥不断体现，旨在"让一切劳动、知识、技术、管理、资本的活力竞相迸发，让一切创造社会财富的源泉充分涌流，让发展成果更多更公平惠及全体人民"，鲜明体现了党在处理政府与市场关系上对人民立场的坚守和对实践原则的遵循；因而我们也看到，这一时期，尽管面对复杂而深刻变化的内外部环境，尤其是面对经济转型阵痛凸显的严峻挑战、中美贸易摩擦的影响及经济社会发展多重目标和多项任务的要求等，但总的来说，我国经济运行依然保持在合理区间，延续了总体平稳、稳中有进、结构优化的发展态势，经济社会发展取得了全方位、开创性的巨大成就，并发生了深层次、根本性变革。

总之，政府与市场关系，作为我国经济体制改革的核心，始终是围绕着中国如何建成社会主义现代化强国而不断调整与演变的，我们对于这个问题的认识也是随着历史与逻辑的演进而不断深化的，充分彰显了我们党基于人民立场与实践原则对政府与市场关系与时俱进的科学把握和创新性探索。其一，我们走的是一条基于实践之变而变的渐进之路，边改革边总结，从实践到理论、从理论又到实践、再从实践到理论，先试点后推广、循序渐进、稳步推进，而且，政府与市场关系的具体展开在不同发展阶段又因经济社会现实状况的不同而不同，体现了以共同富裕为旨归，体现了生产力与生产关系、经济基础与上层建筑的矛盾运动规律，体现了现实的、具体的、历史的和动态的鲜明特征。其二，我国实行的是社会主义市场经济体制这个辩证的统一体，在处理政府与市场关系上，站在历史的高度，遵循马克思主义的辩证逻辑，体现了对市场经济一般性和社会主义特殊性的双重把握，新时代中国特色政府与市场关系不断发展与完善，在"双作用"的整体把握上，既愈加超越传统计划经济体制的弊端，也愈加超越资本主义市场经济的局限，体现出社会主义制度的优越性，不断将政府与市场关系向更高层次推进，为人类发展中政府与市场关系的处理贡献了中国智慧和中国方案。

五、基于中国与世界双重向度和改革与开放双重思维顺应历史大势

马克思主义经典作家以人类社会为立足点，运用唯物史观与唯

物辩证法，以社会化大生产规律、世界市场理论、世界历史理论和对"资本逻辑"的剖析为理论支撑，揭示了全球化发展方向与规律。马克思主义经典作家视域中的全球化始终是与资本主义制度全球拓展密切相连的，也始终是与人类社会发展的历史大势密切相连的。根据马克思主义的观点，经济全球化是历史大势，人类分散而各自孤立发展的历史必然会迈向普遍互联的世界历史；而且，在这一进程中，"资本逻辑"在促进现代社会生产力发展的同时，又因其内在固有矛盾和对立为现代社会自身的毁灭埋下了伏笔（如周期性地重复发生的"生产过剩的瘟疫"，如贫困、压迫、奴役、退化和剥削程度的不断加深等，近年来西方推动的全球化及逆全球化浪潮已显示），为人类社会发展带来的是文明化与野蛮化双重影响和趋势，并以此客观上为共产主义的实现提供了双重前提。

　　生产力发展的客观要求及生产力与生产关系的矛盾运动推动着生产要素的全球流动及生产方式的全球拓展，世界总体上依然处于"历史向世界历史转变"的进程，全球化作为一种不可扭转的必然趋势，已经成为当今世界经济发展的重要特征和推力，并也将成为世界经济政治新秩序调整与重建的重要推动力量。改革开放尤其是党的十八大以来我国政府与市场关系的历史与逻辑演进，充分体现了党对马克思主义经典作家全球化思想内核和基本要义的科学把握，着眼于中国与世界双重向度，秉持改革与开放双重思维，顺应人类社会发展历史大势，本着开放合作、包容互鉴、互利共赢和共同发展理念，不断扩大对外开放，从国内与国外双重视野考虑对资源与市场的开发与利用。从改革开放之初通过"利用外国的资金和技术,华侨、华裔回来办工厂,试办经济特区,开放沿海港口城市,出台'外资三法'"等起步对外开放,到后来的"对外开放不断扩大,多层次的对外开放格局基本建立",再到党的十八大以来的"向全方位、更高水平推进对外开放",我国开放的大门越开越大。党的十八大以来,我国推出了一系列进一步扩大开放的新举措,如加快建设自贸试验区和自由贸易港、推行负面清单管理模式及实施《外商投资法》,在世界上首创举办进口博览会,将关税水平进一步降至 7.5%,取消 QFII 和 RQFII 投资额度限制,取消 RQFII 试点国家和地区限制,在额度审批、资金汇兑等方面不断放松管制和简化手续,① 着力营造法治化、国际化、便利化的国际一流营商环境和更加公平、透明的市场竞争环境,妥善应对中美贸易摩擦,利用外资和对外投资规模均不断扩大(居全球第二位);面对"当今世界正处在新一轮大发展大变革大调整时期,人类也正面临前所未有之机遇和挑战"的国际环境及"中国经济发展在取得了巨大成就且形成了成功经验的同时,也存在着诸多突出问题"的国内环境,统筹推进进一步全面深化改革和进一步扩大对外开放,在马克思主义理论指导下通过创新区域合作及全球发展理念与理论,提出了共建"一带一路"倡议和全球发展倡议,秉持共商共建共享原则,聚焦互联互通,力求携手共同打造政治互信、经济融合、文化包容的利益共同体、命运共同体和责任共同体,充分发挥了中国政府集中力量办大事的制度优势和超大规模的市场优势,实现了互利共赢、共同发展,也得到了国际社会的积极响应和高度评价,走

---

① 《国家外汇管理局:取消 QFII 和 RQFII 投资额度限制》,http://www.xinhuanet.com/politics/2019-09/101C_1124983310.htm。

出了一条和平之路、繁荣之路、开放之路、创新之路和文明之路；参与全球经济治理能力不断增强，如"支持多边贸易体制，推动世界贸易组织改革""签署了19个自贸协定，在二十国集团、亚太经合组织、金砖国家等平台发出中国声音，提出中国主张，推动建设开放型世界经济，推动构建人类命运共同体"。[1] 总之，我国全方位、更高水平对外开放稳步推进，经贸大国地位日益巩固，我国已成为全球第一贸易大国，且贸易结构不断优化，对全球经济增长贡献率年均达30%，是世界经济格局中最为稳定、最具活力、最有韧性、最富成长性的动力源和压舱石。[2]

因而，就政府与市场关系而言，中国的对外开放之路，作为在马克思主义理论指导下推动建设开放型世界经济的一种创新性探索，遵循了全球化发展规律，顺应了人类社会发展历史大势，有助于推动世界经济从复苏走向强劲、可持续、平衡和包容增长，有助于推动建立更加平等均衡的新型全球发展伙伴关系，有助于促进世界的和平与繁荣，旨在为创建新的人类文明打开新的历史空间，是对"充分发挥市场在资源配置中的决定性作用，更好发挥政府作用"的深刻诠释和生动实践，彰显了中国以人类社会为立足点，运用唯物史观和唯物辩证法在处理政府与市场上的中国智慧、中国方案与中国标准，有效发挥了社会主义制度在全球发展和人类文明中的独特优势和积极作用。

---

[1]《我国已成为全球第一贸易大国、全球第二大消费市场》，《人民日报》2019年9月30日。
[2]《坚定不移推进高水平对外开放　以中国新发展为世界提供新机遇》，《红旗文稿》2023年第5期。

第三节 世界意义

新时代中国政府与市场关系，在"双作用"的整体把握上，既愈加克服传统的高度集中的计划经济体制的弊端，也愈加超越资本主义市场经济的局限，体现出社会主义制度的优越性；是在马克思主义指导下对人类社会更加科学、合理的资源配置方式及经济社会发展模式的创新性探索，兼具真理性与实践性，体现一般与特殊辩证统一的发展规律，着眼于中国与世界双重向度，将不断在更高层次上展开，为世界贡献中国智慧和中国方案。

一、为世界社会主义发展提振了信心，贡献了经验和智慧

苏联解体和东欧剧变使世界社会主义运动进入低潮，这促使中国共产党人立足于世界形势的发展变化，总结我国社会主义胜利和挫折的历史经验并借鉴其他社会主义国家兴衰成败的历史经验，对包括社会主义本质在内的一系列问题做了深入思考，并从社会主义本质的高度对政府与市场的关系进行了深刻阐述，开创了社会主义市场经济，也打开了中国政府与市场关系的崭新格局，是前无古人的伟大创举，体现了社会主义初级阶段中国经济制度的鲜明特点和体制创新，是中国特色社会主义的重大理论和实践创新，"解决了世界上其他社会主义国家长期没有解决的一个重大问题"，[1] 是中国共产党人对马克思主义发展做出的历史性贡献。新时代中国政府

---

[1]《习近平总书记重要讲话文章选编》，中央文献出版社2016年版，第94—95页。

与市场关系，坚持社会主义市场经济的改革方向与内在规定，既体现市场经济的一般规律，充分发挥市场经济的长处，也坚持社会主义基本制度，充分发挥社会主义制度的优越性，以"有效市场和有为政府"辩证统一的更高层次结合推动生产力的高度发展和生产关系的持续优化，也即发挥社会主义制度和市场经济的双重优势且形成合力、发挥政府和市场的双重作用且形成合力。总之，新时代中国政府与市场关系，既体现了对马克思主义立场、观点、方法的根本遵循和灵活运用，又结合中国实际和时代特征进行了创新发展，符合经济社会发展实际和发展规律，且根据不同发展阶段的特点与要求，在理论与实践的统一和互动中不断创新与发展，其所取得的巨大成功和所具有的显著优势，充分彰显了社会主义的特点、优越性和巨大活力，为世界社会主义发展提振了信心、展示了美好前景，也贡献了经验和智慧，对世界其他社会主义国家选择和开创未来发展道路提供了一种具有重要参考价值的新方式，对世界社会主义运动意义重大。

二、拓展了发展中国家走向现代化的途径，提供了全新选择和成功经验

第二次世界大战后许多发展中国家盲目复制粘贴西方经济自由主义政策，忽视了自身各方面特殊因素的影响，特别是忽视了政府"这只手"的应有调节，虽然短期内出现了经济的高速增长，但却导致了社会贫富两极分化、经济结构畸形发展及失业率和通货膨胀居高不下等严重问题，从而陷入社会动荡、政权更迭局面，出现了"有增长而无发展"甚或长期停滞不前的现象，陷于低收入或中等收入陷阱。而作为世界上最大的发展中国家，中国摒弃了"华盛顿共识"和"休克疗法",选择并成功走出了一条符合中国国情的中国式现代化道路,打破了现代化道路的"西方中心主义"教条,为多元现代性提供了生动而成功的范例。建设现代化经济体系是推进中国式现代化建设的迫切要求和重要内容,且关涉社会经济活动各个领域、各个层面、各个环节,而"把握好政府和市场关系是建设现代化经济体系的关键"。[①] 新时代中国政府与市场关系,坚持马克思主义指导,运用唯物史观和唯物辩证法的世界观和方法论,将马克思主义理论逻辑与中国发展实践逻辑相结合,遵循社会化大生产规律,通过"双作用"辩证统一的协同力求把市场和政府的优势都充分发挥出来,从理论与实践结合上不断深化认识、创新发展,体现了对市场经济一般性和社会主义特殊性的双重把握;从技术和工具的层面学习借鉴西方经济学关于市场经济规律研究的有益成果,但不照抄照搬、不受其范式的束缚,坚持独立自主和维护国家根本利益,从根本上认识到西方经济学所具有的阶级本质及局限性,不把它作为处理我国社会主义市场经济中政府与市场关系的指导,对西方经济学关于政府与市场关系的认识进行系统地辩证分析,既借鉴又批判,扬其利、弃其弊,站在历史的高度,联系中国实际,把发展的普遍性和特殊性有机结合起来。今天,新时代中国所取得的历史性成就、发生的历史性变革背后这条独特的"政府与市场关系"中国处理之道,对广大发展中国家无疑具有更为重要的参考借鉴价值和启示意义,正如习近平总书记所指出的,"拓展了发展中国家走向现代化的途径,给世界上那些既希望加快发展又希

[①] 张杰:《把握好政府和市场关系是建设现代化经济体系的关键》,《南京财经大学学报(双月刊)》2018年第2期。

望保持自身独立性的国家和民族提供了全新选择"。[1]

三、可为西方发达资本主义国家突破政府与市场之争的"两难困境"提供借鉴与启示

在西方市场经济的成长过程中，在政府与市场之间始终存在着不同的选择争论，对立程度异常明显，至今也未彻底解决。其实，这也正是"市场在具有优越性的同时又具有局限性"使然。西方市场经济实践也显示，随着自由市场经济的发展，市场经济本身的缺陷日益彰显，市场失灵日益严重：一方面，从1929—1933年的资本主义经济危机到20世纪70年代"滞胀"危机、2008年国际金融危机，再到2020年新冠疫情引发的严重经济衰退，在世界主要资本主义国家或大部分国家爆发周期性经济危机的频率越来越高，影响也越来越深广，危机的深层次影响也越来越难以彻底消除；另一方面，资本主义社会生产内部的无政府状态、恶性竞争膨胀、两极分化、贫富差距以及拜物教等日益加剧，致使经济、社会、政治等多重危机交错并存。其实，这是"资本逻辑"与"市场弊端"的结合作用所致，既暴露出市场本身固有的弱点和缺陷，也是资本主义自身难以克服的内在矛盾所致，也即是资本主义市场经济的必然产物，从根本上说是资本主义的制度危机。换句话说，资本主义市场经济中政府与市场的矛盾也是资本主义社会生产力和生产关系矛盾的体现，而这也正是西方经济学对政府和市场关系的研究绕不过去

---

[1] 中共中央党史和文献研究院：《十九大以来重要文献选编》（上册），中央文献出版社2019年版，第8页。

的一个致命缺陷，因而纵然"诊治药方"不断，但西方经济学因阶级属性囿于资本主义经济制度框架内而无法从根本上对症下药，当然也就无法突破政府与市场之争的"两难困境"。对此，西方市场经济发展的历史与现实早已昭然若揭，西方学者在对资本主义制度及资本主义市场经济中的政府与市场关系处理局限进行反思的同时，也在寻求新的理论与政策。而新时代中国在处理社会主义市场经济中的政府与市场关系时，站在人民的立场和历史的高度，从生产力与生产关系的双重视域予以考察，摒弃了以"自由放任"为核心主张的"大市场小政府"模式，坚持"有效市场和有为政府"的辩证统一、共进共生，科学把握政府与市场关系的内在逻辑及规律，力求以社会主义市场经济的独特优势克服资本主义市场经济的局限。比如，在经济成分的总体把握、国家发展战略的实施、宏观调控的范围和手段、市场监管的范围和力度以及人的自由全面发展和共同富裕指向下的公共服务与收入分配等方面，既体现出市场经济一般的要求，也体现出社会主义制度的特殊要求。历史逻辑、理论逻辑与实践逻辑均已证明并也将继续证明，中国特色政府与市场关系是中国发展取得巨大成功的有力、有效支撑。众所周知，中国独特的发展道路及所取得的发展奇迹令世人瞩目，那么，政府与市场关系的中国处理之道，对西方发达资本主义国家突破政府与市场之争的"两难困境"也无疑具有某些借鉴与启示意义。

四、顺应历史大势，为解决人类共同面临的发展问题贡献了中国智慧和中国方案

近几十年来，在发展问题上，人类创造了前所未有的经济增长奇迹，但世界各国在发展过程中普遍出现了这样那样的问题，如资源浪费、生态环境恶化、经济结构失衡、社会发展滞后、贫富差距拉大、失业增加、公平正义缺失、政治腐败与动荡不居等，总体来说，发展质量不高、后劲不足，"人类社会究竟应该怎样发展"也一直是国际理论与实践界的焦点话题。而其中一个极为关键的问题就是如何科学处理政府与市场关系。对此，新时代中国在政府与市场关系的探索与建构上，顺应人类社会的本质属性和发展趋势，遵循社会化大生产规律，唯物辩证地把握资本、市场与全球化，一方面，充分释放资本、市场与全球化的生产力潜能以促进社会生产力的不断增长，为人的自由全面发展的逐步实现奠定必要前提和基础；另一方面，又极力避免与遏制资本的野蛮化趋势、市场的弊端及"资本逻辑"主导下的全球化及逆全球化所带来的危害。显然，基于此逻辑形成的新时代中国政府与市场关系，体现了马克思主义"以人本身为核心主题，从人类主体现实的、具体的、历史的地位出发对人类社会历史发展过程进行科学考察"所蕴含着的科学思想及方法论。而归根结底，这是人类社会发展规律使然。当今，世界正处在新一轮大发展大变革大调整时期，人类也正面临前所未有的机遇和挑战，中国顺应人类社会历史发展大势，着眼于中国与世界双重向度，统筹推进全面深化改革和扩大对外开放，本着开放合作、包容互鉴、互利共赢和共同发展理念，提出共建"一带一路"倡议和全球发展倡议，推动建设开放型世界经济，推动构建人类命运共同体，得到了国际社会的积极响应和高度评价。总之，在马克思主义指导下，生成于中国大地上的新时代中国政府与市场关系，包含着从人类社会本质上揭示的人类发展一般规律，是对人类发展理论与实践的原创性贡献。

第七章　未来展望

第一节　引言：更高层次上的展开

经前述思想基础及历史逻辑、理论逻辑与实践逻辑的结合分析，可以得出：新时代新征程上中国政府与市场关系将面向社会主义现代化强国建设在新的更高层次上展开，总体呈现的应该是有效市场和有为政府辩证统一的崭新格局，以更好推动生产力的高度发展和生产关系的持续优化，鲜明的社会主义特色将更加凸显，社会主义制度的优越性将充分发挥，并继续为世界贡献中国智慧和中国方案，这是历史大势。

一、遵循马克思主义辩证逻辑的分析理路——开辟新范式和新视域

"旧唯物主义的立脚点是市民社会，新唯物主义的立脚点则是人类社会或社会化了的人类。"① 这两种截然不同的哲学观，直接决定了资产阶级和无产阶级在处理政府与市场关系方面的根本区别。也正因仅用形式逻辑处理历史材料，把摆在面前的现存的东西

---

① 《马克思恩格斯文集》（第1卷），人民出版社2009年版，第502页。

直接当作前提，资本主义生产方式及与之相关联的市场机制在西方经济学视野中是自然的、永恒的，具有天然的正当性和合理性，而经济运行中的问题及原因也只需从此框架下的政府与市场关系分析即可，其所呈现出的总体是一种抽象而机械的短期静态分析而非历史性的联系和变化，缺乏历史的高度和视野。也正因如此，"资本逻辑""市场弊端"和"政府局限"结合而生的西方资本主义市场经济中的市场失灵和政府失灵，是其自身固有且不可能治愈的，这就是"西方经济学在政府与市场关系的处理主张上，无论钟摆在政府与市场间怎么摇摆，都不能最终解决问题"的根源所在。对此，马克思用辩证逻辑处理历史材料，基于对资本主义生产过程的本质剖析而对不变资本和可变资本的区分以及对"三位一体的公式"的批判，早已从根本上超越了资产阶级经济学家的这一狭隘认识，通过形式和本质的矛盾分析深刻揭示了事物的本质，彰显了巨大的历史感。同时，马克思也指出，"一个社会即使探索到了本身运动的自然规律……它仍然不能跳过、不能用法令取消自然的发展阶段。不过它能缩短、能减轻分娩的痛苦"。[1] 这也正是马克思主义经济学超越资产阶级经济学的关键所在。今天，世界总体上依然处于"历史向世界历史转变"的进程中，我们在处理社会主义市场经济中的政府与市场关系时，也要以人类社会为立足点，站在历史的高度，遵循辩证逻辑，从生产力与生产关系的双重视域予以考察，科学把握政府与市场关系逻辑演进的历史脉络，并力求开辟一种新的范式和视域，推动政府与市场关系在新的更高层次上展开。这是一

---

[1]《马克思恩格斯文集》（第5卷），人民出版社2009年版，第9—10页。

个具体历史时代的需要,也是历史大势所趋。

二、立于新时代,回应时代之需——形成新认识和新实践

人类历史也是一部思维的发展和创造史。"一切划时代的体系的真正的内容都是由于产生这些体系的那个时期的需要而形成起来的。"[①] 时代是思想之母,实践是理论之源。党的十九大报告提出,"中国特色社会主义进入新时代,我国社会主要矛盾已经转化为人民日益增长的美好生活需要和不平衡不充分的发展之间的矛盾"。[②] 党的二十大报告提出:"从现在起,中国共产党的中心任务就是团结带领全国各族人民全面建成社会主义现代化强国、实现第二个百年奋斗目标,以中国式现代化全面推进中华民族伟大复兴。"[③] 在马克思看来,"问题就是时代的口号,是它表现自己精神状态的最实际的呼声"。[④] 中国特色社会主义进入新时代,这是我国发展新的历史方位;我国社会主要矛盾已经转化为人民日益增长的美好生活需要和不平衡不充分的发展之间的矛盾,这是新时代的核心特征和最实际的呼声;全面建成社会主义现代化强国、实现第二个百年奋斗目标,以中国式现代化全面推进中华民族伟大复兴,这是新时代新征程上中国共产党的中心任务。这些重大政治论断,是对"中国实际"这一基本国情的一个总体判断,是当前和今后一段时期中

---

① 《马克思恩格斯全集》(第3卷),人民出版社1995年版,第544页。
② 中共中央党史和文献研究院:《十九大以来重要文献选编》(上册),中央文献出版社2019年版,第8页。
③ 参见习近平:《高举中国特色社会主义伟大旗帜 为全面建设社会主义现代化国家而团结奋斗》,人民出版社2022年版。
④ 《马克思恩格斯全集》(第40卷),人民出版社1982年版,第289—290页。

国特色政府与市场关系向前发展的立足点和出发点。新时代的中国，国内国际形势和经济发展实践都有了很大变化，也可谓当代中国正在进行着人类历史上最为宏大、独特且必将影响深远的实践创新和社会变革，朝着社会主义现代化强国建设，朝着中华民族伟大复兴。而"新时代"历史条件下的中国特色政府与市场关系，也将在新的更高的层次上展开，将愈加发挥出我国社会主义制度的优越性，将愈加为世界贡献中国智慧和中国方案。进而言之，我们所要构建并不断完善的中国特色政府与市场关系，既不会回到传统的高度集中的计划经济体制时期的计划（政府）与市场关系，也不会再同于改革开放之后、新时代之前的政府与市场关系，更不会同于资本主义市场经济中的政府与市场关系，而是面向未来社会主义现代化强国建设的政府与市场关系，这也是社会主义市场经济发展进入新阶段的理论与实践诉求。尤为重要的是，我们要从马克思主义理论框架中、从中国经济社会发展生动实践中，探寻构建中国特色政府与市场关系未来建构的信心与规律。基于此，形成新认识和新实践。具体内容的展开将着重围绕以下几方面进行：批判与借鉴：对西方经济学关于政府与市场关系认识的辩证分析；与社会主义基本经济制度高度关联；发挥好"两只手"的积极功能，推动有效市场和有为政府更好结合；系统构建具体制度体系，发挥制度的显著优势。

第二节　批判与借鉴：对西方经济学关于政府与 市场关系认识的辩证分析

对西方经济学关于政府与市场关系的认识，我们要以人类社会为立足点，运用唯物史观和唯物辩证法，以批判的眼光加以审视与借鉴，梳理出一些具有普遍性的、我们认可的、可以借鉴的主要方面以及不具有普遍性的、我们不认可的、需要摒弃的主要方面，加以辩证分析。

一、利与扬：可以借鉴之处

1. 重视市场在资源配置中的作用，强调利用市场调节促进资源的最优配置

西方经济学很重视市场的地位和作用，强调利用市场调节促进资源的最优配置。如西方经济学的鼻祖亚当·斯密主张通过市场这只"看不见的手"来调节经济活动，促进社会资源的最优配置。[①]那么，市场为何能促进资源的最优配置呢？这就缘于价值规律、供求规律和竞争规律这三大市场经济规律的独特作用。具体来说，第一，价值规律。价值规律是市场经济的最基本规律，"商品的价值由社会必要劳动时间而不是由企业生产商品的个别劳动时间决定"是它的客观要求，这就会促使企业积极主动地想方设法提高劳动生产率，以降低成本、赢得市场及获得更多利润。第二，供求规律。"商品的价格，不仅取决于商品的价值，而且取决于市场供求关系"是它的客观要求，这就会引导企业依据市场供求信息进行生产与交换，促使生产要素流向社会需要的领域。第三，竞争规律。"企业成为市场竞争的主体，遵循优胜劣汰法则"是它的客观要求，企业要想在竞争环境中获得生存和发展，就必须积极主动地想方设法提

[①] 孙晓红、张中祥：《"小政府"的困境及其启示》，《科技进步与对策》2002年第2期。

高产品竞争力和市场占有率等，这就会促使资源流向经济效益好的企业和部门，有益于产业结构优化、技术进步和市场的新陈代谢等。这是人类在经济活动实践中创造的文明成果，这是市场经济一般规律使然。

2. 市场也会失灵，市场失灵需要政府予以矫正和弥补

市场只能在其最适宜发挥作用的范围和限度内发挥作用，一旦超越了最适宜发挥作用的范围和限度，市场就会失灵。市场失灵主要表现在国民经济的综合平衡、外部性、公共产品和公共服务供给、社会分配不公、垄断、经济波动、信息不充分和不对称以及市场对有益和有害物品的调节无视社会道德等方面。西方市场经济实践也显示，随着市场经济的发展，市场经济本身的缺陷日益彰显，市场失灵日益严重，如频率越来越高、影响越来越深广的周期性经济危机以及社会生产的无政府状态、恶性竞争膨胀、两极分化、贫富差距以及拜物教等。"市场万能"的神话被残酷的现实彻底粉碎，西方学者也纷纷寻找新的理论和对策，如通过刺激性的财政政策和货币政策来积极干预和调节私人经济，倡扬现代市场机制与现代政府调控有机结合等。但究其本质，资产阶级终还是为了暂时缓和矛盾以使资本主义生产方式得以延续才寻求政府作用，采用一些调节方式如"加强宏观调控""高福利政策""通过国有化提高部分重要领域的社会化程度""伦理化措施""完善法治""加强监督"甚或"借助经济全球化进行矛盾的空间转移"等，但也只是暂时缓和或减轻了矛盾激化程度而已，无法根本解决问题。因而西方经济学对市场失灵以及政府作用的探索，从技术和工具层面对我国尚处于社会主义初级阶段及多种经济成分并存的社会主义市场经济来说不

乏借鉴意义，但其认识因阶级属性囿于资本主义经济制度框架内而无法从根本上对症下药，因西方市场经济中的市场失灵是"资本逻辑"和"市场弊端"的结合作用。故社会主义市场经济运行中政府作用发挥的依据和领域要考虑到基本经济制度的内在要求和市场经济规律的一般要求这双重层面。

3. 政府也会失灵，政府失灵需要对政府权力进行规范

政府也会失灵，而且不一定比市场解决得更有效率。比如，凯恩斯主义经济政策的实施在一定程度上缓解了资本主义的经济危机，但这一剂"良药"却还是导致了后来的"滞胀"危机。所以，沃尔夫曾说：企求一个合适的非市场机制去避免非市场缺陷并不比创造一个完整的合适的市场以克服市场缺陷的前景好多少。[①] 政府失灵的原因及表现主要体现在内部性、信息不完全、政府能力有限、政府干预成本扩张及"寻租"与腐败等方面。事实也表明，政府干预在实施过程中也往往因干预不足或干预过度而出现各种事与愿违的问题和结果，最终造成社会生产效率和社会福利受损。西方经济学对资本主义市场经济条件下政府失灵问题的剖析在一定程度上触摸到了问题的症结，对我们认清市场经济条件下资本主义政府干预行为的局限性或政府失灵问题，以及剖析、防范与预警尚处于社会主义初级阶段及多种经济成分并存的社会主义市场经济条件下的我国政府干预问题，具有一定启示意义。但也同样因阶级属性而具有明显的局限性。我们要进一步考虑的是，如何在历史的新的更高的层次上更好发挥社会主义国家政府的独特优势，克服资产阶级

---

① 参见查尔斯·沃尔夫：《市场或政府：权衡两种不完善的选择》，中国发展出版社1994年版。

国家政府失灵的局限。

二、弊与弃：应该摒弃之处

1. 自由放任

经济自由主义作为一种意识形态，总体来说，相信市场机制会自动形成"自然秩序"，极为崇尚市场对经济活动的自发调节，因而主张"自由放任"，遵循"大市场小政府"的市场经济模式，这种经济思想在西方经济学中具有相当的影响力。但史实表明，资本主义经济危机已经终结了"自由放任"的神话。20世纪80年代，曾倾向于实行自由放任经济政策的美英两国，短暂缓解了经济困境后便又很快迎来了经济衰退，且随后爆发了席卷全球的2008年国际金融危机。不仅是美英，深受新自由主义影响的很多国家都遭遇了经济困境，长期陷入难以自拔的经济危机和衰退之中。特别是对于处于转型期的发展中国家，市场机制尚未成熟，激进的私有化和"休克疗法"注定是要失败的。而且，资本主义生产方式下的"看不见的手"也并没有想象中的那样能更加有效地促进社会利益，相反，愈加严重的两极分化、贫富差距、拜物教等使得劳动者的境遇愈加悲惨，致使工人运动此起彼伏、社会秩序愈加混乱。因而，我们不得不深刻反思："自由放任"真的可以吗？以美英为代表的自由市场经济模式真的可以吗？答案当然是否定的。其实，马克思主义经典作家早已揭示了"资本逻辑"和资本主义生产方式下的自由市场的严重弊端和虚假性。

2. 资产阶级立场

私有财产对政治国家有支配权，资本主义国家（政府）坚守资产阶级立场，是资产阶级的代言人，不会代表全体人民的利益，本质上不过是一种"虚幻的共同体"。资本的本性是私人占有财产和利润最大化,资本主义生产的目的和动机是通过剥削工人榨取剩余劳动而获得剩余价值。这一系列逻辑前提决定了资产阶级在处理政府与市场的关系时,最终考虑的还是剩余价值最大化。也正因此,"资本逻辑"下的市场机制会产生一系列自身难以克服的弊端,这也正是西方经济学对政府和市场关系的研究绕不过去的一个致命缺陷。而共产主义社会的生产目的是"扩大、丰富和提高工人的生活""已经积累起来的劳动只是扩大、丰富和提高工人的生活的一种手段"。[1] 以此思想为指引,我们要深刻把握社会主义的本质要求和社会主义制度优越性的集中体现,要从生产力发展和生产关系变革的辩证统一、目的和手段的辩证统一这两个维度对政府与市场关系加以双重把握。

3. 仅用形式逻辑,缺乏历史的高度和视野

"旧唯物主义的立脚点是市民社会,新唯物主义的立脚点则是人类社会或社会化了的人类。"[2] 这两种截然不同的哲学观,直接决定了资产阶级和无产阶级在处理政府与市场关系方面的根本区别。总体来说,西方经济学视野中的资本主义生产方式及与之相关联的市场机制是自然的、永恒的,具有天然的正当性和合理性,而经济运行中的问题及原因也只需从此框架下的政府与市场关系分析即可。这就致使西方经济学把摆在面前的现存的东西直接当作前提,其对资本主义经济运行规律的研究也仅是用形式逻辑处理历史材料,以为资产阶级寻找发财致富的规律,所呈现出的总体是一种

---

[1]《马克思恩格斯文集》(第2卷),人民出版社2009年版,第46页。
[2]《马克思恩格斯文集》(第1卷),人民出版社2009年版,第502页。

抽象而机械的短期静态分析而非历史性的联系和变化，缺乏历史的高度和视野。比如，资产阶级经济学家对固定资本和流动资本的区分以及"三位一体的公式"（资本—利润，土地—地租，劳动—工资）所体现的是掩盖了本质关系的资本主义经济关系被异化了的现象形式。也正因只用形式逻辑，西方经济学在政府与市场关系上，无论钟摆怎么摇摆，都不能最终解决问题。而马克思用辩证逻辑处理历史材料，基于对资本主义生产过程的本质剖析从根本上超越了资产阶级经济学家的狭隘认识，通过现象和本质的矛盾分析深刻揭示了事物的本质。同时指出，"一个社会即使探索到了本身运动的自然规律……它仍然不能跳过、不能用法令取消自然的发展阶段。不过它能缩短、能减轻分娩的痛苦，"[1] 彰显了巨大的历史感。这也正是马克思主义经济学超越西方经济学的关键所在。

总之，我们要正确认识和科学对待西方经济学，一方面，要承认西方经济学有合理的成分，从技术和工具的层面可以利用其关于市场经济规律研究的思想养分；另一方面，也要认识到它所具有的阶级本质及局限性，不能把它作为处理我国社会主义市场经济中政府与市场关系的指导，而是要基于唯物史观和唯物辩证法把发展的普遍性和特殊性有机结合起来。

第三节　与社会主义基本经济制度高度关联

如前所述，围绕"究竟如何确立政府与市场的边界才是科学

---

[1]《马克思恩格斯文集》（第 5 卷），人民出版社 2009 年版，第 9—10 页。

的""究竟如何理解市场的决定性作用""究竟如何发挥政府作用才是更好"等争论异常激烈,其中有些分歧和争论直接关涉我国社会主义市场经济的改革方向,对于完善我国社会主义市场经济体制关系重大。本书认为,要从根本上厘清这些问题,必须首先厘清政府与市场关系与社会主义基本经济制度的关联,唯此,某些问题或现象的本质才能鲜明地呈现出来。

党的十九届四中全会着眼于新的实践和发展需要,第一次将"按劳分配为主体、多种分配方式并存"和"社会主义市场经济体制"上升为基本经济制度,与"公有制为主体、多种所有制经济共同发展"并列作为社会主义基本经济制度,对社会主义基本经济制度做出了新概括,对社会主义基本经济制度的内涵做出了重要发展和深化,明确指出"公有制为主体、多种所有制经济共同发展,按劳分配为主体、多种分配方式并存,社会主义市场经济体制等社会主义基本经济制度,既体现了社会主义制度优越性,又同我国社会主义初级阶段社会生产力发展水平相适应,是党和人民的伟大创造。必须坚持社会主义基本经济制度,充分发挥市场在资源配置中的决定性作用,更好发挥政府作用"。[1]

社会主义基本经济制度在经济制度体系中具有基础性决定性地位,起着规范方向的作用,对经济制度属性和经济发展方式有决定性影响,对其他领域制度建设及国家治理效能有重要影响。[2] 坚持和完善社会主义基本经济制度,对政府与市场关系建构具有基础

---

[1]《中国共产党第十九届中央委员会第四次全体会议公报》,http://www.xinhuanet.com/politics/2019-10/31/c_1125178024.htm,2019-10-31。
[2] 刘鹤:《坚持和完善社会主义基本经济制度》,《人民日报》2019年11月22日。

性、原则性和系统性重要影响，使"国民经济有计划按比例发展"成为可能，使"市场决定性作用的更好发挥"成为可能，使"劳动人民成为生产资料和生产过程的主人"成为可能，使"更好地满足劳动人民各种需要的社会生产目的达成"成为可能，是科学认识与正确处理中国特色政府与市场关系的基本前提和原则。这也是中国特色政府与市场关系的制度特征、理论贡献和显著优势。反过来，发挥市场决定性作用和更好发挥政府作用，也要为完善和发展社会主义基本经济制度服务。

一、进一步增强市场主体活力和实力，为高质量发展提供主体支撑

随着全面深化改革和高质量发展的稳步推进，在"毫不动摇巩固和发展公有制经济"和"毫不动摇鼓励、支持、引导非公有制经济发展"两方面，都还需要继续深化改革，为高质量发展提供支撑。

其一，在公有制经济方面。侧重以下两个方面：（1）坚持公有制主体地位和国有经济主导地位，以确保社会主义基本经济制度的性质。若此"主体"和"主导"地位发生动摇，那么从长远来看，国家的物质基础、制度基础和政治基础也必然会动摇。国有经济是保持国民经济和社会持续稳定、健康发展的基石，始终起着无可替代的托底和支柱作用，尤其是当国家面临国际经济危机及其他外部冲击时，其所具有的较强抗风险能力和保护力已被以往经济史实所证明（如亚洲金融危机和国际金融危机期间）。（2）以马克思主义所有制理论为指导，从理论内涵及制度建构上全面深化国企改革。

具体来说,要深刻理解国企产权制度改革是探索全民产权的有效实现形式,而不是假借各种名义的私有化,要深刻把握《关于在深化国有企业改革中坚持党的领导加强党的建设的若干意见》和《关于加强和改进企业国有资产监督防止国有资产流失的意见》的指导精神,确保国企产权制度改革不改变国有性质、不导致国资流失。基于此前提,理顺所有权、经营权与代理权的关系并加强制度建构,既要实现政企分开,又要保证全民所有者的真正到位(权益受到切实保障);切实通过"多资"混合形成一种基于优势互补和共同发展的"共融"优势(即在混合所有制经济体中同时发挥国有企业在国家战略、资源实力等方面的优势和民营企业适应市场竞争的灵活性、主动性和创新性等方面的优势),确保混合所有制经济真正成为社会主义基本经济制度有效而重要的实现形式;优化国企的现代企业治理结构,构建有中国特色的现代企业制度,促进国有企业的治理体系和治理能力现代化;推动国企战略重组、资源整合、产业结构优化升级、市场化运营机制引入、创新发展及进一步扩大开放等。最终,实现国有资本做强、做优、做大,增强国有经济活力、控制力、影响力,把国有企业培育成为具有全球竞争力的世界一流企业。

其二,在非公有制经济方面。侧重以下三个方面:(1)坚持市场主体平等原则,清理废除妨碍公平竞争的各种规定和做法,鼓励、支持、引导非公有制经济健康发展,激发非公有制经济活力和创造力,依法保护非公有制经济合法权益。(2)进一步出台相应政策举措助力非公有制经济尤其是一些新增市场主体排除目前经营发展中面临的困难和压力,如劳动力紧缺、融资难、融资贵等问题,用电、用工、物流等企业经营成本高问题,人才、资金、土地要素制约问题及税费负担重问题等，让企业轻装上阵、聚力发展。（3）在党和政府的鼓励、支持、引导下，非公有制经济自身也要加强改革与建设。如加强现代企业制度建设，健全战略谋划和长效运作机制，增强围绕和对接国家战略的意识和能力；把握世界新一轮科技革命和产业变革大势，培育壮大新动能，强化自主研发能力和关键核心技术攻关，善于运用新技术、新业态、新模式改造提升传统产业及做大做强新兴产业集群，不断增强自身的活力、创新力和竞争力，打响高质量的中国品牌和中国特色；打破地域、行业和所有制等各种壁垒，通过区域联盟、产业联盟、技术联盟等方式向抱团发展、集群发展、协同发展转变，以促进资源整合、优势互补和共同发展，做大做强中国民营企业的总体实力。

二、进一步完善收入分配制度，促进人的自由全面发展和实现共同富裕

改革开放以来，在收入分配制度方面，我们坚持按劳分配为主体，同时承认物质利益原则和合理的收入分配差距，允许和鼓励资本、土地、知识、技术、管理等其他生产要素参与分配，这种"按劳分配为主体、多种分配方式并存"的收入分配制度，极大地调动了各方面积极性，适应社会主义初级阶段生产力发展水平。但在取得成效的同时，在缩小收入分配差距和形成合理有序的收入分配格局方面还需要继续深化改革，以进一步促进人的自由全面发展和共同富裕的实现。其一，在不断提高生产力发展水平的同时不断优化生产关系，着力解决当前我国收入分配中依然普遍存在的收入分配差距较大及两极分化问题，夯实按劳分配的主体地位，完善按要素分配的体制机制，实现公平分配；其二，在收入分配格局上，着力形成橄榄型收入分配格局；其三，基于对资本逻辑、市场失灵和政府失灵的综合分析，着力通过加强制度建构规范收入分配秩序。总之，我们要以马克思主义理论为指导，将我国收入分配制度演进置于生产力、生产关系、经济基础与上层建筑相互作用这一唯物史观视域中加以观照，并以此为逻辑主线科学把握我国收入分配中的政府与市场关系。

三、进一步遵循社会化大生产规律，科学把握高水平社会主义市场经济体制的内在规定性

社会化大生产，产生于资本主义社会，但随着人类社会的发展，也已经成为社会主义社会的基本生产方式，在剥除掉资本主义的特性后可以直接为社会主义创造物质财富提供条件，同时也愈加体现出这一生产方式在社会主义条件下真正为了社会所有人而生产的终极要求。再进一步讲，市场经济是生产社会化和商品经济（交换经济）发展到一定高度的产物。随着生产力水平不断提高，生产的社会化会进一步得到强化；而生产的社会化越强化，交换关系就越深越广，越需要市场经济高度发展。社会主义与市场经济结合的连接点或说根基是生产社会化，社会主义市场经济是社会化大生产规律使然，是市场经济的高级阶段。新时代新征程上，要构建高水平社会主义市场经济体制，充分发挥市场在资源配置中的决定性作用，更好发挥政府作用，推动有效市场和有为政府更好结合。在高水平社会主义市场经济条件下处理政府与市场关系，既要高度重视市场在资源配置中的地位和作用，利用市场来发展生产力，又要高

度重视政府的平衡、协调及引导作用,以克服市场盲目、自发调节之局限与不足及"资本逻辑"之弊端。总之,要进一步遵循社会化大生产规律,科学把握高水平社会主义市场经济体制的内在规定性,把市场和政府当作一个辩证统一的有机整体来看待,"努力形成市场作用和政府作用有机统一、相互补充、相互协调、相互促进的格局",① 充分发挥社会主义制度和市场经济、市场作用和政府作用的双重优势且形成合力,以此辩证统一的更高层次结合推动社会化生产力的高度发展和社会化生产关系的优化,既克服传统的高度集中的计划经济体制的弊端,又超越资本主义市场经济的局限,利用市场机制服务于社会主义经济高质量发展。

第四节 发挥好"两只手"的积极功能,推动有效市场和有为政府更好结合

立于新时代新征程,发挥市场和政府各自特有的积极功能,从而使有效市场和有为政府更好地结合在一起推动经济社会发展,要着力做好以下几点。

一、发挥好市场的积极功能

在市场积极功能的发挥方面,侧重以下三个方面:
1. 着力加快完善现代市场体系
市场在资源配置中决定性作用的充分发挥,首先取决于现代市

---

① 习近平:《在十八届中央政治局第十五次集体学习时的讲话》,《人民日报》2014 年 5 月 28 日。

场体系的完善程度。当前尤为重要且亟须的：一是加快发展生产要素市场。对于金融市场、房地产市场及劳动力和人才市场等通过进一步深化改革加快完善，对于仍不发达的技术市场、信息市场及城乡统一的建设用地市场等加快建立健全，促进各类生产要素市场体系的均衡发展；通过行政审批制度、要素市场化配置机制等相关体制机制改革，进一步放开对生产要素的控制，提升要素市场化配置程度，促进要素自由流动。二是充分发挥市场机制作用。具体来说，建立公平、开放、透明的市场规则，如实行统一的市场准入机制、市场竞争机制、市场监管机制和市场退出机制，清理和废除妨碍全国统一市场和公平竞争的各种规定和做法，以消除部门保护主义和地方保护主义等各类保护主义行为，促进全国"统一开放、竞争有序"市场体系的尽快形成；进一步完善市场价格机制和市场供求机制，凡是由市场形成价格和决定供求更为有效的都交给市场，并对限定范围做出相应规定；继续不断推进全方位、更高水平对外开放，打通内外，充分利用国内和国际两种市场和资源，同时也要加快提升对外竞争、承受风险及参与建构国际规则的能力，从而促使资源配置效率和公平性都进一步提高。

2. 着力实现市场主体的自主、平等与共同发展

市场主体的自主、平等与共同发展，也是改革开放以来我国在市场功能发挥方面一直非常重视且持续推进的方面。如前所述，当前尤为重要且亟须的是，坚持"两个毫不动摇"，通过进一步深化改革为市场主体创造良好的发展条件，营造良好的发展环境，使得市场主体的活动和实力不断增强以有能力较好应对当前及今后一些较为严峻的内外双重挑战，为高质量发展提供"主体支撑"。从国

有企业和民营企业两类市场主体来说:一是坚持公有制主体地位和国有经济主导地位,并通过优化现代企业治理结构,推进混合所有制改革以及推动国企战略重组、资源整合、产业结构优化升级、市场化运营机制引入、资本市场作用发挥、创新发展、扩大对外开放等把国有企业培育成为具有全球竞争力的世界一流企业,实现国有资本做强、做优、做大,增强国有经济活力、控制力、影响力。二是鼓励、支持、引导非公有制经济健康发展,通过尽快排除民营企业目前经营发展中普遍面临的困难和压力以及民营企业在围绕和对接国家战略、现代企业制度建设及面向新一轮科技革命和产业变革的创新发展等方面的改革与建设,不断增强民营企业的活力、创新力和竞争力,做大做强中国民营企业的总体实力。

3. 着力规范市场秩序

良好的市场秩序是市场决定性作用充分发挥的前提和保证,是实现资源配置效率和公平性的秩序要求,有益于社会主义市场经济的健康持续发展。然而如前所述,改革开放以来,我国市场秩序离"良好"和"规范"仍有一定距离,市场乱象较为严重,其深层次的根源是"资本逻辑"的野蛮化与市场失灵的结合作用,当然也存在较为严重的"寻租"与腐败及政府监管的"缺位"和"不到位"问题。所以,以马克思主义唯物史观、唯物辩证法的世界观和方法论来观照,市场秩序的规范需要多措并举:一是市场主体要遵纪守法、坚守商业道德;二是要具备完善且行之有效的市场规则来维护市场秩序;三是要加强政府监管;四是坚持和完善社会主义基本经济制度,限制"资本逻辑"借助"市场化工具"的无限扩张。

二、发挥好政府的积极功能

在政府积极功能的发挥方面，侧重以下三个方面：

1. 创新和完善中国特色宏观经济治理

面对错综复杂的国民经济运行关系，尤其是来自经济"新常态"及外部环境的压力与挑战，政府要从系统、整体角度发挥平衡、协调作用，亟须创新和完善中国特色宏观经济治理，以"稳中求进"为总基调，发挥国家发展规划的战略导向作用，更加注重综合平衡，更加注重科学化和机制化，实现国民经济按比例发展，实现国民经济更高质量、更有效率、更加公平、更可持续的发展。展开来说：一是在马克思主义政治经济学理论指导下，基于中国发展实践所需及已逐步形成的中国特色宏观经济治理体系，进行中国特色宏观经济治理理论建构。比如，着眼于总供给和总需求在结构和总量上的综合平衡，综合运用财政政策、货币政策、就业政策、产业政策、土地政策、投资政策、消费政策、环保政策、区域政策及法律法规等，注重多种治理方式的灵活运用，强化改革在宏观经济治理中的作用。二是科学把握当前我国宏观经济治理实践中的各种辩证统一关系，打好组合拳，以有效处理各种矛盾问题。比如，如何辩证把握长期与短期、总量与结构、供给与需求、生产力与生产关系、经济与社会、国内和国际及稳定持续和改革创新等"相结合、有机统一"关系；如何基于各种政策工具、手段和方式的特点和作用范围，通过其使用"度"的把握及相互配合，辩证把握多种政策工具、手段和方式的最佳功能组合。总体来说，根据马克思主义政治经济学理论，我国宏观经济治理不仅要促进经济增长和熨平经济波动,还要促进经济结构协调、生产力布局优化及生产力与生产关系相互适应等,体现出前瞻性、长期性、结构性和协同性的战略要求及辩证思维,目标更宏大、内涵更丰富、领域更宽广。

2. 将深化"放管服"改革、优化营商环境切实向纵深推进

"放管服"改革是政府自身刀刃向内的一场深刻革命,是政府职能深刻转变所需,是"更好发挥政府作用"的鲜明体现。针对当前我国"放管服"改革中存在的一些问题、困境及短板,亟须在以下方面进一步深化与落实:一是从总体来看,衔接好"放""管""服"三者链条以增强聚合力,根除"重审批、轻监管、弱服务"之顽疾;彻底打通、理顺纵向链条,切实提升县区基层政府落实能力;破除信息壁垒,增强横向部门协同;破除现行法律法规制约瓶颈,促进"放管服"改革进一步推进与落实;加大政务公开力度,拓宽政务公开渠道,提高市场主体对"放管服"改革举措的知晓度。二是从简政放权、市场监管和优化服务三方面具体来看,继续推行行政审批制度改革创新性举措,尤其要进一步完善相应配套机制与措施,如部门协同、政务公开、信息共享、人员培训及技术支持等,尽快打通直联互通链条,使其真正落地生效;对标"放管并重"的要求,从监管意识、监管力量、监管主体、监管方式、监管重心、监管机制及监管的公正性、规范性和有效性等多方面加强监管,确保市场监管责任落实到位,杜绝不作为与乱作为现象;全面推动政务服务纵横贯通、无缝连接,出台有关配套政策,细化、量化各项落实措施,促使"互联网+政务服务"切实落地生效,朝着"一网、一门、一次"的目标进一步优化政务服务流程、提升政务服务标准化程度,加强对政务服务的监督与反馈。总之,通过

"简政放权、放管结合、优化服务"三管齐下,系统、切实、深入、持续推进"放管服"改革,形成全国上下联动、左右协同的"一盘棋"改革合力,为发挥市场的决定性作用开路、清障、除弊、搭台,持续优化市场化、法治化、国际化的营商环境,激发市场的活力和创造力,释放超大规模市场的巨大潜力,为经济社会持续健康发展提供强劲动力。

3. 不断优化人的自由全面发展和共同富裕指向下的公共服务与收入分配

实现个人的自由全面发展和社会的共同富裕,是马克思主义一以贯之的最高理想目标和终极追求,是未来共产主义社会的基本特征。基于人的自由全面发展和共同富裕的终极指向,我们的公共服务应该是全体人民共同享有的、高质量的,我们的收入分配应该是公平的。针对当前我国公共服务与收入分配面临的问题与挑战,我们要以生产力与生产关系、经济基础与上层建筑的矛盾运动规律为遵循,充分发挥社会主义国家党和政府的积极作用,坚持以人民为中心的发展思想,将公共服务和收入分配作为满足人民日益增长的美好生活需要的应有之义和重要内容统筹推进。从不断加强和优化公共服务来看,一是针对新时代人民对公共服务需求的新变化,进一步提升我国公共服务供给的水平与质量,并确保公共服务供给的充分、均衡,尤其是要加强和优化学前和基础教育、医疗卫生、住房保障等基本公共服务领域;二是在政府角色的科学定位与政府责任的充分履行前提下,更多利用社会力量创新公共服务供给方式,通过市场机制适当引入公共服务供给主体,使公共服务供给主体多元化,加快形成改善公共服务的合力,实现公共服务领域资源的优化配置，并确保公共服务供给方式创新中公共利益的维护与增进。从不断推进收入分配制度改革来看，一是夯实"按劳分配"的主体地位，完善按要素分配的体制机制，着力解决当前我国收入分配中依然普遍存在的收入分配差距较大及两极分化问题；二是基于各类收入分配差距逐渐缩小，着力形成橄榄型收入分配格局；三是基于对资本逻辑、市场失灵和政府失灵的综合分析，着力通过加强制度建构规范收入分配秩序。最终，通过公共服务与收入分配的不断优化，提高人民群众对公共服务和收入分配的满意度。四是充分发挥国家发展战略的引领、助推与支撑作用。基于新时代我国所处的新的历史方位、时代特征与具体实际，从中国人民和中华民族的长远利益、全局利益和根本利益考虑，运用唯物史观和唯物辩证法的世界观和方法论，对关系国家经济社会发展全局的一系列重大战略进行整体谋划、科学决策和切实推进，为实现"市场机制在资源配置方面优势的充分发挥""作为市场主体的企业和企业家的自主性和创造性充分发挥"及"党和政府在政策方面的引导、支持和强力推动作用更好发挥"提供战略导向和战略平台。这是中国特色政府与市场关系的重要特征，也是发挥社会主义制度优越性的必然要求。比如，通过持续推动创新驱动发展战略，实现经济发展动力变革、方式变革、质量变革和效率变革，提高全要素生产率，打造具有战略性和全局性的高水平产业链，从而促进经济结构的优化升级和高质量发展，并确保真正的国之重器——核心技术、关键技术掌握在自己手里，提升国家核心竞争力；通过持续推动区域协调发展战略，促进商品和生产要素合理流动和高效集聚以推动统一开放、竞争有序的商品和要素市场加快形成，促进各地区比较优势充分发挥，发展更加充分，促进地域间的互联、互补、互动与协同，从更大范围、更高层次、更深程度、更广领域和更远眼光上探索建立有中国特色的资源共享、优势互补、合作共赢、共同发展的区域协调发展模式，有益于充分发挥集中力量办大事的制度优势和超大规模的市场优势，有益于"全局"与"一域"的长远共同发展。

此外，还要注重将"中国与世界"双重向度和"改革与开放"双重思维融为一体及科学高效运用现代信息技术等，充分发挥市场和政府各自特有的积极功能，推动有效市场和有为政府更好的结合。

总之，在中国社会主义市场经济中，政府与市场相辅相成、辩证统一，共同促进经济社会发展。而且，有效市场和有为政府的形成，又是密不可分的同一过程。不过，我们不能把政府与市场的功能固定化、公式化，而是要根据经济社会的发展和客观环境条件的变化，不断调整两者关系，实现政府与市场的最佳功能组合。

第五节　系统构建具体制度体系，发挥制度的显著优势

制度关涉根本、关涉长远、关涉全局。基于社会主义基本经济制度的前提，系统构建"充分发挥市场的决定性作用和更好发挥政府作用"的具体制度体系，以发挥制度的显著优势、提升治理效能。

一、促进市场决定性作用充分发挥的具体制度体系

围绕市场体系、市场主体和市场秩序，侧重以下三个方面：

1. 完善要素市场化配置机制

要素市场化配置是市场在资源配置中起决定性作用的必要前提和实现形式。完善要素市场化配置，就是以提高全要素生产率为目标，由市场决定资本、劳动、土地、技术、管理、信息等生产要素流向何处及在部门和企业中如何优化组合，这是加快完善社会主义市场经济体制的重点。有关要素市场化配置，马克思在《资本论》第三卷中曾对"资本和劳动力有更大的活动性"进行过描述，并讲到实现资本和劳动力自由流动的重要前提：一是社会内部已经有完全的贸易自由，消除了自然垄断以外的一切垄断；二是信用制度的发展已经把大量分散的可供支配的社会资本集中起来。[①] 结合当前我国要素市场化配置情况来看，要着力从以下五个方面完善要素市场化配置机制：一是要完善各类要素市场；二是要完善要素在市场调节下的自由流动机制；三是要完善要素价格及要素报酬市场决定机制；四是要加快推进金融、劳动力、土地、科技等领域的相关配套改革；五是要完善要素市场化配置监管机制。

2. 完善产权制度

改革开放以来，为了增强市场主体活力、有效利用资源、提高经济效益，我国不断推进产权制度改革以实现产权激励，如扩大企业和农民自主权、实行农村家庭联产承包责任制、进行国有企业股份制改革、促进多种所有制经济共同发展及发展混合所有制经济等。产权制度是社会主义市场经济体制的基础性制度，是市场经济高效运行的强大动力源。新时代，我们要以实现产权有效激励为目

---

① 马克思：《资本论》（第3卷），人民出版社2004年版，第218页。

标,在以往产权制度改革基础上进一步完善产权制度,着力从以下三个方面推展:一是产权界定与保护。根据马克思的观点,市场交易就是所有权的交易。只有在产权界定清晰且得到有效保护的条件下,市场机制才能有效发挥优化资源配置作用。因而要通过产权制度安排,在产权界定清晰的基础上依法平等保护各种所有制经济产权和合法利益,确保公有制经济财产权和非公有制经济财产权"两个不可侵犯";要尽快加强知识产权、自然资源产权等产权制度建设。二是产权流转顺畅。产权的顺畅流转,有助于通过资产交易、重组等方式盘活及高效利用资产,以实现资产保值增值。因而要加快健全产权顺畅流转机制,在产权顺畅流转中,做强做优做大国有资本、积极发展混合所有制经济、深化农村集体产权制度改革及推进供给侧结构性改革等。三是完善产权的内部结构。产权内包含了所有权、经营权、收益权,其中的权益是可以分离的。如国有企业的产权分割为所有权和经营权,股份公司产权分割为出资者产权和法人财产权,农村土地制度中的所有权、承包权、经营权三权分置。进一步完善产权内部权益相分离的结构,是加快建立现代企业制度、加快推进混合所有制改革及加快完善农村土地制度等的重要且必要基础条件。①

3. 完善市场规则

当前我国市场机制作用发挥还不够充分以及市场乱象丛生等,在相当大程度上也与市场规则不够完善密切相关。因而当前亟须加快完善公平、开放、透明的市场规则,如实行统一的市场准入机

---

① 洪银兴:《完善产权制度和要素市场化配置机制研究》,《中国工业经济》2018年第6期。

制、市场竞争机制、市场交易机制、市场监管机制和市场退出机制等，以有效规范、引导、监督、管理市场主体的经济行为，维护良好的市场秩序。

以上三方面是完善市场决定资源配置机制的重要内容，是市场机制有效运行的前提条件和关键。

二、促进政府作用更好发挥的具体制度体系

围绕宏观调控、"放管服"改革、公共服务与收入分配及国家发展战略，侧重以下四个方面：

1. 创新和完善中国特色宏观经济治理制度体系

中国特色宏观经济治理制度体系是中国特色社会主义制度体系的重要组成部分，是在马克思主义政治经济学理论指导下，基于中国发展实践所需逐步形成和发展起来的，但尚不够成熟，亟须进一步创新和完善，从全局出发、从系统出发，在多重治理目标中寻求动态平衡，以增强宏观经济治理的科学性、稳定性和整体有效性。展开来说，着力于以下四个方面：一是着眼于总供给和总需求在结构和总量上的综合平衡，加强综合运用财政政策、货币政策、就业政策、产业政策、土地政策、投资政策、消费政策、环保政策、区域政策及法律法规等多种工具和手段的机制化建设，加强区间调控及在区间调控基础上定向调控、相机调控、精准调控、适时适度预调微调等多种调控方式灵活运用的机制化建设，以实现各种治理工具、手段及方式"度"的把握及相互配合；二是加强中央与地方、多元宏观经济治理部门及宏观经济治理部门与其他相关部门间的协同机制建设，加强宏观经济治理决策、执行与监督机制建设及其相互制约又相互协调的机制化建设，加强宏观经济治理的社会参与机制化建设，加强风险防控及后期问题处理等机制化建设；三是继续探索"寓改革于宏观经济治理之中"的创新思路及机制化建设，如宏观经济治理体系中如何体现供给侧结构性改革的主线作用、如何体现"放管服"改革的助推作用；四是继续探索参与国际宏观经济政策协调的机制化建设。

2. 加快构建促进"放管服"改革落实、落深、落细的具体制度体系

当前，"放管服"改革在取得显著成效的同时，也存在着制度制约方面的问题、困境和不足，亟待通过加快构建具体制度体系予以深化，以促进"放管服"改革落实、落深、落细。展开来说，着力于以下两层面：一是从总体来看，加快完善"放""管""服"三者链条良好衔接的体制机制，以增强聚合力；加快完善从中央到地方、从上级到下级纵向连通的体制机制，以彻底打通、理顺纵向链条，有效破除体制机制上的掣肘，并加快完善切实提升县区、街镇基层政府落实能力的配套机制；加强横向部门协同机制建设，给予数据共享、业务协同等制度化保障；加快推进与"放管服"改革相协同的法制建设，破除现行法律法规制约瓶颈，并通过立法巩固改革成果及进一步引导、规范、促进和保障改革；加强政务公开机制建设，以加大政务公开力度、拓宽政务公开渠道，以提升"放管服"改革的知晓度，进而促进参与度和有效度。二是从简政放权、市场监管和优化服务三方面具体来看，继续深化行政审批制度改革，并加强促进行政审批制度改革创新性举措落实的配套机制建设；加强纵横互联互通的协调联动"强监管"机制建设，彻底改变

长期以来的"弱监管"局面；全面推动政务服务纵横贯通、无缝连接、标准统一的机制建设，以制度化推动政务服务高效化和高质化。总之，通过"简政放权、放管结合、优化服务"三管齐下的具体制度体系构建，形成全国上下联动、左右协同的"一盘棋"体制机制，保障"放管服"改革的系统性、整体性和协同性。

3. 不断推进人的自由全面发展和共同富裕指向下的公共服务与收入分配制度体系建构

基于人的自由全面发展和共同富裕的终极指向，针对当前我国公共服务与收入分配面临的问题与挑战，我们要以生产力与生产关系、经济基础与上层建筑的矛盾运动规律为遵循，不断推进公共服务与收入分配制度体系建构。展开来说，从不断推进公共服务制度体系建构来看，一是针对新时代人民对公共服务需求的新变化，不断完善就业、教育、文化、社保、医疗、住房等各类公共服务制度体系，并加快探索与推进公共服务事权和支出责任相适应的制度体系以及在省级统筹基础上实现全国范围内制度统一和区域间互助共济的制度体系；二是不断健全国家基本公共服务制度体系，不断推进基本公共服务均等化，尤其是要加强和优化学前和基础教育、医疗卫生、住房保障等基本公共服务领域，补齐发展中的民生短板；三是在政府角色的科学定位与政府责任的充分履行前提下，不断完善公共服务多元主体供给机制，以加快形成改善公共服务的合力及促进公共服务领域资源的优化配置。从不断推进收入分配制度体系建构来看，一是为解决当前我国收入分配差距较大及两极分化问题，坚持"按劳分配为主体、多种分配方式并存"的收入分配制度，不断完善初次分配和再分配相结合的体制机制，具体如坚持按劳分配原则，完善按要素分配的体制机制，健全资本、知识、技术、管理等由要素市场决定的报酬机制，完善再分配调节机制；二是基于对资本逻辑、市场失灵和政府失灵的综合分析，不断完善收入分配调控体制机制和政策体系，着力通过加强制度建构规范收入分配秩序。三是积极探索与推进支持慈善事业发展的体制机制。

4. 加快建立健全促进国家发展战略有效实施的制度体系

立足于新时代，党中央出台了一系列关系国家经济社会发展全局的重大战略，其切实推进、落地成效，有赖于制度支撑；不同战略之间的互补与融合，进而形成一个有机统一的整体，也有赖于制度支撑。比如，创新驱动发展战略的有效实施，需要不断消除阻碍创新的体制机制障碍，建立健全鼓励创新、便于创新的体制机制，而这又与"放管服"改革、供给侧结构性改革及促进科技成果转化政策等的具体制度体系及相关法律法规密切相关；区域协调发展战略的有效实施，需要运用整体思维，全面、协调、系统地从全局上谋划全国区域协调发展，突破原有的地域局限，按照客观经济规律调整完善区域政策体系、健全市场一体化发展机制，以建立更加有效的区域协调发展新机制，有效发挥集中力量办大事的制度优势和超大规模的市场优势。

此外，还要加快完善推进全方位、更高水平对外开放的体制机制，加快完善促进各类协同发展的体制机制等，为充分发挥市场的决定性作用和更好发挥政府作用提供制度支撑。[1]

---

[1] 闫娟：《改革开放以来我国政府与市场关系的演进与逻辑》，上海社会科学院博士论文，2020年。

结　语

　　政府与市场关系，是一个理论性很强的问题，也是一个实践性很强的问题，且在各国政界、学界和企业界中始终存在着不同的看法和主张；不同发展阶段、不同性质的国家对政府与市场关系的选择也会呈现出不同的组合模式，并由此带来不同的结果、趋向不同的发展方向。但按照马克思主义的观点，必须以人类社会为立足点，从生产方式这一基础和前提出发，才能有清晰的认识。

　　基于马克思主义辩证逻辑的分析理路，不同的历史情境、不同的生成方式、不同的制度要求、不同的发展阶段，势必使中国的政府与市场关系呈现出不一样的图景。事实也表明，政府与市场关系，作为我国经济体制改革的核心，始终伴随且深刻影响着当代中国经济社会发展实践，围绕着中国如何建成社会主义现代化强国而不断演进，我们对于这个问题的认识也随着历史与逻辑的演进而不断深化，并取得了重大创新与突破，也走出了中国特色，积累了一些经验。中国政府与市场关系的演进始终是在马克思主义指导下、在党的领导下、基于人民立场与实践原则，呈现的是一个以共产主义为旨归、以社会主义经济建设本质和规律探寻为核心主题的螺旋式上升发展历程，体现了生产力与生产关系、经济基础与上层建筑的矛盾运动规律。

进入新时代,基于经济社会发展所需及对政府与市场"双作用"发挥的进一步深化认识,党再次创新性地提出"使市场在资源配置中起决定性作用和更好发挥政府作用,推动有效市场和有为政府更好结合",为新时代中国政府与市场关系处理做出了方向性的指引。对此,要系统、完整、准确领会及科学把握,这也是构建高水平社会主义市场经济体制、推动高质量发展的根本要求。新时代中国所取得的历史性成就、发生的历史性变革及面临的问题与挑战,背后也正深深内蕴着这条独特的政府与市场关系中国处理之道。

新时代中国政府与市场关系有其深厚的思想基础及内在逻辑和规律。从思想基础来看,马克思主义具有科学认识和正确处理政府与市场关系的深厚思想基础,且一脉相承、与时俱进、不断深化,正确认识和处理新时代中国政府与市场关系要以此为指导思想,尤其要坚持习近平新时代中国特色社会主义思想指导,这可谓新时代中国政府与市场关系构建的基础逻辑。从内在逻辑和规律来看,站在新的历史起点上,回望改革开放以来政府与市场关系的历史与逻辑演进历程,大致可分为"探索与过渡""建立与发展"和"深化与完善"三个时期,其间关系的调整,不是简单的此消彼长或相互替代,而是以社会主义建设本质与规律探寻为核心主题的螺旋式上升发展历程,且经历了由感性认识到理性认识、再从理性认识到实践逐步深化的过程,新时代中国政府与市场关系是更高层次上的展开,这是历史逻辑;以人类社会为立足点,市场经济是人类社会共有的一种经济形态,社会主义市场经济及政府与市场"双作用"的辩证统一是社会化大生产的内在要求,新时代中国政府与市场关系以社会化大生产规律为总规律，遵循市场经济规律、经济社会总体发展规律和国民经济按比例发展规律等具体规律，遵循一般与特殊"双规律"的辩证统一，这是理论逻辑及规律；基于实践发展需求，坚持问题导向，聚焦于政府与市场"双作用"的优化组合，从"不断增强市场在资源配置中的决定性作用"和"更好发挥政府作用"两个维度不断深化发展政府与市场关系，如加快建设高标准市场体系、持续激发各类市场主体活力、着力规范市场秩序、不断完善宏观经济治理体系、逐步提升政府经济治理能力及优化公共服务和缩小收入分配差距等，推动有效市场和有为政府更好结合，这是实践逻辑。

基于经验的不断总结、认识的不断深化及规律的不断探寻，新时代中国政府与市场关系不断发展、完善，在"双作用"的整体把握上，也愈加超越资本主义市场经济的局限，体现出社会主义制度的优越性，世界意义彰显。

总之，政府与市场关系的具体展开在不同时期、不同阶段因经济社会现实状况的不同而不同，体现了现实的、具体的、历史的和动态的鲜明特征。以人类社会为立足点，遵循马克思主义辩证逻辑的分析理路，顺应历史大势、回应时代之需，开辟新范式和新视域，形成新认识和新实践，新时代新征程上中国政府与市场关系将面向社会主义现代化强国建设在新的更高的层次上展开，总体呈现的应该是有效市场和有为政府辩证统一的崭新格局，以更好推动生产力的高度发展和生产关系的持续优化，鲜明的社会主义特色将更加凸显，社会主义制度的优越性将充分发挥。同时，作为在马克思主义指导下对人类社会更加科学、合理的资源配置方式以及经济社会发展模式的创新性探索，中国特色政府与市场关系，兼具真理性与实践性，体现了一般与特殊辩证统一的发展规律，着眼于中国与世界双重向度，将继续为世界贡献中国智慧和中国方案。对此，我们要以更加强烈的历史主动和理论自觉进行科学把握、深入分析与正确建构，尤其要进一步深入、系统研究其内在逻辑和规律及发展趋势。

政府与市场关系问题，不只是一个经济问题，更是一个政治问题，对这对关系的考察与研究既需要历史的视野，也需要哲学的思维。

参考文献

一、中文参考文献

（一）著作

[1] C. E. 林德布鲁姆. 市场体制的秘密 [M]. 耿修林, 译. 南京：江苏人民出版社, 2002.

[2] W·布鲁斯. 社会主义的所有制与政治体制 [M]. 郑秉文等, 译. 北京：华夏出版社, 1989.

[3] 阿马蒂亚·森. 以自由看待发展 [M]. 任赜, 于真, 译. 中国人民大学出版社, 2002.

[4] 阿马蒂亚·森. 再论不平等 [M]. 王利文, 于占杰, 译. 中国人民大学出版社, 2016.

[5] 奥斯卡·兰格. 社会主义经济理论 [M]. 王宏昌, 译. 北京：中国社会科学出版社, 1981.

[6] 奥塔·锡克. 一种未来的经济体制 [M]. 王锡君等, 译. 北京：中国社会科学出版社, 1989.

[7] 奥塔·锡克. 争取人道的经济民主 [M]. 高钴, 等译. 北京：华夏出版社, 1989.

[8] 保罗·A. 萨缪尔森, 威廉·D. 诺德豪斯. 经济学 [M]. 高鸿业, 等译. 北京：中国发展出版社, 1992.

[9] 北京师范大学政府管理学院, 北京师范大学政府管理研究院. 2017中国民生发展报告——发展为民生之本 [M]. 北京：北京师范大学出版社, 2018.

[10] 薄一波. 若干重大决策与事件的回顾：上册 [M]. 北京：中共中央党校出版社, 1991.

[11] 曹沛霖. 政府与市场 [M]. 杭州：浙江人民出版社, 1998.

[12] 查尔斯·沃尔夫. 市场或政府——权衡两种不完善的选择 [M]. 谢旭, 译. 北

京：中国发展出版社，1994.
[13] 陈锦华. 国事续述［M］. 北京：中国人民大学出版社，2012.
[14] 陈云年谱（1905—1995）：下卷. 北京：中央文献出版社，2015.
[15] 陈云文选：第 3 卷［M］. 北京：人民出版社，1995.
[16] 程连升. 筚路蓝缕：计划经济在中国［M］. 北京：中共党史出版社，2016.
[17] 程伟礼，戴雪梅，等. 中国特色社会主义思想史［M］. 上海：学林出版社，2009.
[18] 迟福林. 市场决定十八届三中全会后的改革大考［M］. 北京：中国经济出版社，2014.
[19] 大卫·哈维. 跟大卫·哈维读《资本论》［M］. 刘英，译. 上海：上海译文出版社，2014.
[20] 大卫·哈维. 马克思与《资本论》［M］. 周大昕，译. 北京：中信出版社，2018.
[21] 大卫·哈维. 世界的逻辑［M］. 周大昕，译. 北京：中信出版社，2017.
[22] 大卫·哈维. 资本社会的 17 个矛盾［M］. 许瑞宋，译. 北京：中信出版社，2016.
[23] 邓小平年谱（1975—1997）：下［M］. 北京：中央文献出版社，2004.
[24] 邓小平文选：第 2 卷［M］. 北京：人民出版社，1994.
[25] 邓小平文选：第 3 卷［M］. 北京：人民出版社，1993.
[26] 邓小平哲学思想（摘编）［M］. 北京：中共中央党校出版社，1993.
[27] 方松华，陈祥勤，姜佑福. 中国马克思主义学术史纲［M］. 上海：学林出版社，2011.
[28] 傅殿才，颜鹏飞. 自由经营还是国家干预［M］. 北京：经济科学出版社，1995.
[29] 改革开放三十年重要文献选编：上册［M］. 北京：中央文献出版社，2008.
[30] 格泽戈尔兹·科勒德克. 从休克到治疗［M］. 刘晓勇，应春子等，译. 上海：上海远东出版社，2000.
[31] 顾海良. 马克思主义发展史［M］. 北京：中国人民大学出版社，2009.
[32] 顾海良. 中国特色社会主义政治经济学史纲［M］. 北京：高等教育出版社，2019.
[33] 顾钰民. 马克思主义制度经济学 理论体系·比较研究·应用分析［M］. 上海：复旦大学出版社，2005.
[34] 洪银兴. 新编社会主义政治经济学教程［M］. 北京：人民出版社，2018.
[35] 建国以来毛泽东文稿：第 6 册［M］. 北京：中央文献出版社，1992.

［36］江泽民文选：第1卷［M］.北京：人民出版社，2006.
［37］科林·克劳奇.新自由主义不死之谜［M］.蒲艳，译.北京：中国人民大学出版社，2013.
［38］李琪.政府作用与市场作用［M］.上海：上海人民出版社，2015.
［39］李先念文选［M］.北京：人民出版社，1989.
［40］厉以宁.超越市场与超越政府——论道德力量在经济中的作用［M］.北京：经济科学出版社，2010.
［41］列宁全集：第43卷［M］.北京：人民出版社，2017.
［42］列宁选集：1—4卷［M］.北京：人民出版社，2012.
［43］林毅夫：解读中国经济［M］.北京：北京大学出版社，2018.
［44］马克思恩格斯全集：第1卷［M］.北京：人民出版社，1956.
［45］马克思恩格斯全集：第2卷［M］.北京：人民出版社，1957.
［46］马克思恩格斯全集：第3卷［M］.北京：人民出版社，1960.
［47］马克思恩格斯全集：第19卷［M］.北京：人民出版社，1963.
［48］马克思恩格斯全集：第20卷［M］.北京：人民出版社，1971.
［49］马克思恩格斯全集：第23卷［M］.北京：人民出版，1972.
［50］马克思恩格斯选集：第1、2、4卷［M］.北京：人民出版社，1972.
［51］马克思恩格斯全集：第25、39卷［M］.北京：人民出版社，1974.
［52］马克思恩格斯全集：第42、46卷［M］.北京：人民出版社，1979.
［53］马克思恩格斯全集：第40卷［M］.北京：人民出版社，1982.
［54］马克思恩格斯选集：第3、4卷［M］.北京：人民出版社，1995.
［55］马克思恩格斯全集：第3、30卷［M］.北京：人民出版社，1995.
［56］马克思恩格斯全集：第31卷［M］.北京：人民出版社，1998.
［57］马克思恩格斯文集：第1—10卷［M］.北京：人民出版社，2009.
［58］马克思恩格斯选集：第1—4卷［M］.北京：人民出版社，2012.
［59］马列主义经典著作选编［M］.北京：党建读物出版社，2011.
［60］毛泽东年谱：第四卷（1949—1976）［M］.北京：中央文献出版社，2012.
［61］毛泽东文集：第5卷［M］.北京：人民出版社，1996.
［62］毛泽东文集：第7、8卷［M］.北京：人民出版社，1999.
［63］毛泽东选集：第1、3卷［M］.北京：人民出版社，1991.
［64］莫里斯·迈斯纳.毛泽东的中国及后毛泽东的中国［M］.四川：四川人民出版社，1989.

[65] 潜龙.政府与市场:干预更多还是更少?[M].//刘军宁等编.自由与社群.北京:生活·读书·新知三联书店,1998.
[66] 清华大学国学研究院.现代世界的诞生[M].上海:上海人民出版社,2013.
[67] 任兴洲.建立市场体系:30年市场化改革进程[M].北京:中国发展出版社,2008.
[68] 三中全会以来重要文献选编:上、下册[M].北京:人民出版社,1982.
[69] 十二大以来重要文献选编:上、中册[M].北京:人民出版社,1986.
[70] 十二大以来重要文献选编:下[M].北京:人民出版社,1988.
[71] 十三大以来重要文献选编:上、中册[M].北京:人民出版社,1991.
[72] 十三大以来重要文献选编:下册[M].北京:人民出版社,1993.
[73] 十四大以来重要文献选编:上册[M].北京:人民出版社,1996.
[74] 十四大以来重要文献选编:中册[M].北京:人民出版社,1997.
[75] 十四大以来重要文献选编:下册[M].北京:人民出版社,1999.
[76] 十五大以来重要文献选编:上册[M].北京:人民出版社,2000.
[77] 十五大以来重要文献选编:中册[M].北京:人民出版社,2001.
[78] 十五大以来重要文献选编:下册[M].北京:人民出版社,2003.
[79] 十六大以来重要文献选编:上册[M].北京:中央文献出版社,2005.
[80] 十六大以来重要文献选编:中册[M].北京:中央文献出版社,2006.
[81] 十六大以来重要文献选编:下册[M].北京:中央文献出版社,2008.
[82] 十七大以来重要文献选编:上册[M].北京:中央文献出版社,2009.
[83] 十七大以来重要文献选编:中册[M].北京:中央文献出版社,2011.
[84] 十七大以来重要文献选编:下册[M].北京:中央文献出版社,2013.
[85] 十八大以来重要文献选编:上册[M].北京:中央文献出版社,2014.
[86] 十八大以来重要文献选编:中册[M].北京:中央文献出版社,2016.
[87] 十八大以来重要文献选编:下册[M].北京:中央文献出版社,2018.
[88] 十九大以来重要文献选编:上册[M].北京:中央文献出版社,2019.
[89] 石良平,沈开艳.社会主义初级阶段市场模式研究[M].上海:上海社会科学院出版社,2016.
[90] 斯大林文选:下册[M].北京:人民出版社,1962.
[91] 王沪宁.政治的逻辑 马克思主义政治学原理[M].上海:上海人民出版社,2004.
[92] 王立胜.新时代中国特色社会主义政治经济学研究[M].济南:济南出版社,

2019.

[93] 王文章. 中国现代化进程中的国家与市场——从孙中山、毛泽东到邓小平 [M]. 北京：北京大学出版社，2004.

[94] 吴敬琏，刘吉瑞. 论竞争性市场体制 [M]. 北京：中国大百科全书出版社，2009.

[95] 习近平谈治国理政 [M]. 北京：外文出版社，2014.

[96] 习近平著作选读：第 2 卷 [M]. 北京：人民出版社，2023.

[97] 习近平总书记重要讲话文章选编 [M]. 北京：中央文献出版社，2016.

[98] 新时期经济体制改革重要文献选编：上册 [M]. 北京：中央文献出版社，1998.

[99] 徐平华. 政府与市场 看得见的手与看不见的手 [M]. 新华出版社，2014.

[100] 亚当·斯密. 国民财富的性质和原因的研究 [M]. 郭大力，王亚南，译. 北京：商务印书馆，1972.

[101] 亚诺什·科尔内. 理想与现实——匈牙利的改革过程 [M]. 中国经济出版社，1987.

[102] 杨承训，乔法容. 中国特色社会主义政治经济学 [M]. 北京：中国人民大学出版社，2018.

[103] 杨祖功，等. 国家与市场 [M]. 北京：社会科学文献出版，1999.

[104] 约瑟夫·E. 斯蒂格利茨. 不平等的代价 [M]. 张子源，译. 机械工业出版社，2020.

[105] 约瑟夫·E. 斯蒂格利茨等著，阿诺德·赫特杰主编. 政府为什么干预经济：政府在市场经济中的角色 [M]. 郑秉文，译. 北京：中国物资出版社，1998.

[106] 曾培炎. 新中国经济 50 年 [M]. 北京：中国计划出版社，1999.

[107] 张雷声. 马克思主义基本原理专题研究 [M]. 北京：中国人民大学出版社，2015.

[108] 张闻天文集：第 4 卷 [M]. 北京：中共党史出版社，1993.

[109] 张宇. 中国特色社会主义政治经济学 [M]. 中国人民大学出版社，2016.

[110] 张宇. 中国特色社会主义政治经济学 [M]. 北京：高等教育出版社，2018.

[111] 郑涛. 中国宏观调控体系的演变与改进 [M]. 北京：人民出版社，2017.

[112] 中国共产党第八次全国代表大会关于政治报告的决议 [M]. 北京：中央文献出版社，1956.

[113] 中国特色社会主义经济发展道路（市场经济篇）[M]. 北京：中央文献出版社，2013.

［114］资本论：第 1、2、3 卷［M］.北京：人民出版社，2004.

［115］邹至庄.中国经济转型［M］.北京：中国人民大学出版社，2005.

（二）期刊论文

［1］白永秀，王颂吉.我国经济体制改革核心重构：政府与市场关系［J］.改革，2013（07）.

［2］王维平，赵玉华."世界历史"理论与当代中国的开放发展［J］.科学社会主义，2016（02）.

［3］陈彦斌.新时代下中国特色宏观调控的新思路［J］.政治经济学评论，2018（07）.

［4］陈振明.市场失灵与政府失败——公共选择理论对政府与市场关系的思考及其启示［J］.厦门大学学报（哲学社会科学版），1996（02）.

［5］陈宗胜，高玉伟.论我国居民收入分配格局变动及橄榄形格局的实现条件［J］.经济学家，2015（01）.

［6］程恩富，高建昆.论市场在资源配置中的决定性作用——兼论中国特色社会主义的双重调节论［J］.中国特色社会主义研究，2014（01）.

［7］程恩富，孙秋鹏.论资源配置中的市场调节作用与国家调节作用——两种不同的"市场决定性作用论"［J］.学术研究，2014（04）.

［8］丁邡，逄金辉，乔靖媛.我国"放管服"改革成效评估与展望［J］.宏观经济管理，2019（06）.

［9］董辅礽.对社会主义市场经济还需进一步研究［J］.经济研究，1998（11）.

［10］董小麟.在深化改革中加快完善现代市场经济体系［J］.发展改革理论与实践，2018（02）.

［11］董振华."以人民为中心"的理论逻辑和政治价值［J］.中共中央党校学报，2017（06）.

［12］杜玲玲.基于家长满意度调查的学前教育公共服务评价研究［J］.当代教育论坛，2016（04）.

［13］杜秦川.供给侧结构性改革下创新宏观调控的方向［J］.宏观经济管理，2018（06）.

［14］方福前.我国宏观调控思路的历史性进展［J］.理论探索，2019（01）.

［15］方福前.政府与市场秩序的形成［J］.经济理论与经济管理，2004（07）.

［16］方福前.重构政府和市场关系：新时代的经济体制双向改革［J］.贵州省党校学

报. 2018, (03).
[17] 冯金钟. 对我国公共服务供给侧结构性改革的思考[J]. 宏观经济管理, 2017 (08).
[18] 傅文晓."入园难"问题背后的资本博弈[J]. 教育评论, 2019 (01).
[19] 高长武. 改革开放以来党对政府与市场关系的认识历程及启示[J]. 理论刊, 2014 (09).
[20] 顾杰, 何崇喜. 下硬功夫打造好发展软环境[J]. 中国行政管理, 2019 (04).
[21] 顾钰民. 对经济体制改革核心问题的深化认识[J]. 经济纵横, 2013 (02).
[22] 郭正林. 论政府与市场结合的基本模式[J]. 中山大学学报(社会科学版), 1995 (02).
[23] 国家发展改革委经济体制与管理研究所课题组. 围绕处理好政府与市场的关系深化改革[J]. 宏观经济管理, 2013 (08).
[24] 韩文龙, 陈航. 当前我国收入分配领域的主要问题及改革路径[J]. 当代经济研究, 2018 (07).
[25] 何自力. 科学认识和正确处理政府与市场关系[J]. 世界社会主义研究, 2017 (01).
[26] 贺瑞. 从《论粮食税》到《论合作社》看列宁发展经济的新思路[J]. 中共四川省委省级机关党校学报, 2012 (3).
[27] 洪银兴. 完善产权制度和要素市场化配置机制研究[J]. 中国工业经济, 2018 (06).
[28] 洪银兴. 关于市场决定资源配置和更好发挥政府作用的理论说明[J]. 经济理论与经济管理, 2014 (10).
[29] 洪银兴. 基于完善要素市场化配置的市场监管[J]. 江苏行政学院学报, 2018 (02).
[30] 洪银兴. 市场化导向的政府和市场关系改革40年[J]. 政治经济学评论, 2018, 9 (06).
[31] 洪银兴. 完善产权制度和要素市场化配置机制研究[J]. 中国工业经济, 2018 (06).
[32] 胡钧. 科学定位: 处理好政府与市场的关系[J]. 经济纵横, 2014 (07).
[33] 胡钧. 政府与市场关系论[J]. 当代经济研究, 2013 (08).
[34] 胡乐明. 政府与市场的"互融共荣": 经济发展的中国经验[J]. 马克思主义研究, 2018 (05).

[35] 胡培兆.市场经济与社会主义 [J].经济研究,1992 (11).
[36] 胡象明.当代中国政府与市场关系变迁的逻辑:理论、实践及其规律 [J].行政论坛,2014 (05).
[37] 胡莹,郑礼肖.改革开放以来我国劳动报酬的变动分析——基于以人民为中心发展思想的视角 [J].经济学家,2019 (07).
[38] 黄寿峰.新中国 70 年政府与市场关系变迁 [J].国家治理.2019,(25).
[39] 黄泰岩.2017 年中国经济研究热点排名与分析 [J].经济学家,2018 (09).
[40] 黄泰岩.2018 年中国经济研究热点排名与分析 [J].经济学家,2019 (05).
[41] 黄泽清,陈享光.国际资本流动与我国各收入群体收入份额的变动——基于帕尔玛比值的分析 [J].经济学动态,2018 (08).
[42] 坚定不移推进高水平对外开放 以中国新发展为世界提供新机遇 [J].红旗文稿,2023 (05).
[43] 金民卿.毛泽东是中国特色社会主义的理论先驱 [J].毛泽东思想研究,2016 (2).
[44] 李坤轩.新时代深化"放管服"改革的问题与对策 [J].行政管理改革,2019 (06).
[45] 李乃杰.构建现代市场体系关键在于激活市场主体活力——访中国人民大学常务副校长、法学专家王利明 [J].理论视野,2014 (06).
[46] 李冉,江可可.新中国成立以来我国政府与市场关系的建构历程与前景展望 [J].复旦学报(社会科学版) 2019 (05).
[47] 林光彬.重新理解市场与政府在资源配置中的作用——市场与政府到底是什么关系 [J].教学与研究,2017 (03).
[48] 林毅夫.政府与市场的关系 [J].中国高校社会科学,2014 (01).
[49] 刘凤义.论社会主义市场经济中政府和市场的关系 [J].马克思主义研究,2020 (02).
[50] 刘国光,程恩富.全面准确理解市场与政府的关系 [J].毛泽东邓小平理论研究,2014 (02).
[51] 刘国光.关于社会主义市场经济理论的几个问题 [J].经济研究,1992 (10).
[52] 刘国光.关于政府和市场在资源配置中的作用 [J].当代经济研究,2014 (03).
[53] 刘汉超.社会主义市场经济体制下的政府与市场关系 [J].经济问题,2016 (04).

[54] 刘伟, 王灿, 赵晓军等. 中国收入分配差距: 现状、原因和对策研究 [J]. 中国人民大学学报, 2018 (05).

[55] 刘文革, 段颖立. 西方转轨经济理论述评 [J]. 经济理论与经济管理, 2002 (02).

[56] 吕炜, 周佳音. 国家治理视域下的公共服务供给 [J]. 财经问题研究, 2018 (03).

[57] 马钟成. 正确理解"使市场在资源配置中起决定性作用"——马克思主义视野中的"社会主义市场经济" [J]. 探索, 2014 (03).

[58] 毛寿龙. 市场经济的制度基础: 政府与市场再思考 [J]. 行政论坛, 1999 (05).

[59] 逄锦聚. 破解政府和市场关系的世界性难题 [J]. 红旗文稿, 2019 (18).

[60] 钱伟刚. 论中国特色社会主义市场经济资源配置方式——从政府和市场的统分视角批判新自由主义 [J]. 经济社会体制比较, 2018 (03).

[61] 邱海平. 使市场在资源配置中起决定性作用和更好发挥政府作用——中国特色社会主义经济学的新发展 [J]. 理论学刊, 2015 (09).

[62] 秋石. 论正确处理政府和市场关系 [J]. 求是, 2018 (02).

[63] 权小锋, 于双丽. 江苏省国有企业改革面临的突出问题及解决对策 [J]. 学术交流, 2019 (04).

[64] 沈开艳. 关于中国特色社会主义政治经济学几个特征的思考 [J]. 毛泽东邓小平理论研究, 2018 (05).

[65] 石亚军. 简政放权提质增效须加速法律法规的立改废 [J]. 中国行政管理, 2016 (10).

[66] 时家贤, 袁玥. 改革开放40年政府与市场关系的变迁: 历程、成就和经验 [J]. 马克思主义与现实, 2019 (01).

[67] 宋方敏. 我国国有企业产权制度改革的探索与风险 [J]. 政治经济学评论, 2019 (01).

[68] 宋磊, 谢予昭. 中国式政府——市场关系的演进过程与理论意义: 产业政策的视角 [J]. 2019 (01).

[69] 宋林霖, 赵宏伟. 论"放管服"改革背景下地方政务服务中心的发展新趋势 [J]. 中国行政管理, 2017 (05).

[70] 宋瑞礼. 中国宏观调控40年: 历史轨迹与经验启示 [J]. 宏观经济研究, 2018 (12).

[71] 宋树仁, 钟茂初, 孔元. 中国居民收入分配格局的测度及其演进趋势分析 [J].

上海经济研究，2010（02）.
- [72] 苏星.社会主义市场经济与公有制为主体［J］.中国社会科学，1997（06）.
- [73] 孙晓红，张中祥."小政府"的困境及其启示［J］.科技进步与对策，2002（02）.
- [74] 王健，王立鹏.中国改革开放40年宏观调控［J］.行政管理改革，2018（10）.
- [75] 王丽颖.国企改革中的几个重点问题及其解决路径——以吉林省16家国有企业改革为视角［J］.税务与经济，2019（04）.
- [76] 王湘军.国家治理现代化视域下"放管服"改革研究——基于5省区6地的实地调研［J］.行政法学研究，2018（04）.
- [77] 王震.公共政策70年：社会保障与公共服务供给体系的发展与改革［J］.北京工业大学学报（社会科学版），2019（09）.
- [78] 卫兴华，本刊记者.更加尊重市场规律，更好发挥政府作用——访著名经济学家、中国人民大学经济学院卫兴华教授［J］.思想理论教育导刊，2014（01）.
- [79] 卫兴华，谭璇.2018年理论经济学若干热点问题研究及讨论综述［J］.经济纵横，2019（01）.
- [80] 卫兴华，闫盼.2014年理论经济学若干热点问题的研究和争鸣［J］.经济学动态，2015（04）.
- [81] 卫兴华.把握新一轮深化经济体制改革的理论指导和战略部署［J］.党政干部学刊，2014（01）.
- [82] 吴国平.拉美国家经济改革的经验教训［J］.拉丁美洲研究，2003（06）.
- [83] 吴敬琏.经济改革必须打破体制障碍［J］.IT时代周刊，2014（11）.
- [84] 吴敬琏.经济改革亟须全面深化［J］.财经界，2014（08）.
- [85] 武力，张林鹏.改革开放40年政府、市场、社会关系的演变［J］.国家行政学院学报，2018（05）.
- [86] 谢谦，王利娜.改革开放40年中国特色社会主义经济理论的创新与发展——首届"经济研究·高层论坛"综述［J］.经济研究，2018（07）.
- [87] 忻林.布坎南的政府失败理论及其对我国政府改革的启示［J］.政治学研究，2000（03）.
- [88] 徐充，胡炅坊.新时代我国收入分配改革的现状、导向及对策研究［J］.福建师范大学学报（哲学社会科学版），2019（06）.
- [89] 徐充，胡炅坊.新时代我国收入分配改革的现状、导向及对策研究［J］.福建师范大学学报（哲学社会科学版），2019（06）.

[90] 徐向艺. 从马克思到邓小平：政府与市场关系理论探索［J］. 当代世界社会主义问题，2003（02）.

[91] 薛俊强. 超越"资本逻辑"：共产主义的历史承诺——兼论中国社会主义市场化改革的价值取向［J］. 西南大学学报（社会科学版），2015（03）.

[92] 薛暮桥. 关于社会主义市场经济问题［J］. 经济研究，1992（10）.

[93] 闫娟，李正明. 公共服务市场化改革中的政府角色与责任［J］. 中州学刊，2013（09）.

[94] 闫娟. 深化资本市场监管的人民性与规律性探析［J］. 理论导刊，2022（12）.

[95] 杨承训，承谕. 论宏观调控和资源配置机制的创新——从析"唱衰中国"、"改革停退"论说开去［J］. 毛泽东邓小平理论研究，2013（08）.

[96] 杨承训，张新宁.《决定》是清扫自由主义的强大武器——评新自由主义者的"三根稻草"［J］. 中华魂，2014（7）.

[97] 杨承训. 探寻社会主义市场经济特殊规律——重温邓小平关于"市场经济"论述之感悟［J］. 思想理论教育导刊，2014（05）.

[98] 杨承训. 协同"两只手"必须刹制"第三只手"——处理好政府与市场关系的一个重要问题［J］. 毛泽东邓小平理论研究，2013（02）.

[99] 杨承训. 中国市场经济改革应重视强政府与旺市场的建设［J］. 经济纵横，2012（02）.

[100] 杨瑞龙. 中国特色社会主义政治经济学逻辑下政府与市场之间的关系［J］. 政治经济学评论，2016（04）.

[101] 杨伟民. 党的十八届三中全会的五大亮点［J］. 理论导报，2013（11）.

[102] 易淼，赵磊. 新时代中国收入分配体系建设初探——基于马克思"分工—利益—分配"的逻辑［J］. 教学与研究，2018（09）.

[103] 袁恩桢. 从市场的基础性作用到决定性作用的演变［J］. 毛泽东邓小平理论研究，2014（01）.

[104] 袁恩桢. 政府与市场的"双强模式"是社会主义市场经济的重要特点［J］. 毛泽东邓小平理论研究，2013（08）.

[105] 袁恩桢. 政府与市场关系的历史演变［J］. 毛泽东邓小平理论研究，2016（06）.

[106] 袁志刚. 中国经济何以再迎一波长期增长［J］. 人民论坛，2019（03）.

[107] 张车伟，赵文. 我国收入分配格局新变化及其对策思考［J］. 北京工业大学学报（社会科学版），2018（05）.

[108] 张晨等.中国政治经济学年度发展报告（2013年）［J］.政治经济学评论，2014（04）.

[109] 张杰.把握好政府和市场关系是建设现代化经济体系的关键［J］.南京财经大学学报（双月刊），2018（2）.

[110] 张亮.我国收入分配领域改革：进展、问题及政策建议［J］.发展研究，2018（10）.

[111] 张维迎.管制越多腐败越深［J］.资本市场，2014（04）.

[112] 张霞，李成勋.我国市场经济宏观调控的路径指向——基于《资本论》中的按比例发展理论［J］.毛泽东邓小平理论研究，2018（07）.

[113] 张晓晶.试论中国宏观调控新常态［J］.经济学动态，2015（04）.

[114] 张新宁，康乃馨.习近平总书记关于政府和市场关系的思想研究［J］.经济纵横，2017（10）.

[115] 张鑫.第四届国有企业改革与发展论坛学术综述［J］.山东社会科学，2019（09）.

[116] 张宇.党政有为是社会主义市场经济的本质要求［J］.经济导刊，2014（05）.

[117] 张宇.论公有制与市场经济的有机结合［J］.经济研究，2016（06）.

[118] 张占斌，孙飞.改革开放40年：中国"放管服"改革的理论逻辑与实践探索［J］.中国行政管理，2019（08）.

[119] 张志勇.试论政府与市场相结合的中国发展模式［J］.内蒙古大学学报（哲学社会科学版），2011（04）.

[120] 张卓元.当前经济改革值得关注的几个重大问题［J］.经济纵横，2014（08）.

[121] 赵锦辉.中国国有企业70年发展回顾与展望［J］.山东社会科学，2019（09）.

[122] 郑尚植，张茜.经济思想史视域下政府作用的理论争议和实践路径——兼对"更好发挥政府作用"的思考［J］.东北财经大学学报，2020（02）.

[123] 中国社会科学院经济学科片课题组.建立社会主义市场经济体制的理论思考与政策选择［J］.经济研究，1993（08）.

[124] 钟茂初，宋树仁，许海平.中国收入分配格局的刻画及其"倒钻石型"现状［J］.经济体制改革，2010（01）.

[125] 周为民.让市场决定资源配置［J］.中国党政干部论坛，2013（12）.

[126] 周新城.研究分配问题必须从生产资料所有制出发——研究分配问题的一个方法论原则［J］.当代经济研究，2018（01）.

［127］周新城.怎样理解"使市场在资源配置中起决定性作用"［J］.思想理论教育导刊，2014（01）.

［128］朱林兴."校外补课"亟待"刮骨疗毒"［J］.探索与争鸣.

（三）报纸、网络文章

［1］13年层层推进 提振企业信心返利消费者 税改步入快车道 减税红利深度释放［N］.经济参考报，2019－09－24.

［2］2021年我国社会消费品零售总额达44.1万亿元 比2012年增长1.1倍［N］.人民日报，2022－10－03.

［3］2023年减税降费的"红包"如何延续和完善？财政部回应.中央广播电视总台，2023－03－01.

［4］2023年政府工作报告.https：//www.gov.cn/zhuanti/2023lhzfgzbg/，2023年3月5日.

［5］"参与者'日益多元'，价格回归理性——不良资产交易市场渐趋活跃"［N］.经济日报，2019－09－09.

［6］"放管服"改革促高质量发展［N］.经济日报，2022－12－28.

［7］"稳"仍是房地产市场主基调［N］.经济日报，2019－08－16.

［8］北京整治房地产市场乱象 10家经纪机构被查处［EB/OL］.http：//www.xinhuanet.com/local/2019-07/27/c_1124806257.htm，2019－07－27.

［9］程恩富，侯为民.市场和政府的功能强弱性及其互补作用［N］.企业家日报，2014－11－02.

［10］程恩富，黄世坤.在全面深化改革中处理好政府和市场间互补关系［N］.经济日报，2014－09－12.

［11］程恩富.要分清两种市场决定性作用论［N］.环球时报，2013－12－10.

［12］创作新时代的黄河大合唱——记习近平总书记考察调研并主持召开黄河流域生态保护和高质量发展座谈会［EB/OL］.http：//www.xinhuanet.com/2019-09/20/c_1125016904.htm，2019－09－20.

［13］从"国家账本"70年变迁看国富民强［N］.经济参考报，2019－09－05.

［14］促进民营经济发展壮大［N］.人民日报，2023－04－25.

［15］邓小平.中国把自己的发展看作是对人类贡献的问题，是保证世界和平的问题［EB/OL］.http：//cpc.people.com.cn/n1/2020/0311/c69113-31627301.html，2020－03－11.

[16] 对外投资彰显开放决心 [N].人民日报,2021-11-24.
[17] 改革再深化 持续释放国企活力 [N].人民日报,2023-02-18.
[18] 高尚全.从"基础性"到"决定性"——社会主义市场经济完善的新进程 [N].北京日报 2013-11-25.
[19] 高尚全.市场决定资源配置是市场经济一般规律 [N].北京日报,2014-03-10.
[20] 国家市场监管总局:对所有市场主体一视同仁、平等对待 [EB/OL].https://finance.qq.com/a/20181105/014980.htm,2018-11-05.
[21] 国家外汇管理局:取消 QFII 和 RQFII 投资额度限制 [EB/OL].http://www.xinhuanet.com/politics/2019-09/10/c_1124983310.htm,2019-09-10.
[22] 国家主席习近平发表二〇二三年新年贺词 [EB/OL].https://www.gov.cn/gongbao/content/2023/content_5736705.htm,2022-12-31.
[23] 国家主席习近平发表二〇一九年新年贺词 [EB/OL].https://www.gov.cn/gongbao/content/2019/content_5358672.htm,2018-12-31.
[24] 国新办举行市场主体登记注册改革发展40年新闻发布会 [EB/OL].http://www.scio.gov.cn/xwfbh/xwbfbh/wqfbh/37601/39539/index.htm,2018-12-25.
[25] 洪银兴.市场对资源配置起决定性作用后政府作用的优化 [N].光明日报,2014-01-29.
[26] 坚持监管规范和促进发展两手并重、两手都要硬 [N].人民日报,2021-09-08.
[27] 李稻葵:经济学者应进一步深化研究政府与市场关系 [N].经济参考报,2019-05-29.
[28] 李义平.市场在资源配置中起决定性作用是一场革命 [N].中国青年报,2013-12-16.
[29] 林毅夫.经济转型离不开"有为政府"[N].人民日报,2013-11-26.
[30] 林毅夫.有效市场也需有为政府 [N].经济学家周报,2013-12-07.
[31] 刘鹤.坚持和完善社会主义基本经济制度 [N].人民日报,2019-11-22.
[32] 落实"房住不炒"实现房地产市场平稳健康发展——访清华大学房地产研究所所长刘洪玉 [EB/OL].http://m.xinhuanet.com/2018-12/27/c_1123915424.htm,2018-12-27.
[33] 努力建设中国特色现代资本市场 [J].求是,2022(15).
[34] 逄锦聚.进一步处理好政府和市场的关系 [N].光明日报,2013-12-06.

[35] 谱写民营经济发展新篇章［N］.人民日报,2023-04-06.
[36] 齐心开创共建"一带一路"美好未来——习近平在第二届"一带一路"国际合作高峰论坛开幕式上的主旨演讲［EB/OL］.http://www.gov.cn/gongbao/content/2019/content_5389301.htm,2019-04-26.
[37] 前7月中国服务贸易出口同比增长9.5%［EB/OL］.http://www.js.xinhuanet.com/2019-09/20/c_1125018470.htm,2019-9-20.
[38] 全面与定向降准双箭齐发,逆周期调节力度加码［EB/OL］.http://www.yicai.com/news/100324291.htm,2019-09-08.
[39] 全面与定向降准双箭齐发,逆周期调节力度加码［N］.第一财经,2019-09-09.
[40] 全球投资者大会近距离全方位展现中国资本市场 聚焦高水平对外开放［N］.21世纪经济报道,2023-06-03.
[41] 如何看待未来房地产市场发展态势［EB/OL］.http://www.xinhuanet.com/2019-04/23/c_1124406313.htm,2019-04-23.
[42] 深入实施区域协调发展战略［N］.人民日报,2023-02-21.
[43] 省政府发展研究中心调研实践组.关于我省新增市场主体运营状况调查及建议的调研报告［EB/OL］.http://www.ahszgw.gov.cn/system/2018/11/14/011382889.shtml,2018-11-15.
[44] 盛小伟,顾海兵."谁审批谁监管":失灵和变革［N］.南方周末,2015-02-06.
[45] 税改步入快车道 减税红利深度释放［N］.经济参考报,2019-09-24(02).
[46] 统计局.月度数据有一定波动 经济结构优化态势没变［N］.人民日报,2019-09-17.
[47] 为什么强调要健全宏观经济治理体系［N］.学习时报,2022-11-25.
[48] 卫兴华.更加尊重市场规律,更好发挥政府作用［N］.光明日报,2013-12-13.
[49] 卫兴华.纪念改革开放40年,以什么为主旨与愿景?［EB/OL］.https://www.kunlunce.com/ssjj/guojipinglun/2018-10-21/128706.html,2018-10-21.
[50] 卫兴华.推动中国特色社会主义制度自我完善和发展的纲领［N］.中国社会科学报,2013-11-29.
[51] 我国已成为全球第一贸易大国、全球第二大消费市场［N］.人民日报,2019-09-30.

[52] 吴敬琏. 坚持政府和市场关系的准确定位 [N]. 北京日报, 2013-11-25.

[53] 吴敬琏. 如何构筑 2.0 版的市场经济体制 [N]. 投资时报, 2013-11-11.

[54] 吴秋余, 许志. 市场经济规律认识的新飞跃——专访中国国际经济交流中心常务副理事长郑新立 [N]. 人民日报, 2013-12-06.

[55] 吴宣恭. 部分人炒作似是而非的"国进民退", 意在掩盖经济关系实质, 推行私有化主张 [EB/OL]. https：//www.kunlunce.com/ssjj/guojipinglun/2018-11-11/129171.html, 2018-11-11.

[56] 习近平. 高举中国特色社会主义伟大旗帜 为全面建设社会主义现代化国家而团结奋斗——在中国共产党第二十次全国代表大会上的报告. http：//www.news.cn/politics/cpc20/2022-10/25/c_1129079429.htm, 2022-10-25.

[57] 习近平. 在十八届中央政治局第十五次集体学习时的讲话 [N]. 人民日报, 2014-05-28.

[58] 习近平. 在亚太经合组织工商领导人峰会开幕式上的演讲 [N]. 人民日报, 2014-11-10.

[59] 习近平向拉美和加勒比国家共同体第七届峰会作的视频致辞 [EB/OL]. http：//www.news.cn/politics/leaders/2023-01/25/c_1129311178_2.htm, 2023-01-25.

[60] 习近平在深入推动长江经济带发展座谈会上的讲话 [EB/OL]. http：//www.xinhuanet.com/2018-06/13/c_1122981323.htm, 2018-06-13.

[61] 习近平在中国共产党与世界政党高层对话会上的主旨讲话 [EB/OL]. http：//www.news.cn/world/2023-03/15/c_1129434162.htm, 2023-03-15.

[62] 习近平主持召开中央全面深化改革委员会第二十一次会议强调 加强反垄断反不正当竞争监管力度 完善物资储备体制机制 深入打好污染防治攻坚战 李克强王沪宁韩正出席习近平主持召开中央深改委第二十一次会议 [EB/OL]. http：//www.news.cn/2021-08/30/c_1127810407.htm, 2021-08-30.

[63] 习近平主持召开中央全面深化改革委员会第十次会议强调 加强改革系统集成 协同高效 推动各方面制度更加成熟更加定型 [EB/OL]. http：//www.xinhuanet.com/politics/2019-09/09/c_1124979267.htm, 2019-9-9.

[64] 携手推进"一带一路"建设——习近平在"一带一路"国际合作高峰论坛开幕式上的演讲 [EB/OL]. http：//politics.people.com.cn/n1/2017/0514/c1024-29273991.html, 2017-05-14.

[65] 新时代十年的伟大变革彰显中国经济强韧性和活力 [N]. 光明日报, 2022-

08-31.
[66] 徐金忠.改革步入深水区 资产腾挪进行时 上海国资系统相关权属关系将密集调整［N］.中国证券报，2019-10-17.
[67] 闫娟.中国特色社会主义彰显世界历史意义［N］.社会科学报，2019-04-18.
[68] 央企前8月实现营业收入19.4万亿元 同比增长5.4%［N］.证券日报，2019-9-18.
[69] 杨明方.有效市场呼唤有为政府［N］.人民日报，2014-06-03.
[70] 以高标准市场体系建设推动高质量发展［N］.经济日报，2021-02-01.
[71] 疫苗管理部际联席会议召开第一次全体会议：切实强化疫苗生产环节的监管［EB/OL］.http：//www.gov.cn/xinwen/2019-04/25/content_5386074.htm，2019-04-25.
[72] 疫苗管理落实"四个最严" 推动上市疫苗全过程可追溯［N］.21世纪经济报道，2019-04-25.
[73] 优化配置科创板服务经济高质量发展［N］.经济日报，2019-09-10.
[74] 张枫逸.简政放权"玩花样" 根在部门利益作祟［N］.中国纪检监察报，2015-08-30.
[75] 张雁，周晓菲.如何处理好政府和市场的关系——专家解读"使市场起决定性作用和更好发挥政府作用"［N］.光明日报，2013-12-02.
[76] 张勇.对话北京大学国家发展研究院荣誉院长林毅夫："有为的政府和有效的市场"［N］.21世纪经济报道，2013-07-22.
[77] 张宇.科学认识政府和市场关系——社会主义市场经济的视角［N］.光明日报，2013-06-07.
[78] 张宇.毛泽东对社会主义政治经济学的探索及其当代意义［N］.光明日报，2014-02-26.
[79] 张志勇.中国非公有制经济发展备忘录［N］.中华工商时报，2005-03-11.
[80] 张卓元.中国社科院学部委员张卓元谈中国经济改革：确立发展新逻辑［EB/OL］.http：//fangtan.people.com.cn/GB/147553/371733/index.html，2013-11-25.
[81] 赵振华.我国经济体制改革重点要由国企转向政府［N］.中国经济时报，2013-10-28.
[82] 政治局常委会听取长生问题疫苗案件调查及有关问责情况汇报［N］.经济日报，2018-08-16.

［83］ 中共中央关于制定国民经济和社会发展第十四个五年规划和二〇三五年远景目标的建议［EB/OL］. http：//www.xinhuanet.com/mrdx/2020-11/04/c_139489949. htm，2020－11－04.

［84］ 中共中央 国务院关于新时代加快完善社会主义市场经济体制的意见［EB/OL］. http：//www.gov.cn/zhengce/2020-05/18/content_5512696. htm，2020－05－18.

［85］ 中国共产党第十九届中央委员会第四次全体会议公报［EB/OL］. http：//www.xinhuanet.com/politics/2019-10/31/c_1125178024. htm，2019－10－31.

［86］ 中国实际利用外资规模再创新高，全球投资者纷纷表示——"我们将持续增加在华投资"［N］. 人民日报海外版，2023－03－11.

［87］ 中国特色社会主义进入新时代（辉煌历程）. http：//politics.people.com.cn/n1/2021/0416/c1001-32079295. html，2021－04－16.

［88］ 中华人民共和国国民经济和社会发展第十四个五年规划和2035年远景目标纲要［EB/OL］. http：//www.xinhuanet.com/2021-03/13/c_1127205564. htm，2021－03－13.

二、英语参考文献

［1］ Adam J. The Strategy of Transformation to a Market Economy// Social Costs of Transformation to a Market Economy in Post-Socialist Countries［M］. Palgrave Macmillan，1999.

［2］ Andornino G B，Wilcox R G. China：Between Social Stability and Market Integration［J］. *China & World Economy*，2010，14（3）.

［3］ Bhalla A S. Market or Government Failures？［M］. Palgrave Macmillan，2001.

［4］ Bhalla A S. Theories of Market and Government Failures［M］. Palgrave Macmillan，2001.

［5］ Bohnet A. The "socialist" market economy in a communist system［J］. *Intereconomics*，1997，32（5）.

［6］ Chan H S. Politics over markets：Integrating state — owned enterprises into Chinese socialist market［J］. *Public Administration & Development*，2010，29（1）.

［7］ Cunningham F. Market Economies and Market Societies［J］. *Journal of Social*

Philosophy, 2010, 36 (2).
[8] Dinopoulos E, Lane T D . Market Liberalization Policies in a Reforming Socialist Economy [J]. *Staff Papers*, 1992, 39 (3).
[9] Gao S . An Approach to the Socialist Market System in China// China's Economic Reform [M]. Palgrave Macmillan, 1996.
[10] Gao S. From Planned Economy to Market Economy// China's Economic Reform [M]. Palgrave Macmillan, 1996.
[11] Glenn Furton, Adam Martin. Beyond market failure and government failure [J]. *Public Choice*, 2019, 178 (197 - 216).
[12] Grand J L, Propper C, Robinson R . The Market and the Government// The Economics of Social Problems [M]. Macmillan Education, 1992.
[13] Grzegorz W. Kolodkok. Market Versus Government in an Age of Globalization. Whither the World: The Political Economy of the Future [M]. Palgrave Macmillan, 2014.
[14] Hemphill T A . Gary L. Reback, Free the Market! Why Only Government Can Keep the Marketplace Competitive [J]. *Business Economics*, 2010.
[15] Hendrikus J. Blommestein, Bernard Steunenberg. Government and Markets [M]. Kluwer Academic Publishers, 1994.
[16] Hong Y . Economic Transition and Theoretical Innovations// The China Path to Economic Transition and Development [M]. Springer Singapore, 2016.
[17] Hubbard M, Smith M, Ellis F, et al. Government and Markets: Theory and Concepts // Developing Agricultural Trade [M]. Palgrave Macmillan, 2003.
[18] Ipsden L R O. The Mixed Economy [M]. Palgrave Macmillan, 1982.
[19] J. Harvey. Market Failure and the Role of Government [M]. Macmillan Education, 1994.
[20] Kaushik Basu. Beyond the Invisible Hand: Groundwork for a New Economics [M]. Princeton University Press, 2010.
[21] Kaushik Basu, Joseph E. Stiglitz. inequality and Growth: Patterns and Policy [M]. Palgrave Macmillan, 2016.
[22] Li Y . Beyond Market and Government [M]. Springer Berlin Heidelberg, 2015.
[23] Lu X . Business Ethics and Karl Marks Theory of Capital — Reflections on Making Use of Capital for Developing China's Socialist Market Economy [J]. *Journal of*

Business Ethics, 2010, 91 (1).
[24] Mazzucato M, Penna C C R. Beyond Market Failures [J]. *Social Science Electronic Publishing*, 2015.
[25] Myers R H. Chinese Debate on Economic Reform: can China create a socialist market economy? [J]. *Asian-Pacific Economic Literature*, 2005, 9 (2).
[26] Roper A T, Cunningham S W, Porter A L, et al. Economic and Market Analysis// Forecasting and Management of Technology [M]. John Wiley & Sons, Inc., 2011.
[27] Self P. Government by the Market? [M]. Palgrave, 1993.
[28] Stretton H, Orchard L. What to do Instead: How to Mix a Mixed Economy// Public Goods, Public Enterprise, Public Choice [M]. Palgrave Macmillan, 1994.
[29] Tan L. China's Transition to a Market Economy// The Paradox of Catching Up [M]. Palgrave Macmillan, 2005.
[30] Thomas Piketty. Capital in the Twenty-First Century [M]. The Belknap Press of Harvard University Press, 2014.
[31] White G. Urban government and market reforms in China [J]. *Public Administration & Development*, 2010, 11 (2).
[32] Wong S T, Han S S. Whither China's market economy? The case of Lijin Zhen [J]. *Geographical Review*, 2010, 88 (1).
[33] Wu J. The Rise of Ethnicity underChina's Market Reforms [J]. *International Journal of Urban & Regional Research*, 2014, 38 (3).
[34] Wu X, Ramesh M. Market Imperfections, Government Imperfections, and Policy Mixes: Policy Innovations in Singapore [J]. *Policy Sciences*, 2014.
[35] Zhang X, Chang X. Playing the Decisive Role of the Market: Reform in Key Sectors// The Logic of Economic Reform in China [M]. Springer Berlin Heidelberg, 2016.

图书在版编目(CIP)数据

新时代中国政府与市场关系研究 / 闫娟著. -- 上海：上海社会科学院出版社，2025. -- ISBN 978-7-5520-4541-3

Ⅰ.F123.9

中国国家版本馆 CIP 数据核字第 2024AD7556 号

新时代中国政府与市场关系研究

著　　者：闫　娟
责任编辑：董汉玲
封面设计：周清华
出版发行：上海社会科学院出版社
　　　　　上海顺昌路 622 号　邮编 200025
　　　　　电话总机 021-63315947　销售热线 021-53063735
　　　　　https://cbs.sass.org.cn　E-mail:sassp@sassp.cn
排　　版：南京展望文化发展有限公司
印　　刷：上海颛辉印刷厂有限公司
开　　本：890 毫米×1240 毫米　1/32
印　　张：11.625
插　　页：2
字　　数：270 千
版　　次：2025 年 2 月第 1 版　2025 年 2 月第 1 次印刷

ISBN 978-7-5520-4541-3/F·789　　　　定价：75.00 元

版权所有　翻印必究